세상을 변화시키는 52주 구역공과

여호와라파
평강이 임하는 구역

편찬위원회 지음

아가페문화사

여호와 라파, 평강이 임하는 구역

구역부흥은 교회부흥

구역

이름

주소

교회 전화

여호와 라파, 평강이 임하는 구역
성장하는 교회

교육 이념

1. 하나님의 영광을 높이는 구역

2. 하나님의 교회를 섬기는 구역

3. 하나님의 사랑을 실천하는 구역

4. 행복한 가정을 이룩하는 구역

5. 변화하는 시대를 선도하는 구역

구역공과 일러두기

코로나(Covid19)로 인하여 온 세상이 패닉상태입니다. 이로 인해 교회의 예배와 집회, 모임이 비대면화 되어 신앙의 정체성을 심각하게 위협받고 있습니다. "나는 너를 치료하는 여호와임이라"(출 15:26 하). 하나님께서 택한 백성에게 말씀하신 치료와 위로의 말씀입니다. 이 세상의 영육 간에 질병을 고치시고 치료하실 분은 오직 하나님 뿐이십니다. 사도들은 달려갈 길을 다 달렸습니다. 초대 예루살렘 교회는 성령의 역사로 복음의 역군들이 머무는 곳마다 복음의 씨앗을 뿌리고 꽃을 피워 열매를 맺었습니다. 오늘날 속회 · 구역운영은 교회부흥의 모판이기에, 그룹 및 셀 구역 예배를 통하여 이뤄지고 '여호와 라파, 평강이 임하는 구역' 에서 시작됩니다.

이 공과는 초교파 복음공과이며, 교회부흥을 염원한 일선 목회자가 목회현장에서 성도들을 양육하기 위해 만들어진 중 · 소 · 대 어느 교회나 쉽게 적용할 수 있는 '최상의 구역공과' 이며, 교회부흥의 텃밭을 일구도록 어언 22년 째 달려온 성경공부교재의 선두주자입니다. 이제 '여호와 라파, 평강이 임하는 구역' 을 출간함으로 시들은 영혼과 생명이 움터서 평강에 이르고, 교회 부흥, 성장으로 이끌어 줄 것입니다. 구역성장과 교회부흥의 동력은 교회를 태동케 하신 '말씀과 성령' 이시기 때문에, 대한민국 뿐 아니라, 북한에도 복음의 문을 여시고, 통일의 그날에도 빛을 발할 것입니다.

교회 부흥은 '일꾼을 잘 세워 잘 키우고, 훈련해 파송하면' 됩니다. 편찬위원회(총신대학교 신학대학원 졸업, 목회 및 교육 전문가로 조직, 집필)는 그간 절찬리에 다루었던 '말씀의 생활화 구현' 을 위한 12년 커리큘럼 2차 계획 중 성경통독을 하도록, 주간 경건의 시간(Q. T) 본문을 설정하여, 연중 구역공과를 편찬했습니다.

[1]「부흥」 · [2]「생동」 · [3]「전진」 · [4]「결실」 · [5]「일꾼을 카움」 · [6]「파송」 · [7]「건강」 · [8]「화목」 · [9]「치유」 · [10]「칭송」 · [11]「생명을 살림」 · [12]「주님과 동행」 · [13]「성령 충만」 · [14]「섬김과 전도로 부흥」 · [15]「사랑으로 위로」 · [16]「주님으로 새 힘 얻음」 · [17]「하나님의 은총이 임함」 · [18]「하나님의 은혜를 사모」 · [19]「거룩한 열정으로 형통」 · [20]「하나님께 영광 돌림」 · [21]「넘치는 은혜, 축복 받는 구역」 · [22]「여호와 라파, 평강이 임하는 구역」이 22주년 기념작으로 출간 되었습니다. 이에 주님께 영광 돌립니다.

이 공과를 사용해 본 그룹과 교회마다, '내적 성장' 의 부흥을 이루었기에, 절찬리에 다시 찾고 있습니다. 이제 성장과 부흥과 축복을 위해 거룩한 열정이 식지 않게 하시고, 농사짓듯 사랑과 헌신의 돌봄으로 생명을 살리는 사명을 잘 감당하시기 바랍니다.

영적 풍년 농사는, 첫째, 좋은 씨앗(복음 福音). 둘째, 좋은 땅(마음 誠心). 셋째, 선한 보살핌(양육 養育)이 필수적입니다. 보배로운 목회자님들께서 교회부흥의 텃밭을 소중히 여기셔서, 좋은 교재를 선택하여 말씀과 성령으로, 그룹과 셀 모임 · 속회 및 구역 모임에서 셀 리더 · 구역 및 · 속회장들을 잘 훈련시키셔서, 각 모임이나 구역 · 속회가 활성화되게 하시고, 거룩한 열정으로 전도하고, 구역 · 속회원들을 교육 · 훈련 · 양육시켜 파송한다면, 교회는 물론 영적 공동체가 부흥되어 하나님께 영광을 돌릴 수 있을 것입니다.

다음은 '내가 곧 교회부흥의 주역이다' 라는 책임감을 갖게 하는 행동지침입니다.

첫째, 하나님의 말씀을 날마다 겸손히 듣고(행 10:33),
둘째, 말씀을 매일 양식처럼 먹으며(신 17:19),
셋째, 말씀을 체계적으로 공부하십시오(행 17:11; 딤후 2:15).
넷째, 요절 성구를 소리 내어 암송하십시오(시 119:11).
다섯째, 성경 본문을 여러 번 읽고 깊이 묵상하십시오(수 1:8).

본 교재는 평신도 지도자가 목회하는 심정으로 일 년 열두 달 매월 신앙성장목표를 설정하여, "한 주간의 묵상 자료"(Q.T. 가정 예배 자료)와 교회절기, 가정예식 공과를 통해 교회절기 문화와 기독교 상조문화를 배우고 선도해 가도록 시도한 최초의 구역공과입니다. 이 공과는 신년 · 고난절 · 부활절 · 감사절 · 성탄절 1, 2 · 임종 · 입관 · 장례식 · 하관(안장) · 추모 예배 1, 2 · 중추절 예배 등, 교회절기 자료와 가정의례 예배 자료를 총망라했습니다. 또한 각 구역과 가정에서 아주 쉽고 간편하게 예배드릴 수 있도록 전교인이 한 권씩 비치해서, 예배를 생활화 하도록 했습니다. 감히 확신하건데, "이 구역공과는 말씀 준비에 자신을 갖게 할 것입니다." 이 교재를 통하여 말씀의 생활화로 '성경을 배워, 예수님의 좋은 일꾼'으로 성장시키시기를 간절히 기도 드립니다.

2020년 10월

그룹 및 셀 구역공과 편찬위원회 집필책임 신소섭 목사

구역공과 교재 사용법

- 찬송 · 묵도 · 신앙고백(사도신경) · 찬송 · 나눔 기도 -

1. 먼저 '성경' 본문을 찾아 함께 읽으십시오.
2. '요절'을 3회 큰 소리로 함께 읽고 암기하세요.
3. '교재의 목표'를 읽고 마음에 새기십시오.
4. '시작하는 말'은 인도자나 지도자가 읽음으로 함께 이해하십시오.
5. '오늘의 말씀'은 한 대지씩 (팀, 개인) 돌아가면서 읽으십시오.
6. '함께 읽어요'는 모든 구역원이 한 목소리로 읽으십시오.
7. '정리하는 말'은 인도자나 지도자가 읽으십시오.
8. 구역원 모두 기도의 제목들을 적어서 제출하시고, 짝 기도나 위하여 기도하십시오.

-합심기도, 헌금, 가정을 위한 기도, 새 구역원 소개, 찬송, 주기도문
-※ **상기 사용법 4, 5, 6, 7번은 각 교회의 구역지침에 따라 진행하십시오.**

구역부흥은 교회부흥

성공적인 구역 운영 요령

1. 효과적인 개인전도 7가지 방법

- 영혼을 사랑하는 마음을 가져라.
- 전도 대상자를 확실히 정 하라
- 상대를 위하여 충분한 기도로 준비하라.
- 인격적인 교제를 가져라.
- 상대에게 무엇이 필요한가를 파악하라.
- 문제점에 대하여 간증으로 권유하라.
- 결신 후 최소한 3개월간을 영적으로 보살펴라.

2. 구역배가를 위한 5가지 기도제목

- 믿지 않는 가족을 위한 기도
- 병든 자를 위한 기도
- 개인이나 가정의 문제 해결을 위한 기도
- 각자의 소원 응답을 위한 기도
- 성령 충만을 위한 기도

3. 효과적인 구역원 상담의 5가지 방법

- 상대에게 되도록 많이 말할 기회를 주라
- 관심을 주변 환경에서 신앙생활로 전환시켜라
- 말씀에 입각하여 근원적인 해답을 제시하라
- 함께 기도하고 상담을 마무리 하라
- 확신을 갖고 말로 시인케 하라

4. 구역 운영 3가지 주의사항

- 이단 사설에 현혹됨을 예방하라
- 성도간의 금전 문제에 주의 하라
- 신앙적인 이야기 외에 무익하고 부덕한 말을 피하라

그룹 및 셀 구역공과 교육과정(제 1, 2 학기)

학기	월	목표	과	제 목	본 문	요 절	경건의 시간
1 학기	1	새 마음의 달	1	복 있는 사람의 삶	시편 1 : 1-6	시편 1 : 2	잠 1 : - 7 :
			2	치료하시는 '여호와'라!	출 15 : 22-26	출 15 : 26	잠 8 : - 14 :
			3	열린 마음을 갖자	왕상 19 : 1-21	요일 1 : 9	요일1 : - 요삼1 :
			4	뜨거운 열정을 갖자	계 3 : 14-22	계 3 : 20	계 1 : - 7 :
			5	희망·꿈·목표를 이뤄가자	창 28 : 10-22	창 28 : 22	창 25 : - 31 :
	2	평강 간구의 달	6	시간을 투자해 기도하라	단 1 : 1-16	단 1 : 8	단 1 : - 5 :
			7	열심을 다해 기도하라	왕상 17 : 1-24	왕상 17 : 22	왕상 16 : -22 :
			8	확신을 더하여 기도하라	눅 18 : 1-8	약 1 : 6	약 1 : -벧전 2 :
			9	성령 충만하여 기도하라	고전 14 : 13-20	고전 14 : 15	고전 10 :: -15 :
	3	구령 열심의 달	10	영혼을 뜨겁게 사랑하자	마 18 : 1-14	마 18 : 14	마 15 : - 21 :
			11	상한 마음을 치유하자	창 39 : 19-23	약 5 : 16	창 33 : - 39 :
			12	영적 건강을 회복하자	사 40 : 27-31	사 40 : 31	사 38 : - 44 :
			13	전도 열정을 회복하자	딤후 4 : 1-5	딤후 4 : 5	딤전 4: -딤후 4:
2 학기	4	교회 섬김의 달	14	교회 사랑을 회복하자	시 84 : 1-12	시 84 : 4	시 81 : - 87 :
			15	섬김과 충성을 회복하자	고전 4 : 1-2	고전 4 : 2	고전 1 : - 7 :
			16	하나님의 사랑으로 치유받자	요일 4 : 1-10	요일 4 : 10	벧전 2: -벧후 3:
			17	믿음의 선물로 치유받자	약 5 : 13-18	약 5 : 14	히 7 :- 히 13 :
	5	가정 천국의 달	18	자녀의 도리를 다하자	엡 6 : 1-3	잠 1 : 8	삼상 1 : - 7 :
			19	행복한 가정의 가장이 되자	엡 5 : 25-30	엡 5 : 25	삼상 8 : - 14 :
			20	아내의 도리를 다하자	엡 5 : 22-24	골 3 : 18	삼상 15 : -21 :
			21	부부 애를 되살리자	아 4 : 7-12	아 4 : 10	아가 1 : - 7 :
			22	가정 천국을 이뤄가자	수 24 : 15-18	롬 14 : 17	삼상 22 : -28 :
	6	이웃 사랑의 달	23	이웃의 상처를 치유하자	사 40 : 1-8	사 40 : 1	고후 7 : - 13 :
			24	이웃의 허물을 용서하자	마 18 : 23-35	마 18 : 35	마 8 : - 14 :
			25	이웃에게 선을 행하자	잠언 3 : 27-33	롬 13 : 3	잠언 15 :- 21:
			26	치유의 원천은 사랑이다	고전 13 : 1-13	고전 13: 13	요 15 : - 21 :
13 · 교회 절기	신년절		53	믿음으로 승리하는 한 해	요 16 : 16-33	요 16 : 33	요 12 :- 17 :
	고난절		54	그리스도의 고난에 동참하라	골 1 : 14-24	골 1 : 24	빌 1 :- 골 2 : 23
	부활절		55	주님 부활과 지상명령	마 16 : 1-20	마 16 : 16	막 14 :- 16 : 20
	감사절		56	다윗의 감사 찬송	삼하 22 : 38-51	삼하 22 : 50	삼하 21 :- 24 :
	성탄절1		57	첫 성탄절의 기쁜 소식	눅 2 : 1-20	눅 2 : 15	눅 1 :- 2 : 52
	성탄절2		58	이름이 '임마누엘'이라	마 1 : 17-25	마 1 : 23	마 1 :- 3 : 17

* 교회 절기 교육 내용은 분문 내용의 마지막 부분에 있습니다.

그룹 및 셀 구역공과 교육과정(제3, 4학기)

학기	월	목표	과	제 목	본 문	요 절	경건의 시간
3학기	7	치유 교육의 달	27	말씀은 인생의 등불	딤후 3 : 14-17	딤후 3 : 16	딤후 4 : - 몬 1 :
			28	십자가 사랑으로 치유하라	사 53 : 4-9	사 53 : 5	사 50 : - 56 :
			29	치유 받는 믿음 교육	마 9 : 27-34	마 9 : 28	요 1 : - 7 :
			30	성령은 치유의 생수시라	요 7 : 37-39	요 7 : 38	요 8 : - 14 :
	8	평강·건강의 달	31	가정 건강, 교회 건강	창 21 : 1-7	시 90 : 10	창 15 : - 21 :
			32	크리스천의 웰빙 건강법	막 7 : 15-23	막 7 : 18	막 8 : - 14 :
			33	영•육간 질병을 치유받자	눅 7 : 1-10	눅 13 : 12-13	눅 15 : - 21 :
			34	마음 건강이 육체 건강	왕하 5 : 8-14	잠언 14 : 30	왕하 1 : - 7 :
			35	건강을 위해 투자하라	사 58 : 4-11	사 58 : 9	사 57 : - 63 :
	9	영성 회복의 달	36	영적 감각을 회복하자	눅 7 : 29-35	눅 7 : 32	눅 1 : - 7 :
			37	언어의 영성을 회복하자	출 4 : 10-13	약 3 : 2	출 1 : - 7 :
			38	영적 리듬을 회복하자	단 6 : 10-13	요 4 : 24	단 6 :- 12 :
			39	잃은 영권을 회복하자	눅 10 : 17-20	눅 10 : 19	눅 8 : -14 :
4학기	10	말씀 실천의 달	40	사람은 말씀으로 산다	마 4 : 1-11	마 4 : 4	마 1 : - 7:
			41	말씀은 순결하게 합니다	시 119 : 9-16	시 119 : 9	시 119 : -121 :
			42	빛의 자녀처럼 행하라	엡 5 : 1-14	엡 5 : 8	엡 4 :- 빌 4 :
			43	성장 법칙을 지키며 살자	빌 4 : 4-9	빌 4 : 9	히 1:- 히 7:
			44	영적 결핍을 치유받자	고전 16 : 13-18	고전 16 : 13	렘 15 : - 21 :
	11	정신 치유의 달	45	감사는 건강 회복제다	합 3 : 17-19	합 3 : 18	나 3 :- 습 3 :
			46	평화와 화해는 치유제다	사 9 : 6-7	사 9 : 6	사 3 : - 9 :
			47	침묵의 선행은 치유의 뿌리	눅 10 : 30-37	눅 10 : 37	잠 25 : -31 :
			48	건강의 리듬을 회복하라	엡 1 : 1-6	엡 1 : 12	시 29 : -35 :
	12	지식 함양의 달	49	다른 복음을 경계하자	갈 1 : 6-10	갈 1 : 7	갈 1 : - 6 :
			50	복음을 자랑하며 전하자	롬 10 : 13-17	딤후 4 : 2	행 15 : - 21 :
			51	지혜로운 선택을 하자	골 4 : 2-6	엡 5 : 16	골 1 :-살전 3 :
			52	바른 복음을 간직하자	고후 4 : 1-12	고후 4 : 7	고후 1 : - 7 :
14·가정 예식	임종 예배		59	성도의 귀중한 죽음	시 116 : 8-18	시 116 : 15	시 112 : - 117 :
	입관 예배		60	믿음은 영원한 생명이라	요 6 : 53-71	요 6 : 54	요 1 : - 6 : 71
	장례 예배		61	복된 죽음에 참례하라	계 14 : 1-13	계 14 : 13	계 10 : - 16 :
	안장(하관)		62	요셉의 죽음과 유언	창 50 : 15-26	창 50 : 26	창 46 : - 50 :
	추모 예배1		63	고난의 밤에 부르는 감사 찬송	시 77 : 1-15	시 77 : 13-15	시 77 : 1-15
	중추절 예배		64	주신 은총, 감사 찬송 하여라	시 85 : 1-13	시 85 : 7	시 82 : - 87 :

* 가정 예식 교육 내용은 분문 내용의 마지막 부분에 있습니다.

여호와 라파, 평강이 임하는 구역
성장하는 교회

여호와라파
평강이 임하는 구역

여호와 라파, 평강이 임하는 구역

구역부흥은 교회부흥

1단원 새 마음의 달

복 있는 사람의 삶

찬송 / 28, 246, 40 / 통 28, 221, 43

성경 / 시편 1:1-6

요절 / 시편 1:2

"오직 여호와의 율법을 즐거워하여 그의 율법을 주야로 묵상하는도다."

목표 / 하나님은 우리의 복의 근원임을 알고 그 말씀을 순종하며 살도록 한다.

시작하는 말

'복 있는 사람'은 시편 전체를 요약한 매우 의미 있는 말씀입니다. 시편은 "여호와의 율법을 즐거워하여 묵상하는 사람(1:2), 하나님을 의지하는 사람(2:12), 죄 사함을 받은 사람(32:1, 2), 가난한 자를 돌보는 사람(41:1), 하나님께 택함을 받은 사람(65:4)." 등을 '복 있는 사람'이라고 말씀합니다. 복 있는 자가 추구하는 삶의 방식과 그 축복이 잘 나타나 있습니다. 이와 대조적으로 악인의 상태에 관하여도 언급함으로써 신자들이 앉고, 서고, 따라야 될 것을 깨달아 알게 함으로 복된 삶을 가르쳐 줍니다. 금년, 주님 안에서 복된 삶을 영위하시기를 바랍니다.

오늘의 말씀

1. 복 있는 사람은 죄를 멀리하고 하나님의 법도를 따릅니다.

1) 악인의 꾀를 따르지 아니합니다.

복 있는 사람은 불의한 자들이 도모하는 악한 꾀를 절대로 따르지 아니합니다. 의인은 악인의 꾀는 멸망에 이르는 넓은 길을 가는 것과 같아서, 필경 망할 것임을 알기 때문에 그 길을 피합니다.

2) 죄인의 길에 서지 않습니다.

악인은 '불의하고 부도덕한 사람'입니다. 죄인이란 '하나님의 뜻을 따라 행하지 못하고 고의적으로 하나님의 빛을 범하는 사람'입니다. 그러므로 복 있는 사람은 죄인이 서는 길인 좋지 아니한 길(잠 16:29), 어두운 길(잠 2:13), 사망에 이르는 길(잠 14:12)에 서지 않습니다.

3) 오만한 자들의 자리에 앉지 않습니다.

오만한 자는 하나님을 거스르며 업신여기며, 하나님을 믿지 않는 그런 죄악의 자리입니다. 오만한 자들은 주의 목전에 서지 못하며(시 5:5), 하나님의 심판을 면치 못합니다(사 37:29).

· 함께 읽어요 : 시편 1편 1~2절

"[1]복 있는 사람은 악인들의 꾀를 따르지 아니하며 죄인들의 길에 서지 아니하며 오만한 자들의 자리에 앉지 아니하고 [2]오직 여호와의 율법을 즐거워하여 그의 율법을 주야로 묵상하는도다."

2. 복 있는 사람은 여호와의 율법을 즐거워하고 주야로 묵상합니다.

1) 여호와의 율법을 즐거워합니다.

불의한 자들은 하나님의 말씀과 교훈을 업신여기지만 복된 자는 여호와의 율법을 즐거워합니다(2절). 말씀의 삶은 젖과 꿀이 흐르는 땅에 거하는 것입니다. 영원히 마르지 않는 시내가 흐르고, 시들지 않는 꽃이 피어 있는 기쁨의 땅에서의 삶입니다. 여호와를 사랑하며 그의 말씀을 즐거워하는 자들이 얻는 영원한 기쁨의 삶입니다.

2) 말씀을 주야로 깊이 묵상합니다.

복 있는 자란 역경 속에서도 말씀을 조언자로 삼아 진리의 말씀을 묵상하며 살아갑니다. 말씀의 깊은 뜻을 연구하며 음미하며, 더불어 그것을 찬양하면서 그 말씀대로 살아가려고 노력하는 자는 복 있는 사람입니다. 하나님의 말씀을 주야로 묵상하여 기록한 대로 다 지켜 행하는 자의 길은 평탄하며(수 1:8), 영혼의 만족을 얻게 될 것입니다(시 63:5).

· 함께 읽어요 : 여호수아 1장 8절

"이 율법책을 네 입에서 떠나지 말게 하며 주야로 그것을 묵상하여 그 안에 기록된 대로 다 지켜 행하라 그리하면 네 길이 평탄하게 될 것이며 네가 형통하리라."

3. 복 있는 사람은 하나님께서 인정하시고 풍성하게 하십니다.

1) 시냇가에 심은 나무와 같이 소망이 있습니다.

저는 물가에 심겨진 나무처럼 생명력으로 가득 차게 됩니다(렘 17:8). 그는 하나님의 진리와 자비와 은혜의 시내로부터 충분한 수분과 영양을 공급받아 탐스러운 열매를 맺습니다. 여호와의 율법인 진리의 말씀의 강에 깊은 뿌리를 내린 자는 영원한 생명의 소망이 있으며, 철을 따라 열매를 풍성하게 맺습니다.

2) 그리스도의 향기를 발하며 하나님께 영광을 돌리게 됩니다.

뿌리가 충분한 영양을 공급받으면 자연히 그 잎은 푸르고 소성하며 아름답게 됩니다. 우리의 내적 생명이 정결한 진리의 말씀에 뿌리를 내리면, 성령과 사랑이 충만한 나무로 성장해 가면서 그리스도의 향기를 발하며 하나님께 영광을 돌리게 됩니다.

3) 하나님께 인정을 받아 형통하게 될 것입니다.

하나님께서는 그리스도를 믿는 자들을 인정하시며(롬 14:18), 시험을 참고 인내하는 자에게 약속하신 대로 생명의 면류관을 주실 것입니다(약 1:12). 또한 진리의 말씀을 옳게 분변하며, 부끄러운 것이 없는 일꾼들과(딤후 2:15), 의인들의 길을 인정하셔서(6절), 형통하게 할 것입니다.

· 함께 읽어요 : 시편 1편 3절
"그는 시냇가에 심은 나무가 철을 따라 열매를 맺으며 그 잎사귀가 마르지 아니함 같으니 그가 하는 모든 일이 다 형통하리로다."

4. 악인들은 의인과 달리 결국 패망하게 될 것입니다.

악인의 상태는 정 반대입니다. 여호와의 율법을 즐거워하지 않으며, 불의한 자들은 바람에 나는 겨와 같아서, 타작마당에서 불에 던져져 태움을 받습니다(마 3:12). 악인들은 쭉정이처럼 온갖 유행과 풍습과 우상을 좇아 세상 적인 바람을 타고 이리저리 다니므로 생명의 시내에 뿌리를 내릴 시간과 여유가 없습니다. 그들은 열매를 맺을 소망도 없고, 아름답고 무성한 잎을 피울 꿈도 없습니다. 악인의 길은 멸망의 길입니다.

· 함께 읽어요 : 시편 1편 4, 6절

"[4]악인들은 그렇지 아니함이여 오직 바람에 나는 겨와 같도다. [6]무릇 의인들의 길은 여호와께서 인정하시나 악인들의 길은 망하리로다."

정리하는 말

복 있는 사람은 악인들의 꾀를 따르거나, 죄인의 길에 서거나, 오만한 자의 자리에 앉지 말아야 합니다. 오직 여호와의 율법을 즐거워하며 그 율법을 주야로 묵상해야 합니다. '주의 말씀은 내 발에 등이요 내 길에 빛이기'(시 119:105) 때문입니다. 말씀과 함께 '복 있는 사람'으로 살아가시고, 금년 내내 축복의 주인공이 되시기를 주님의 이름으로 축원합니다.

평가와 결심

1. 복 있는 사람이 하지 말아야 할 세 가지는 무엇인가?(시 1:1)
2. 복 있는 사람은 여호와의 율법에 대하여 어떻게 해야 하는가?(시 1:2)
3. 복 있는 사람의 상태는 어떠한가?(시 1:3, 6)
4. 악인의 상태는 어떠한가?(시 1:4~6)
5. 오늘 말씀을 듣고 각자의 결심을 이야기해보자.

주간 경건의 시간 <1> · 날마다 말씀과 함께

요일 / 내용	월(Mon)	화(Tue)	수(Wed)	목(Thu)	금(Fri)	토(Sat)
찬송	88 / 88	89 / 89	91 / 91	93 / 93	94 / 102	95 / 82
성경	잠언 2:	잠언 3:	잠언 4:	잠언 5:	잠언 6:	잠언 7:
적용	정직한 자	재물과 소산물	명령을 지켜라	젊어서 취한 아내	지혜를 얻으라	내 법을 눈동자처럼

* 믿음은 주님을 보는 눈이요, 주께 매달리는 손이며, 주를 소유하는 능력이다.
〈우드브리지〉

*** 매일 찬송 숫자에서, 앞 숫자는 21『새찬송가』/ 그 옆은 전,『통일찬송가』장수이다. 숫자 다음 '동'자가 첨부된 것은 21『새찬송가』장수와『통일찬송가』장수가 같습니다.**

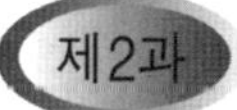

치료하시는 '여호와'라!

찬송 / 28, 472, 202 / 통 28, 530, 241

성경 / 출애굽기 15:22-26

요절 / 출애굽기 15:26 하

"나는 너희를 치료하는 여호와임이라."

목표 / 치유의 하나님임을 알고, 하나님의 말씀을 통하여 질병과 치유함을 얻도록 한다.

시작하는 말

하나님의 백성이 홍해를 건넌 후 하나님의 구원과 능력에 대해 찬양 돌리며 기쁨의 행진을 계속합니다. 가나안을 향한 이스라엘 백성이 3일 길 동안 마실 물이 없어 불평하다가 마라에서 '마라'의 쓴 물을 만났습니다. 그때 모세가 부르짖어 기도하니 여호와께서 한 나무를 지시하여 모세가 따르니 쓴물을 단물로 변화시켰습니다. 모든 변화의 주체는 하나님이십니다. 이 사건은 하나님께서 쓰디쓴 인생의 문제를 근원적으로 치료하실 수 있는 참 의사이심을 보여 줍니다. 바로 그 하나님이 인생의 뼈저린 문제를 원초적으로 치유하시는 분이심을 깨달으시고, 여호와의 말씀을 길과 진리와 생명으로 삼으시기 바랍니다. 오늘날 하나님의 사랑과 '치료의 나무'로 역사하시는 그리스도에 대해 살펴보겠습니다.

오늘의 말씀

1. 모세가 간절히 부르짖으니 여호와께서 응답하셨습니다.

25절을 함께 읽겠습니다. "모세가 여호와께 부르짖었더니, 여호와께서 그에게 한 나무를 가리키시니 …" 지도자 모세는 백성을 대신하여 하나님께 기도드렸습니다. 그때 한 나무를 주신 것 같이 갈급한 인간의 간구에 대한 응답으로 하나님께서 주 예수 그리스도를 보내셨습니다.

여호와께서 한 나무를 가리키신 것처럼 예수 그리스도를 죄인들을 위한 화목 제물(롬 3:25)로 삼아 십자가 나무에 달리시게 하셨습니다. 하나님께서는 고통을 받으면서 하나님의 구원의 손길을 바라며 간절히 기도하는 자들에게 응답해 주십니다(마 7:7; 눅 11:13).

· 함께 읽어요 : 마태복음 7장 7~8절
"[7]구하라 그리하면 너희에게 주실 것이요 찾으라 그리하면 찾아낼 것이요 문을 두드리라 그리하면 너희에게 열릴 것이니 [8]구하는 이마다 받을 것이요 찾는 이는 찾아낼 것이요 두드리는 이에게는 열릴 것이니라."

2. 실의에 찬 백성에게, 치료하시는 여호와의 능력을 보여주셨습니다.

① 본문 말씀을 보면 그 나무가 가까이 있었다는 것을 알 수 있습니다. 하나님의 구원은 언제나 가까이 있습니다. 생명의 나무는 멀리 있지 않습니다. 성경은 "말씀이 네게 가까워 네 입에 있으며"(롬 10:8)라고 하셨습니다. 가까이 서 계신 그리스도를 바라보는 영안(靈眼)을 가져야 합니다. 영안은 말씀을 묵상을 통해, 기도함으로 열려집니다. 시편 기자는 "내 눈을 열어서 주의 법의 기이한 것을 보게 하소서"(시 119:18)라고 했습니다.

② 모세는 여호와께서 말씀하신 대로 순종했습니다.

"그가 물에 던지매 물이 달아졌더라"(25:25중)고 했습니다. 하나님께서는 이미 다 준비하시고 계십니다. 기도로 구했으면 믿고 다만 필요한 때에 그것을 가져다가 사용하면 됩니다. 혈루증 여인은 예수님을 만짐으로 그 혈루의 근원이 그치고 병 고침을 받았습니다(막 5:25-34). 예수님은 그 여인에게 "딸아 네 믿음이 너를 구원하였으니 평안히 가라 네

병에서 놓여 건강할지어다"(막 5:34)라고 하셨습니다.

· 함께 읽어요 : 출애굽기 15장 26절
"이르시되 너희가 너희 하나님 나 여호와의 말을 들어 순종하고 내가 보기에 의를 행하며 내 계명에 귀를 기울이며 내 모든 규례를 지키면 내가 애굽 사람에게 내린 모든 질병 중 하나도 너희에게 내리지 아니하리니 나는 너희를 치료하는 여호와임이라."

3. 그리스도 안에서 쓴 물이 달게 되는 기적이 일어날 것입니다.

"그가 물에 던지매 물이 달아졌더라"(15:25중)고 했습니다. "하나님의 말씀은 살아 있고 활력이 있어 좌우에 날선 어떤 검보다도 예리하여 혼과 영과 및 관절과 골수를 찔러 쪼개기까지 하며 또 마음의 생각과 뜻을 판단하나니"(히 4:12)라고 했습니다.

이제 그리스도 안에서 우리의 쓰디쓴 샘이 단물로 바뀌었습니다. 이 샘물로 부패한 세상을 고쳐야 합니다. 나무와 같이 소망이 있습니다.

주님은 "누구든지 목마르거든 내게로 와서 마시라. 나를 믿는 자는 성경에 이름과 같이 그 배에서 생수의 강이 흘러나리라"(요 7:37-38)고 하셨으니, 이는 그를 믿는 자의 받을 '성령'을 가리켜 말씀하신 것입니다(15:39). 이와 같이 그리스도를 만난 사람들은 누구나 새롭게 변화되고 성령의 사람으로 바뀌져 새 사람이 되는 것입니다.

성경은 "그런즉 누구든지 그리스도 안에 있으면 새로운 피조물이라 이전 것은 지나갔으니, 보라 새 것이 되었도다"(고후 5:17)라고 증거합니다. 우리의 쓰디 쓴 인생이 새로운 피조물이 되어 아름답고 달콤한 행복을 누리고 평강이 임하는 귀한 인생으로 변화되시길 바랍니다.

· 함께 읽어요 : 출애굽기 15장 25절
"모세가 여호와께 부르짖었더니 여호와께서 그에게 한 나무를 가리키시니 그가 물에 던지니 물이 달게 되었더라…."

정리하는 말

세상을 살아가노라면 좋은 환경 순탄한 일만 만나는 것이 아닙니다. 그러나 치료하시는 여호와께서 우리의 기도를 들으시며 먼저는 나를 변화시키며, 쓴 물을 단물로 바꿔주시듯이 환경을 변화시켜 주십니다. 마라에서 불평하던 이스라엘 백성들을 꾸짖지 않으시고, 모세의 기도를 들으시고, 한 나무를 가리키셨습니다. 기적의 역사가 일어났습니다. 하나님은 말씀에 순종하면 우리의 환경을 변화시켜 주시며 고통을 치료해 주신다고 했습니다. 주 안에서 은혜의 기적을 경험하시기 바랍니다.

평가와 결심

1. 이스라엘 백성은 마라에서 어떤 일을 당하였는가?(출 15:23)
2. 그때 백성들은 어떻게 했는가?(출 15:24)
3. 그때 지도자 모세는 어떻게 했는가?(출 15:25상)
4. 여호와 하나님께서 무엇을 가리키셨는가?(출 15:25중)
5. 여호와 하나님은 어떠하신 분이신가 서로 구체적으로 이야기해 보자.

주간 경건의 시간 <2> · 날마다 말씀과 함께

요일 / 내용	월(Mon)	화(Tue)	수(Wed)	목(Thu)	금(Fri)	토(Sat)
찬송	351 / 389	135 / 133	180 / 168	350 / 393	401 / 457	446 / 500
성경	잠언 9:	잠언 10:	잠언 11:	잠언 12:	잠언 13:	잠언 14:
적용	지혜의 근본	근심을 주지 않음	악인은 대신 보응	손의 행함대로	입의 열매로	궁핍한 자 불쌍히

* 가장 심오한 기쁨은 그 속에 홍겨움 보다는 진지함을 담고 있다.

<미셸 E. 드 몽테뉴>

1단원 새 마음의 달

열린 마음을 갖자

찬송 / 325, 280, 279 / 통 359, 338, 337

성경 / 열왕기상 19:1-21

요절 / 요한일서 1:9

"만일 우리가 우리 죄를 자백하면 그는 미쁘시고 의로우사 우리 죄를 사하시며 우리를 모든 불의에서 깨끗하게 하실 것이요."

목표 / 열린 마음으로 서로 교제하며 살아가는 습관과 태도를 기른다.

시작하는 말

코로나(Covid 19)의 질병으로 세계가 공황상태입니다. 근래 자살하는 사람이 부쩍 늘었습니다. 통계에 의하면 하루 평균 42명에 이르고 매년 늘어나는 추세로 OECD(경제협력개발기구) 국가 중 제1의 국가가 되었습니다. 신경정신과 전문의에 따르면 자살자가 대부분이 우울증과 고립감 속에서 자살충동을 느낀다고 합니다. 세상에서 천성을 향해 가는 성도들의 삶은 나그네와 같습니다. 길 가는 나그네의 삶에서 상담자와 동행자가 있다면 얼마나 다행입니까? 주님이 우리와 동행하시며 사랑의 교제를 나누신다면 얼마나 큰 위로가 되겠습니까? 하나님께서는 범죄 한 인간에게 구약에서는 '제사'를 통해서 만나주시고, 신약시대에는 영과 진리로 '예배하는 자'(요 4:23)들을 찾으시며 만나주십니다. 예배를 통해 열린 마음으로 하나님과 이웃과의 교제를 회복하시기를 바랍니다.

오늘의 말씀

1. 고독과 우울증을 이기십시오(왕상 19:1~7).

이세벨 왕후는 엘리야에게 '내일 이맘때에 너를 죽이겠다'고 통보했습니다. 이 통보를 받고 두려움에 쌓였습니다. 그래서 그는 광야로 도망가 로뎀나무 아래에 앉아 죽기를 구했습니다. 불과 몇 시간 전만 해도 엘리야는 바알과 아세라 선지자 850명과 대결하여 혼자서 대승을 거두었습니다. 그런데 지금은 죽고 싶을 정도로 고독과 우울증으로 떨고 있습니다. 하나님의 능력의 종들도 때로는 이런 고독과 공포와 두려움이 엄습해 올 때가 있는데, 어떻게 해야 하겠습니까? 이런 때 성도들에게 필요한 것은 하나님의 말씀을 통한 진실한 교제가 있어야 치유 받을 수 있습니다. 금년 한해, 하나님과의 진실한 사랑과 기도의 밀어(密語)를 통해 하나님과 관계 회복하고 우울증을 치유 받으시기를 바랍니다.

· 함께 읽어요 : 이사야 41장 10절
"두려워하지 말라 내가 너와 함께 함이라 놀라지 말라 나는 네 하나님이 됨이라 내가 너를 굳세게 하리라 참으로 너를 도와 주리라 참으로 나의 의로운 오른손으로 너를 붙들리라."

2. 만나주시는 하나님을 찾으십시오(왕상 19:8-14, 렘 33:2-3).

이사야 55장 6절에는 "너희는 여호와를 만날 만한 때에 찾으라. 가까이 계실 때에 그를 부르라"고 하셨습니다. 엘리야가 이세벨의 칼날을 피해 도망한 로뎀나무 아래에는 그 누구도 없었습니다. 그러나 하나님만은 거기에 계셨습니다. 복음의 밀수꾼 이삭목사가 있었습니다. 공안당국에 붙잡혀 모진 고문을 받을 때 그는 "그렇게 고문을 받을 때 하나님은 어디서 무엇을 하고 계셨습니까?"라고 반문했습니다. 하나님은 "나, 거기서 일하고 있었지." 그렇습니다. 그렇게 혹독한 전기고문, 냉동실고문, 물고문으로 죽어가고 있었을 때, 거기 계셔서 그들을 하나님의 일꾼 삼기 위해 일하시고 계셨던 것입니다. 15년 후 그곳을 다시 방문했을 때 그들은 목사가 되고, 그들 가정은 복음의 가정이 되어 있었습니다. 엘리야를 떡과 물로 먹이시고, 40주야를 달려 호렙산으로 가게 하시고, 거기서 크고 강한 바람과 큰 지진, 불 속에 보이시지 않으시던 하나님께서는 나타나셔서 '세미한 소리' 가운데 사명을 주셨습니다. 고독과 우울증에 시달리는 엘리야를 치유해 굳센 하나님의 일꾼으로 세워주셨습니다. 엘리야처럼 하나님을 만나셔서 문제해결을 받으시기 바랍니다.

· 함께 읽어요 : 예레미야 33장 2~3절
"[2]일을 행하시는 여호와, 그것을 만들어 성취하시는 여호와, 그 이름을 여호와라 하는 이가 이와 같이 이르시도다 [3]너는 내게 부르짖으라. 내가 네게 응답하겠고 네가 알지 못하는 크고 은밀한 일을 네게 보이리라."

3. 기도와 찬송을 통한 예배로 치유함을 받으십시오(요일1:9).

회개기도는 하나님과의 통로를 여는 지름길입니다. 찬송은 이웃과의 통로를 여는 지름길입니다. 그래서 히브리서 13장 15절에는 성도가 드려야 할 제사 중에 '찬미의 제사'를 말하고 있습니다. 교회마다 예배시작 전에 찬양을 통해 예배 자들의 마음을 조성하고 준비합니다. 진지하고 간절하게 찬양을 하다보면, 세상 일로 번잡했던 마음도 어느새 하나님을 사모하는 경건한 열망으로 변함을 체험합니다. 시편기자는 "이스라엘의 찬송 중에 거하시는 주여! 주는 거룩하시니이다"(시 22:3)라고 고백했습니다. 성도가 합심하여 기도하고, 아름다운 화음으로 찬송을 드릴 때 사탄의 적진은 무너지고 하나님의 진지가 구축되어집니다. 군대가 군가를 합심하여 부를 때, 그 사기가 천지를 찌르듯 충천함 같이 성도들의 찬송은 큰 능력과 담대한 믿음으로 소생케 하고 마귀를 물리칩니다. 구역 예배 때에나 공 예배 때에 성도들이 합심하여 찬송을 소리높여 부를 때, 성도의 마음은 열려지고 고독과 우울증은 치유될 것입니다. 성경은 "할렐루야 우리 하나님을 찬양하는 일이 선함이여 찬송하는 일이 아름답고 마땅하도다"(시 147:1)라고 말씀합니다. 주께 간절히 기도하며 힘차고 아름다운 찬송으로 마음 문이 열려, 소원성취 하시기 바랍니다.

· 함께 읽어요 : 시편 50편 15절
"환난 날에 나를 부르라 내가 너를 건지리니 네가 나를 영화롭게 하리로다."

정리하는 말

현대인들의 감기와 같은 고독과 우울증이 큰 화를 부를 수도 있습니다. 기도와 찬송과 사랑의 교제로 치유함을 받으시기를 바랍니다. 사랑하는 성도여러분! 말씀과 기도, 그리고 찬송의 생활로 날마다 어디서든 예배의 생활화로 닫혀 진 마음이 활짝 열려져서, 고독과 우울증을 이기시고 고침 받아 하나님 나라의 큰 소망을 이루시기 바랍니다.

평가와 결심

1. 고독과 우울증의 치유방법 첫째가 무엇입니까?
   (계 3:20, 말씀과 기도와 찬송으로 열린 마음을 가져야 함)
2. 고독과 우울증의 치유방법 둘째가 무엇입니까?
   (사 55:6, 사랑의 하나님을 만나야 함)
3. 마음 문을 여는 방법이 무엇입니까?
   (요일 1:9, 회개의 기도로 마음 문이 열림)
4. 오늘 말씀을 듣고 각자의 결심을 이야기해보자.

주간 경건의 시간 <3> · 날마다 말씀과 함께

요일 / 내용	월(Mon)	화(Tue)	수(Wed)	목(Thu)	금(Fri)	토(Sat)
찬송	417 / 476	411 / 473	410 / 468	397 / 454	204 / 379	174 / 161
성경	요일 2:	요일 3:	요일 4:	요일 5:	요이 1:	요삼 1:
적용	사랑의 새 계명	행함과 진실함	하나님은 사랑이심	성령과 물과 피	진리에 행함	범사가 잘 됨

* 고난이 크면 클수록 그 영광도 크다.

<마르쿠스 툴리우스 키케로, B.C. 106-43, 로마 웅변가, 정치가, 철학자>

뜨거운 열정을 갖자

찬송 / 211, 9, 550 / 통 346, 53, 248

성경 / 요한계시록 3:14-22

요절 / 요한계시록 3:20

"볼지어다. 내가 문 밖에 서서 두드리노니 누구든지 내 음성을 듣고 문을 열면 내가 그에게로 들어가 그와 더불어 먹고 그는 나와 더불어 먹으리라."

목표 / 신앙의 미적지근함을 벗어나 뜨거운 열정을 갖는 습관을 기른다.

시작하는 말

성도들은 무슨 일을 하든지 뜨거운 열정을 품고 일을 해야 열매도 맺고, 하나님께 영광을 돌리게 됩니다. 신앙생활은 밥을 짓는 것과 비교가 되어집니다. 아무리 좋은 쌀을 가지고 밥을 안쳤어도 끓기 전에는 밥이 되지 않습니다. 여기에서 인생이나 신앙생활의 교훈과 깨달음을 줍니다. 매년 초(初)가 되면 누구나 한번쯤은 금년에는 내가 신앙생활 한번 뜨겁게 해 보겠다고 다짐을 합니다. 그러나 시간이 가고 세월이 흘러가면서 열정이 식어지면 죽도 밥도 되지 않습니다. 빠른 세월 탓하지 말고, 하나님과 이웃과 교회를 위해 뜨거운 열정으로 섬기시고, 모든 영광을 하나님께 돌리면서 보람찬 신앙생활 하시기를 바랍니다. 그렇다면 뜨거운 열정을 품으려면 어떻게 해야 하겠습니까?

오늘의 말씀

1. 믿음을 고백하고, 믿음의 행위를 가져야 합니다(계 3:14~15).

라오디게아 교회의 사자에게 "아멘이시요 충성되고 참된 증인이시요 하나님의 창조의 근본이신 이"가 말씀하십니다. "네 행위를 아노니 네가 차지도 아니하고 뜨겁지도 아니하도다. 네가 차든지 뜨겁든지 하기를 원하노라"고 권면했습니다. 오늘날 한국은 전인구의 25%가 개신교 신자라고 자부하고 있습니다. 그러나 진실로 뜨거운 사랑과 믿음을 가져야 주님의 백성이요 하나님의 사랑받는 자임을 명심해야 합니다. 요사이 직장 생활에서 친구들 사이에 "나는 예수를 믿는다"고 확실하게 고백하는 성도는 참으로 복된 성도입니다. 진짜 믿음은 고백할 때 인정받게 되는 것입니다. 그때부터 믿음의 행위가 자신을 초월한 타인에게 나타나게 됩니다. 사랑을 고백하듯 믿음을 고백하시기를 바랍니다. 뜨거운 믿음의 행위로 자신의 젊음을 불태우시기 바랍니다.

· 함께 읽어요 : 로마서 10장 10절
"사람이 마음으로 믿어 의에 이르고 입으로 시인하여 구원에 이르느니라."

2. 미지근한 상태의 믿음은 타파해 버리십니다(계 3:16~20).

부모는 자녀를 사랑하기 때문에 때로는 책망과 징계를 합니다. 그리스도께서도 그의 교회를 사랑하시기에 책망과 징계를 하십니다. 라오디게아교회가 비록 영적으로 잠자고 있는 상태라 할지라도 그리스도께서 피로 세우신 교회임에는 틀림이 없습니다. 때문에 그리스도께서 책망하시는 것이 당연합니다. 오늘날 교회들은 이 책망을 우리 자신에게 하시는 것으로 알고 겸손히 받아들여야 합니다. 그리스도께서는 회개치 아니하며 열심이 없고 미지근한 교회를 토하여 내치실 것입니다. 사랑하는 성도 여러분! 미지근한 신앙생활을 버리시고 뜨거운 열정으로 신앙생활을 영위 하시기를 바랍니다.

'난로 속의 불' 이란 책이 있습니다. 난로라는 틀은 있는데 그 속에 불이 없는 빈 난로였습니다. 신앙이란 틀만 가지고서는 도무지 세상을 변화시킬 수 없습니다. 난로 속에 불이 있어야 하듯이 우리의 심령도 열심 있는 신앙을 가져야 합니다. 스펄전 목사님은 열심히 복음을 전파 하면서 "나에게 12명의 열심 있는 신앙인을 달라. 그리고 나를 어느 지역이든지 내려놓아라. 그러면 나는 하나님의 은혜로 즐거이 일 할 것이다. 마음에 열심이 없는 사람 전체를 나에게 주어본들, 내가 무엇을 할 수 있겠는가?"라고 외쳤습니다. 열심이 없는 사람들은 오히려 열심이 있는 사람까지 싸늘하게 만드는 방해물이 되기 때문입니다. 여러분은 열심으로 복음의 촉진제가 되시기 바랍니다.

· 함께 읽어요 : 요한계시록 3장 19절

"무릇 내가 사랑하는 자를 책망하여 징계하노니 그러므로 네가 열심을 내라 회개하라."

3. 주님과 더불어 먹고 마시기를 바랍니다(계 3:20~22).

본문 21절에서 예수 그리스도께서는 라오디게아 교회에게 "이기는 그에게는 내가 보좌에 함께 하여주기를 내가 이기고 아버지 보좌에 함께 앉은 것과 같이 하리라"고 약속하셨습니다. 이것은 뜨거운 믿음을 지킨 성도에게 주는 상급이기도 합니다. 여기 라오디게아 교회와 그리스도께서 모든 시험을 이기고 승리한 성도에게는 찬란한 미래를 약속하셨습니다. 라오디게아 교회가 이길 시험은 부에 대한 자만입니다. 오늘날 교회들이 빠져가고 있는 문제가 바로 풍요와 물질적인 시험입니다. 환난과 역경 속에 있을 때는 열심히 기도하면서 이겼습니다. 오늘날도 깨어 있어서 뜨거운 믿음으로 이겨야 합니다. 그리고 그것을 이긴 자에게 주는 약속은 사랑이요, 영광의 보좌입니다. 뜨거운 믿음과 사랑을 회복하셔서 주님과 함께 먹고 마시기를 주님의 이름으로 기원합니다.

· 함께 읽어요 : 요한계시록 3장 20절
"볼지어다! 내가 문 밖에 서서 두드리노니 누구든지 내 음성을 듣고 문을 열면 내가 그에게로 들어가 그와 더불어 먹고 그는 나와 더불어 먹으리라."

정리하는 말

라오디게아 교회가 당면한 가장 큰 문제요 비극은 바로 자기는 부요하다고 하면서 실제적으로는 빈곤한 데 있었습니다. 세상적으로 볼 때 소 아시아에서 라오디게아보다 더 번창한 도시는 없었습니다. 그러나 영적으로는 라오디게아보다 더 빈곤한 교회도 없었습니다. 이것이 세상의 풍요 속에 영혼의 빈곤인 것입니다. 복음으로 세상을 변화시키는 뜨거운 열정을 회복하셔서 모든 영광을 하나님께 돌리시기 바랍니다.

평가와 결심

1. 뜨거운 열정 회복의 첫째 방법은 무엇입니까?
(롬 10:10, 믿음 고백, 믿음 행위 가져야함)
2. 뜨거운 열정 회복의 둘째 방법은 무엇입니까?
(계 3:19, 미지근한 것을 버려야 함)
3. 뜨거운 열정 회복의 셋째 방법은 무엇입니까?
(계 3:20, 주님과 더불어 먹고 마셔야 함)
4. 오늘 말씀을 듣고 각자의 결심을 이야기해보자.

주간 경건의 시간 <4> · 날마다 말씀과 함께

요일 / 내용	월(Mon)	화(Tue)	수(Wed)	목(Thu)	금(Fri)	토(Sat)
찬송	423 / 213	298 / 35	184 / 173	365 / 484	426 / 215	421 / 210
성경	계 2:	계 3:	계 4:	계 5:	계 6:	계 7:
적용	처음 사랑 회복	열심을 내라	성령에 감동	향 성도의 기도	어린양의 진노	어린양의 피

* 그리스도인은 인간의 가장 고상한 모형이다. <에드워드 영, 1683-1765,영국 시인>

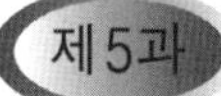

희망 · 꿈 · 목표를 이뤄가자

찬송 / 338, 354, 186 / 통 364, 394, 176

성경 / 창세기 28:10-22

요절 / 창세기 28:22

"내가 기둥으로 세운 이 돌이 하나님의 집이 될 것이요 하나님께서 내게 주신 모든 것에서 십분의 일을 내가 반드시 하나님께 드리겠나이다 하였더라."

목표 / 주안에서 희망, 꿈, 목표를 이뤄가며 살아가는 태도를 가지게 한다.

시작하는 말

개인이나 국가를 막론하고 미래의 희망과 꿈을 가져야 합니다. 본문에서 야곱은 형의 분노를 피하여 부모 곁을 떠나 하란을 향하여 가던 도중에 벧엘이란 곳에서 하룻밤을 지내게 되었습니다. 이 밤은 야곱에게 두려움과 쓸쓸함으로 가득 찬 밤이었습니다. 그러나 그곳에서 하나님께서는 야곱에게 나타나셨고, 그에게 새로운 희망과 꿈과 목표를 주셨습니다. 절망했던 야곱에게 새로운 용기를 주시고, 축복의 말씀으로 함께 하셔서 절망과 낙담했던 야곱은 비로소 자기와 함께 하시는 하나님을 찬양하며 큰 꿈과 희망을 가지게 되었습니다.

오늘의 말씀

1. 인생은 누구나 나그네입니다(창 28:10~11, 벧전 2:11).

본문 11절 말씀에 야곱이 처한 곤핍한 정황을 잘 설명해주고 있습니다. “한 곳에 이르러는 해가 진지라 거기서 유숙하려고 그곳의 한 돌을 취하여 베개하고 거기 누워 자더니”라고 말입니다. 야곱은 아버지 이삭을 속이고, 형님 에서가 받을 축복을 빼앗고, 형의 분노를 피하여 피난가는 매우 고달픈 여정에 처해 있었습니다. 밤이 되어 한 곳에 이르렀습니다. 우리는 이런 ‘한 곳’에 이르러 뜻밖의 경험을 하게 됩니다. 인생은 누구에게나 이런 장소가 있습니다. 이곳이 하나님께서 만나주시는 장소요, 기도의 장소인 것입니다. 스스로 약다고 생각하며 모든 죄인들과 같이 야곱은 속임수로 점철된 생애를 통하여 성공을 바라고 있었습니다. 이와 같은 생애는 항상 초조하게 발각될 것 같은 두려움 속에서 살아야 하는 고달픈 인생인 것입니다. 사랑하는 성도여러분! 희망의 등불이 꺼져가고 불안하십니까? 주님이 주시는 믿음의 확신으로 조용히 주님을 부르십시오. 나그네 인생길에는 주님의 손길이 꼭 필요합니다.

· 함께 읽어요 : 베드로전서 2장 11절
“사랑하는 자들아 거류민과 나그네 같은 너희를 권하노니 영혼을 거슬러 싸우는 육체의 정욕을 제어하라.”

2. 하늘에 닿은 사닥다리를 바라보아야 합니다(창 28:12~, 히 12:2).

본문 28장 12절에는 “꿈에 본즉 사닥다리가 땅위에 섰는데, 그 꼭대기가 하늘에 닿았고, 또 본즉 하나님의 사자가 그 위에서 오르락내리락하고”라고 했습니다. 생각지도 못한 새로운 길이 하나님 자신에 의하여 야곱에게 계시되었습니다. 그것은 ‘길과 진리와 생명이 되신’ 주님의 사랑스러운 모형입니다. 예수 그리스도의 십자가처럼 이 사닥다리는 땅위에 섰습니다. 이 사실은 사람이 하나님께 가까이 나아갈 수 있는 길이 되고 있음을 가리키고 있습니다. 여기서 중요한 사실은 ‘오르락내리락’이라는 표현에서 이미 우리에게 와 계시는 주님임을 깨닫게 됩니다. 이미 내려 오셔서 함께 계신 주님을 발견해야 됩니다. 영성이란 것은 이미

와 계신 하나님을 구체적인 성령으로 깨달아야 하는 것입니다. 이사야 43장 1절 하반절에 "너는 두려워 말라 내가 너를 구속하였고, 내가 너를 지명하여 불렀나니 너는 내 것이라"고 했습니다. 하늘의 사닥다리는 희망이요, 꿈이요 영원한 목표임을 보여줍니다. 예수 그리스도는 바로 인생의 등불이요. 희망이요. 꿈입니다. 여러분의 인생길에 예수 그리스도를 만나 희망과 꿈을 회복하셔서 영원한 목표인 천국을 향해 뜻을 성취해 가시기를 바랍니다.

· 함께 읽어요 : 히브리서 12장 2절
"믿음의 주요 또 온전하게 하시는 이인 예수를 바라보자. 그는 그 앞에 있는 기쁨을 위하여 십자가를 참으사 부끄러움을 개의(介意)치 아니하시더니 하나님 보좌 우편에 앉으셨느니라."

3. 바른 목표를 통하여 약속이 성취됩니다(창 28:13~22, 신 28:1).

하늘에까지 닿은 사닥다리를 통해서 하나님을 만나게 됩니다. 이 사닥다리는 곧 예수 그리스도의 십자가를 통해 하나님을 만나게 되는 것을 가르쳐줍니다. 미국 리더십 훈련기관 <LMI>의 창시자인 폴 마이어 회장은 '백만 불의 성공계획 5단계'를 제시했습니다. "① 생각을 선명하게 하라. ② 목표를 달성하기 위한 계획을 세우고 그 달성시한을 정하라. ③ 마음에 그린 인생의 꿈에 대해 진지한 열망을 불태워라. 성공의식은 다시 성공습관을 강화시켜 준다. ④ 자기가 가진 훌륭한 능력을 절대적으로 신뢰하라. 실패는 없다고 믿어야 자신감이 생겨난다. ⑤ 장애와 비판, 그리고 주위의 환경에 현혹되지 말고 굳은 결의를 가지고 자신의 계획을 관철시켜라. 목표 달성을 위한 성공 전략 역시 마찬가지입니다. 주님은 바른 목표를 통해서 약속을 허락해 주십니다. 기도와 함께 인생의 꿈과 목표를 위해 매일 기도하면서 성공계획을 여러분들의 삶에 적용해 가시기를 바랍니다.

· 함께 읽어요 : 신명기 28장 1절

"네가 네 하나님 여호와의 말씀을 삼가 듣고 내가 오늘 네게 명령하는 그의 모든 명령을 지켜 행하면 네 하나님 여호와께서 너를 세계 모든 민족 위에 뛰어나게 하실 것이라."

정리하는 말

오늘날 성도들의 삶을 보면 성도가 가야할 길, 지켜야 할 언약과 약속을 어기고 순리를 거스르면서 살아가기에 삶이 더 힘들고, 재미가 없습니다. 또한 길이요 진리요 생명이신 그리스도를 등지고 걸어가기에 빛이 보이지 않습니다. 사랑하는 성도 여러분! 주님을 향해 희망과 꿈과 목표를 분명히 하셔서 성공된 인생을 잘 준비하시기를 바랍니다.

평가와 결심

1. 인생의 상태는 현재 무엇이라 부릅니까? (벧전 2:11, 나그네 인생)
2. 나그네 인생에서 꿈은 무엇입니까? (창 28:12, 하늘 사닥다리)
3. 바른 목표에 무엇을 주십니까? (창 28:13, 약속과 복을 주심)
4. 오늘 말씀을 듣고 각자의 결심을 이야기해보자.

주간 경건의 시간 <5> · 날마다 말씀과 함께

요일 / 내용	월(Mon)	화(Tue)	수(Wed)	목(Thu)	금(Fri)	토(Sat)
찬송	177 / 164	322 / 357	516 / 265	93 / 93	268 / 202	12 / 22
성경	창 26:	창 27:	창 28:	창 29:	창 30:	창 31:
적용	천하 만민이 복을	내게 축복하소서	사닥다리가 하늘에	7년을 봉사하리니	나의 공력 따라	너와 함께 있으리라

* 그리스도를 위하여 자신을 부인하는 자들은 그리스도 안에서 즐거워할 것이다. <존 M. 메이슨, 1770-1773, 미국 신학자, 성직자>

2단원 평강 간구의 달

시간을 투자해 기도하라

찬송 / 595, 441, 425 / 통 372, 498, 217

성경 / **다니엘 1:1-16**

요절 / **다니엘 1:8**

"다니엘은 뜻을 정하여 왕의 음식과 그가 마시는 포도주로 자기를 더럽히지 아니하리라 하고 자기를 더럽히지 아니하도록 환관장에게 구하니"

목표 / 시간을 정하고 시간을 투자하여 기도하는 태도를 기른다.

시작하는 말

역사상 위대한 인물들은 환란과 역경을 이기고 말씀과 기도로 능력을 받았던 사람들입니다. 우리의 기도는 위대합니다. 기도는 세상에서 가장 빠르게 역사하고 세상에서 가장 힘이 있는 것입니다. 하나님은 시간을 정하여 기도한 다니엘의 기도를 응답하셨습니다. 마찬가지로 하나님은 시간을 투자하여 하는 우리의 기도도 들어주십니다. 성도에게는 이러한 믿음의 기도가 자신과 이웃의 생명을 살립니다. '믿음으로 기도하는 위대함'과 시간을 투자하여 기도하는 삶의 태도를 배워 실천하시기 바랍니다. 부르짖는 기도의 힘은 하나님의 보좌를 움직입니다.

오늘의 말씀

1. 기도는 습관을 들여 간구해야 합니다(단 6:10).

다니엘은 바벨론에 포로로 붙들려간 나라를 잃은 백성이었지만 하나님을 경외하며 기도한 사람이었습니다. 하나님은 이런 다니엘을 총리의 자리에까지 오르게 하셨습니다. 그를 시기하고 질투하는 사람들의 모함으로 다니엘은 사자굴 속에 던져지게 되었습니다. 그러나 그는 자기의 신앙을 굽히지 않고 하루 세 번씩 예루살렘을 향하여 창문을 열어 놓고 하나님께 기도했습니다. 기도하는 사람이 마지막에 승리합니다. 기도하는 사람이야 말로 결국 성취할 수 있으며 승리자가 됩니다. 다니엘은 사자굴 속에 들어갔으나 하나님의 도우심으로 살아났습니다. 여호와 하나님을 인생의 왕으로 받들며, 절대자로 섬기며 그분께 기도하는 태도와 습관을 가지십시오. 그것이 생명을 살리는 올바른 믿음입니다.

· 함께 읽어요 : 다니엘 6장 10절

"다니엘이 이 조서에 왕의 도장이 찍힌 것을 알고도 자기 집에 돌아가서는 윗방에 올라가 예루살렘으로 향한 창문을 열고 전에 하던 대로 하루 세 번 씩 무릎을 꿇고 기도하며 그의 하나님께 감사하였더라."

2. 성도들은 모든 일에 염려하지 말고 기도해야 합니다(단 1:8~15).

우리 성도들은 일이 잘 될수록 기도해야 합니다. 믿음 생활을 잘 할수록, 꿈이 있고 위대한 일을 하고자 할수록 더 많이 기도해야 합니다. 사람이 잘되면 얼마나 시기가 많습니까? 호사다마(好事多魔)입니다. 항상 시험은 우리가 잘될 때 찾아온다는 사실을 알아야 합니다. 우리가 잘되는 것을 좋아할 이는 많지 않습니다. 분명한 것은 하늘에 계신 하나님과 땅에서는 부모님과 주의 종들은 기뻐할 것입니다. 그러므로 잘될 때는 친구나 이웃에게 자랑하기보다는 기도를 해야 합니다. 형편이 어렵고, 뜻대로 안될 때에도 염려하지 말고 기도해야 합니다. 시험, 질병, 환난, 재난을 만났을 때에도 더욱 기도해야 합니다. 다니엘은 총리가 되었을 때에도 기도했지만, 왕 외에 다른 데 기도하는 사람을 사자 굴에 던져 넣는다고 결정되었을 때도 그는 감사함으로 기도했습니다. 이것이 바른 신앙의 자세요, 믿는 사람의 특징입니다. 어려움을 당했을 때 얼굴에 드러내지 말고, 불평하거나 낙심치 말고, 평안한 마음으로 하나님 앞에 기도하시기 바랍니다. 다음 성경구절을 깊이 음미해 보세요.

· 함께 읽어요 : 빌립보서 4장 6절
"아무 것도 염려하지 말고 다만 모든 일에 기도와 간구로, 너희 구할 것을 감사함으로 하나님께 아뢰라."

3. 정한 시간에 기도의 창문을 열고 기도해야 합니다(단 6:13).

믿음의 용장들은 다 기도의 사람들이었습니다. 믿음의 사람들은 자신이나 인간에게 그 기반을 두지 아니하고, '하나님의 언약'에 기반을 두었습니다. 믿음으로 산다는 것이 무슨 말입니까? 한마디로 '하나님께서 그리스도와 성경을 통해서 언약해 주신 모든 언약을 신뢰하며 사는 것'을 말합니다. 우리는 하나님의 도우심을 받기 위하여 하늘을 향하여 창문을 열어야 합니다. 이 세상을 향해서 창문을 활짝 열어 놓고, 하늘을 향해서는 문을 닫아 놓는 것이 오늘날 우리의 부끄러운 모습은 아닙니까? 굉장한 힘을 과시하며 큰소리치면서도 어려움을 당하면 심한 절망에 빠지는 것이 인간입니다. 가장 귀한 것이 기도라면 어떤 일보다도 우선 기도를 실천해야 합니다. 무엇이든 기도보다 앞서서는 아니 될 것입니다.

이 세상의 방법으로는 길이 보이지 않지만 기도하면 길이 열립니다. 하나님이 함께 하사 도와주십니다. 바벨론에서 승리하게 하신 하나님은 오늘 이 시대에도 역사하십니다. 시간을 정해 놓고, 기도의 창문을 열어 놓고 하나님을 향해 우러러 기도하시기 바랍니다. 부르짖는 기도를 응답하사 우리에게도 승리하게 하실 줄 믿으시기 바랍니다.

· 함께 읽어요 : 다니엘 6장 13절
"그들이 왕 앞에서 말하여 이르되 왕이여 사로잡혀 온 유다 자손 중에 다니엘이 왕과 왕의 도장이 찍힌 금령을 존중하지 아니하고 하루 세 번 씩 기도하나이다."

정리하는 말

히스기야 왕은 앗수르가 쳐들어왔을 때 하나님 앞에 기도함으로 나라를 건졌으며, 모세는 아말렉과의 전쟁에서 산에 올라가 손을 들고 기도함으로 승리를 얻었습니다. 또한 에스더의 기도는 쓰러져가는 나라를 건졌습니다. 본문의 다니엘은 포로로 붙들려갔었지만 하나님의 은혜로 총리의 자리에까지 오르게 하셨습니다. 그를 시기하고 질투하는 사람들의 모함으로 다니엘은 사자굴 속에 들어가서 고기밥이 될 뻔 했습니다. 그러나 하루 세 번씩 예루살렘을 향해 창문을 열어 놓고 기도하더니 승리했습니다. 다니엘의 하나님이 오늘도 살아 계셔서 역사하십니다. 시간을 투자해 기도하시며 기도의 능력을 직접 체험하시기 바랍니다.

평가와 결심

1. 기도의 첫째 방법은 무엇이라고 생각하십니까?
   (단 6:10, 기도의 습관이 들도록 기도해야 함)
2. 기도의 둘째 방법은 무엇이라고 생각하십니까?
   (단 1:8-15, 일이 잘되었을 때나 잘 되지 않아도 기도)
3. 기도의 셋째 방법은 무엇이라고 생각하십니까?
   (단 6:13, 시간을 정해 놓고 기도의 창문을 열고서 기도)
4. 오늘 말씀을 듣고 각자의 결심을 이야기해보자.

주간 경건의 시간 <6> · 날마다 말씀과 함께

요일 / 내용	월(Mon)	화(Tue)	수(Wed)	목(Thu)	금(Fri)	토(Sat)
찬송	405 / 458	260 / 194	482 / 49	382 / 432	300 / 406	484 / 533
성경	단 2:1-35	단 2:36-49	단 3:	단 4:1-18	단 4:19-37	단 5:
적용	꿈과 그 해석	이 적은 연고	불가마에서 살아남	거룩한 신들의 영	다니엘의 해몽	벨사살의 운명

* 신앙은 인생의 힘이다. <레오 N. 톨스토이(1828-1910)>

열심을 다해 기도하라

찬송 / 365, 441, 368 / 통 484, 498, 486

성경 / 열왕기상 17:1-24

요절 / 열왕기상 17:22

"여호와께서 엘리야의 소리를 들으시므로 그 아이의 혼이 몸으로 돌아오고 살아난지라."

목표 / 어렵고 힘든 일을 만날 때 열심을 투자해 기도하는 태도를 배운다.

시작하는 말

이 세상을 살아가면서 인간의 능력으로 도저히 해결할 수 없는 문제들을 만나게 됩니다. 본문에서 만 왕의 왕이신 그리스도께서 십자가를 앞에 두고 피 방울 같은 땀을 흘리시며 간절히 기도하시는 모습에서 큰 도전과 감동을 받습니다. 예수님도 하나님과 동등한 신이시며 권세를 지니신 예수께서 힘쓰고 애써 간절히 기도하셨습니다. 예수께서 인간의 육신을 입고 이 땅에 오셔서, 우리 육신을 입은 인간들에게 기도의 본을 보여주셨습니다. 기도는 인간 힘으로는 도저히 해결할 수 없는 한계상황과 절망 앞에서 성도가 취해야 될 태도이며, 오직 기도밖에 선택의 여지가 없음을 가르쳐 줍니다. 이 사실을 깊이 깨달아야 합니다.

오늘의 말씀

1. 기도의 열심은 사랑의 가슴으로부터 나옵니다(시편 91:14).

고아의 아버지로 불리는 조지 뮬러는 애쉴리 다운이라는 큰 고아원을 세워 아이들을 돌보고 있었습니다. 추운 겨울날, 갑자기 고아원의 보일러가 고장 났습니다. 고아원은 온통 비상이 걸렸습니다. "목사님! 큰일 났습니다. 영아들이 다 얼어 죽게 되었습니다." 다급한 아우성이었습니다. 그때 조지 뮬러는 일어나 성경책을 옆구리에 낀 채 교회를 향해 걸어갔습니다. 그리고 밤을 새워 하나님께 부르짖으며 간구했습니다. "날씨를 주장하시는 하나님 아버지, 이 어린아이들은 다 하나님이 제게 맡겨주신 생명들입니다. 이 어린 생명들의 원장은 하나님이시고 저는 총무일 뿐입니다. 하나님, 시간과 때를 주장하시는 하나님이 일주일 동안 봄 날씨처럼 변화시켜 주옵소서!" 조지 뮬러가 부르짖어 간구하는 동안 갑자기 따뜻한 동풍이 불기 시작했습니다. 그리고 영국 전체가 봄 날씨로 바뀌었습니다. 그 때는 지금과 같은 기상 이변도 흔치 않았던 시대였습니다. 그러나 하나님은 조지 뮬러의 기도를 들으시고 북풍을 멈추고 동남풍을 불게 하셔서 영국 전체가 따뜻한 온실이 되게 하셨던 것입니다. 보일러를 고친 다음 정상적으로 가동하자 영국에는 다시 한겨울의 세찬 바람이 쌩쌩 불어 왔습니다. 그야말로 기적 같은 사실이 벌어졌던 것입니다. 하나님의 능력은 크고 위대합니다.

· 함께 읽어요 : 시편 91장 14절

"하나님이 이르시되 그가 나를 사랑한즉 내가 그를 건지리라 그가 내 이름을 안즉 내가 그를 높이리라."

2. 승리를 위해 뜨거운 열심으로 기도해야 합니다(시 91:15, 요일 5:4).

"나비처럼 날아서 벌처럼 쏘겠다"며 단 한번의 경기로 1,000만 달러를 받아 엄청난 돈을 벌어들인 권투선수 무하마드 알리는 "내 승리의 반은 주먹이 아닌 말에 있었다"고 고백했습니다. 적극적이고 긍정적인 태도가 힘이 되었던 것입니다. 유명했던 죠 플레이져 선수는 1964년 동경 올림픽에서 금메달을 딴 권투선수 입니다. 그는 신앙이 좋은 크리스천입니다. 그런데 당시 준결승에서 오른손 손가락이 하나 부러졌습니다. 그러나 그는 실망치 않고 호텔에 돌아와 부러진 손가락을 잡고 밤새도록 하나님 앞에 기도했습니다. 그 다음날 그는 아픈 손에 글러브를 끼고 열심히 싸워 케이오 승을 거두었습니다. 승리 후에 그는 말하기를 내가 금메달을 딴 것은 목표를 세워놓고 뜨겁게 기도했기 때문이라고 했습니다. 나중에 그는 은퇴하고 훌륭한 전도자가 되었습니다. 여러분도 뜨거운 열심의 열심을 다하여 기도하므로 승리하시기 바랍니다.

· 함께 읽어요 : 시편 91장 15절
"그가 내게 간구하리니 내가 그에게 응답하리라 그들이 환난 당할 때에 내가 그와 함께 하여 그를 건지고 영화롭게 하리라."

3. 열심을 다하여 간구하면 응답해 주실 것입니다(약 4:2).

열심! 그것은 하나님이 주시는 마음입니다. 서울의 명문대학 출신 기업가가 있었습니다. 어느 날 그는 번 돈을 대학에 기부했습니다. 그 기부금이 어머 어마한 액수였기에 신문과 텔레비전에도 소개가 되었습니다. 그 대학 관계자가 그 기사를 보고 조사를 해보니 그 사람은 학생시절 다니던 출신학교에서 큰 배려를 받은 사람이었습니다. 그런데 왜 그가 모교가 아닌 대학에 그렇게 큰 돈을 기부를 하였는지 물어보았습니다. "다른 이유는 없어요. 그 대학에서 기부를 요청했을 뿐입니다." 사랑하는 성도여러분! 성경은 이렇게 말씀합니다. 얻지 못함은 바로 하나님께 구하지 않기 때문이라고 말입니다(약4:2).

주님은 이렇게 말씀합니다. "구하라 그러면 너희에게 주실 것이요 찾으라 그러면 찾을 것이요 문을 두드리라 그러면 너희에게 열릴 것이다"(마7:7). 그렇습니다. 하나님만이 문제의 해결하실 유일한 분이심을 믿고 열심을 주시라고 기도하시기 바랍니다. 열심을 다하여 간절히 기도하는 자에게 구하는 것을 주실 것입니다.

· 함께 읽어요 : 야고보서 4장 2절

"너희는 욕심을 내어도 얻지 못하여 살인하며 시기하여도 능히 취하지 못하므로 다투고 싸우는도다 너희가 얻지 못함은 구하지 아니하기 때문이요."

정리하는 말

사랑하는 성도 여러분! 세상에는 열심을 내어야 해결되고 추진되는 일이 많이 있습니다. 아무리 신앙이 좋다고 하는 분들도 '옛날에 다 그렇게 했어' 하면서 대수롭지 않게 생각하면서 열심을 품지 않습니다. 그래서 사랑이 식어지고 열정을 잃어갑니다. 진정 이 문제를 해결하실 자는 하나님뿐이십니다. 여러분! 마음과 뜻과 정성을 다해 기도하시고, 열심의 열심을 투자해 기도하는 여러분 되시기를 축복합니다.

평가와 결심

1. 열심 있는 기도는 어디로부터 나옵니까?
   (시 91:14, 사랑의 가슴으로부터 옴)
2. 세상에서 가장 필요한 기도는 무엇인가?
   (시편 91:15, 요일 5:4, 승리를 위한 기도임)
3. 열심을 투자하기 위해 드려야 할 기도는 무엇입니까?
   (하나님께 열심을 주시라는 기도를 드려야 함)
4. 오늘 말씀을 듣고 각자의 결심을 이야기해보자.

주간 경건의 시간 <7> · 날마다 말씀과 함께

요일 / 내용	월(Mon)	화(Tue)	수(Wed)	목(Thu)	금(Fri)	토(Sat)
찬송	186 / 176	196 / 174	215 / 354	216 / 356	237 / 226	240 / 231
성경	왕상 17:	왕상 18:	왕상 19:	왕상 20:	왕상 21:	왕상 22:
적용	까마귀를 명하여	여호와 경외하는 자	세미한 소리	여호와인 줄 알리라	포도원을 취하러	거짓말 하는 영

* 고생을 많이 한 사람이 많은 것을 안다. <그리스 격언>

확신을 더하여 기도하라

찬송 / 483, 388, 357 / 통 532, 441, 397

성경 / 누가복음 18:1-8

요절 / 야고보서 1:6

"오직 믿음으로 구하고 조금도 의심하지 말라 의심하는 자는 마치 바람에 밀려 요동(搖動)하는 바다 물결 같으니."

목표 / 기도의 응답을 위해 확신을 더하여 기도하는 태도를 배운다.

시작하는 말

오늘날 세상은 불신의 시대요, 불확실성의 시대라고 합니다. 허망한 일에 마음을 두고 살고, 되는 대로 살아가니 되는 일이 없습니다. 서로가 믿지 못하고, 교회 내의 일을 가지고도 세상 법정에 가서 진실을 가려 달라고 하는 시대가 되어버렸습니다. 기도는 하나님께 대한 우리 신앙의 직접적인 고백이기 때문에 아무렇게나 드려서는 안 됩니다. 응답하실 줄 믿고, 확신을 더하여 기도드려야 합니다. 우리의 신앙고백은 먼저 우리의 기도를 하나님께서 반드시 응답해 주실 것이라는 확신을 갖는 것입니다. 낙망하지 않고, 의심치 말고, 포기하지 말고, 확신에 찬 믿음으로 기도하시기를 바랍니다. 그 기도는 반드시 이루어질 것입니다.

오늘의 말씀

1. 낙망은 기도의 적(敵)입니다(눅 18:1).

영국의 유명한 설교자 스펄전 목사는 기도에 대하여 이런 말을 했습니다. "기도는 아래서 줄을 당겨 하늘 위에 있는 큰 종을 하나님의 귀밑에서 울리는 것과 같다"고 했습니다. 어떤 사람들은 되는 대로 힘들이지 않고 줄을 당기기 때문에 하늘에 종이 울리지 않는다는 것입니다. 그런데 단 한 번만 줄을 당겨 보는 것은 그 결과가 뻔한 것 아닙니까? 그러나 꼭 응답을 받고야 말겠다는 사람은 그 줄을 단단히 잡고 전력을 다해 계속하여 당긴다고 했습니다. 신앙생활의 가장 큰 적(敵)이 있습니다. 바로 낙망입니다. 낙망은 "악에게 굴복하는 것"이라고 말씀합니다. 구약성경의 다윗을 보십시오. 다윗은 왕으로 기름부음 받은 후에도 7년 동안 고난의 길을 걸었습니다. 사울의 칼과 창을 피해 이리저리 도망을 다녔습니다. 그러나 그는 낙망하지 않고 기도로 극복했습니다. "여호와여 나를 도와주소서!"라고 간구했습니다. 우리의 낙망은 금물입니다. 시대가 악할수록 더 철저한 확신의 기도가 필요합니다.

· 함께 읽어요 : 누가복음 18장 1절
"예수께서 항상 기도하고 낙망하지 말아야 할 것을 비유로 말씀하여."

2. 의심치 말아야 합니다(약 1:5-8).

열심을 더하려면 믿음을 망가트리는 의심의 구멍을 막아야 합니다. 의심치 말아야 합니다(7절). 의심은 모든 관계를 파괴합니다. 마귀는 하나님과 인간의 관계를 의심하게 합니다. 의심은 마귀가 사용하는 무기입니다. 의심은 무서운 병이기도 합니다. 성경은 "네 행사를 여호와께 맡겨라"(잠 16:3). "염려를 주께 맡겨라"(벧전 5:7). "의심은 바람에 밀려 요동하는 물결과 같다"(약 1:5~8)고 말씀합니다. 전적으로 맡기는 것이 '믿음'이라는 것입니다. 하나님께 맡기기를 바랍니다. 주님은 "구하라 그러면 너희에게 주실 것이요, 찾으라 그러면 찾을 것이요, 문을 두드리라 그러면 너희에게 열릴 것이니"(마 7:7)라는 확실한 기도응답의 3단계를 말씀했습니다. "너희가 악한 자라도 좋은 것으로 자식에게 줄 줄 알거든 하물며 하늘에 계신 너희 아버지께서 구하는 자에게 좋은 것으로 주시지 않겠느냐?"(마 7:11)고 말씀합니다. 따라서 성도들은 후히 주시고 꾸짖지 아니하시는 하나님께 기도했으면 반드시 응답해 주실 것을 믿고 낙심하거나 의심하지 말아야 합니다. 오직 그 길만이 기도응답의 비결입니다. 여러분은 인격적인 하나님의 자녀로서 바르게 기도하고 응답을 확신하시기를 바랍니다.

· 함께 읽어요 : 누가복음 11:11~13절

"[11]너희 중에 아비 된 자로서 누가 아들이 생선을 달라 하는데 생선 대신에 뱀을 주며 [12]알을 달라 하면 전갈을 주겠느냐 [13]너희가 악할지라도 좋은 것을 자식에게 줄 줄 알거든 하물며 너희 하늘 아버지께서 구하는 자에게 성령을 주시지 않겠느냐 하시니라."

3. 포기하지 말고 확신으로 기도해야 합니다(눅 18:7~8).

기도에 확신을 더하기 위해서는 포기하지 말아야 합니다(7절). 저희에게 '오래 참으시겠느냐?'라고 말씀합니다. 이 말은 반드시 하나님이 이루어 주신다는 것입니다. 기도하다가 뜻대로 이루어지지 않았다고 포기하지 말아야 합니다. 기도할 때 중요한 것은 인내(忍耐)입니다. 때와 기한은 하나님의 주권이기 때문입니다. 우리에게는 응답을 위한 인내가 필요합니다. 포기하지 마십시오. 가족을 위해 기도하다가 낙심하고 포기한 일이 있습니까? 다시 기도를 시작하여 회복하시기 바랍니다. 포기하지 않고 기도하면 하나님께서 분명히 응답해 주실 것입니다. 성도 여러분! 여러분도 주님의 말씀을 믿고 확신을 가지셔서 기도 응답의 복된 주인공이 되길 바랍니다.

· 함께 읽어요 : 누가복음 18장 7~8절

"[7]하물며 하나님께서 그 밤낮 부르짖는 택하신 자들의 원한을 풀어 주지 아니하시겠느냐 그들에게 오래 참으시겠느냐 [8]내가 너희에게 이르노니 속히 그 원한을 풀어 주시리라 그러나 인자가 올 때에 세상에서 믿음을 보겠느냐 하시니라."

정리하는 말

여러분! 무당들도 귀신에게 기도해서 소원을 이룬다고 하는데, 감히 하나님의 백성이 기도응답을 받지 못한다면 말이 되겠습니까? 불의한 재판관도 번거로워서 소원을 들어 주었다면, 하물며 하나님의 자녀들이 아버지께 밤낮 부르짖어 기도하는 소원을 어찌 들어주지 않겠습니까? 주님은 반드시 들어주신다고 약속하셨습니다. 하나님의 약속을 붙잡고 확신으로 기도하십시오. 때로는 낙심하고 의심하고 절망에 빠질 때도 있겠지만 확신을 투자한 믿음만큼 기도하여 응답받으시기를 바랍니다.

평가와 결심

1. 기도 확신의 첫째 적(敵)은 무엇입니까? (눅 18:1, 낙망, 낙심)
2. 기도 확신의 둘째 적(敵)은 무엇입니까? (눅 18:7-8, 약 1:6, 의심)
3. 기도 확신의 셋째 적(敵)은 무엇입니까? (눅 18:7, 포기함)
4. 오늘 말씀을 듣고 각자의 결심을 이야기해보자.

주간 경건의 시간 <8> · 날마다 말씀과 함께

요일 / 내용	월(Mon)	화(Tue)	수(Wed)	목(Thu)	금(Fri)	토(Sat)
찬송	528 / 318	280 / 338	543 / 342	502 / 259	263 / 197	188 / 180
성경	약 2:	약 3:	약 4:	약 5:	벧전 1:	벧전 2:
적용	가난한 자 택하사	찬송과 저주가	잘못 구함이라	오래 참음의 본	그리스도의 피 뿌림	신령한 젖

* 인간은 믿도록 태어났다. 나무가 과일을 맺듯이 인간은 믿음을 맺는다.

<랄프 왈도 에머슨 1803-1882, 미국 시인, 수필가>

2단원 평강 간구의 달

성령 충만하여 기도하라

찬송 / 208, 196, 539 / 통 246, 174, 483

성경 / 고린도전서 14:13-20

요절 / 고린도전서 14:15

"그러면 어떻게 할까 내가 영으로 기도하고 또 마음으로 기도하며 내가 영으로 찬송하고 또 마음으로 찬송하리라."

목표 / 성령 충만하여 기도를 드리는태도를 습관화 한다.

시작하는 말

사도 바울은 고린도 교회에 편지하면서 성령의 은사를 설명합니다. 가장 중요하면서도 잊기 쉬운 진리를 강조하여 당부합니다. 그것은 우리 성도들 눈에는 안보이지만 분명히 현존하는 영적인 문제요. 원수 사탄이 끊임없이 우리에게 도전해 오기 때문에 우리 성도들은 성령으로 기도할 것을 언급합니다. 그리고 하나님의 전신갑주로 무장하되, 무시(無時)로 성령 충만하여 기도를 드릴 것을 부탁하고 있습니다. 그러면 성령 충만하여 기도하려면 어떻게 해야 되겠습니까?

오늘의 말씀

1. 먼저 성령세례를 받아야 합니다(행 2:38).

예수님의 생애와 사역에 대해 우리가 이해하기 어렵고 신비스러운 일들이 많이 있습니다. 특별히 예수님의 29세 때와 30세 때는 현격한 차이를 보입니다. 성경을 살펴봐도 예수님의 29세 때까지 기적과 능력과 말씀 등은 감춰져 있습니다. 그런데 30세가 되면서부터 지상에서 볼 수 없었던 초자연적인 능력과 기적들을 행하시며 천국의 말씀을 전파하시게 됩니다. 아마 예수님께 하나님의 경륜 가운데 어떤 분기점이 있었고 그로 인해 큰 변화가 있었던 것 같습니다. 마태복음 3장 13절에 "이 때에 예수께서 갈릴리로서 요단강에 이르러 요한에게 세례를 받으려 하신대." 놀랍게도 예수님의 공생애는 요한을 찾아가 세례를 받으심으로 시작됩니다. 이러한 사실은 하나님 나라의 확장을 위해 일해야 할 성도가 성령으로 일하려면 자신이 먼저 성령세례를 받아야 한다는 것을 가르쳐 주는 말씀입니다. 사랑하는 성도 여러분! 먼저 자신이 성령 세례를 받으시기 바랍니다.

· 함께 읽어요 : 사도행전 2장 38절
"베드로가 이르되 너희가 회개하여 각각 예수 그리스도의 이름으로 세례를 받고 죄 사함을 얻으라. 그리하면 성령의 선물로 받으리니."

2. '성령으로 하는 기도'의 자세가 전제되어야 합니다(롬 8:26~27).

성령으로 기도하기 위하여 제일 먼저 관심을 두어야 할 것은 기도를 들으시는 '하나님의 뜻대로' 기도를 드려야 합니다. 그러나 대부분의 성도들이 드리는 기도가 천국에서 쓰레기 취급을 받는 이유는 하나님의 의지와는 상관없이 자신의 뜻에 따라 기도하기 때문입니다. 이러한 오류를 극복하는 방법이 있습니다. 그러기 위해서는 첫째, 성경을 읽고 하나님의 약속이 무엇인가 알아야 합니다. 둘째, 성령의 인도함을 받아야 합니다. 셋째, 성령 안에서 기도드리기 위해서는 자신의 의지와 자기 삶의 목적을 하나님께 두고 전적으로 순종하는 삶을 살아야 합니다. 이것이 성령 안에서 기도하기 위한 전제인 것입니다.

이러한 전제를 인정한다면 당신은 성령을 선물로 받아 성령 세례를 받으시고, 매일의 삶 속에서 하나님의 약속을 알고, 성령의 인도함을 받도록 기도해야 합니다. 성령은 우리의 연약함을 도와주실 것입니다.

· 함께 읽어요 : 로마서 8장 26~27절
"[26]이와 같이 성령도 우리의 연약함을 도우시나니 우리가 마땅히 기도할 바를 알지 못하나 오직 성령이 말할 수 없는 탄식으로 우리를 위하여 친히 간구하시느니라. [27]마음을 살피시는 이가 성령의 생각을 아시나니 이는 성령이 하나님의 뜻대로 성도를 위하여 간구하심이니라."

3. 과감하게 성령으로 하는 기도를 드리십시오(왕상 18:36~).

구약성경에서 아합 왕 때에 왕후 이세벨의 영향력으로, 이 시대에는 이스라엘 백성들이 국교를 아예 바알종교로 바꾸어버렸습니다. 거룩한 하나님의 선지자들을 살해하고 바알 선지학교까지 세웠습니다. 이때 엘리야 선지자는 그들과 도전하여 하늘에서 불을 내려 제물을 태우고 이방신을 섬기는 바알과 아세라 선지 850명을 대파했습니다. 그의 기도의 특징은 첫째, 이방신과 정면 도전이었습니다. 사탄과의 전투는 과감하게 도전해야 합니다. 둘째, 긴급성과 간절함이었습니다. 하나님의 역사가 아니고는 방법이 없음을 깨닫고 불로 응답하기를 기도했습니다. 셋째, 응답하셔서 '주 여호와는 하나님이신 것을 알게 하옵소서'라는 목적이 분명한 기도였습니다. 본문 말씀처럼 '무시(無時)로 성령 안에서 기도'해야 합니다. 성도가 사탄 마귀의 도전에 맞서 이기려면 간절히 성령 충만하여 과감하게 지속적으로 기도드려야 합니다.

· 함께 읽어요 : 고린도전서 14장 15절
"그러면 어떻게 할까 내가 영으로 기도하고 또 마음으로 기도하며 내가 영으로 찬송하고 또 마음으로 찬송하리라."

정리하는 말

에베소서 5장 18절에 "오직 성령으로 충만함을 받으라"고 했습니다. 성령 안에서 기도로 투자하기 위해서는 계속적으로 성령 충만한 삶을 살아야 한다는 것입니다. 그것은 완전한 성령의 지배를 뜻하는 것이며, 성령의 뜻에 완전히 자신을 맡기는 것입니다. 사랑하는 성도 여러분! 말세에 악한 마귀 사탄과 대치하여 싸우려면 성령으로 함께하여 항상 쉬지 말고 기도드리시기 바랍니다. 항상 성령 안에서 기도하는 삶을 살아가시기를 주님의 이름으로 부탁드립니다.

평가와 결심

1. 성령 안에서 하는 기도를 드리기 위한 준비는 무엇입니까?
   (행 2:38, 성령 세례를 받아야 함)
2. 성령 투자를 위한 기도의 전제는 무엇인가?
   (① 말씀을 읽고 ② 성령의 인도로 ③ 전적 헌신, 전적 순종)
3. 불같은 성령투자를 위한 기도의 모범은 무엇입니까?
   (① 사탄과 정면도전 ② 긴급성 간절함 ③ 목적이 분명해야함)
4. 오늘 말씀을 듣고 각자의 결심을 이야기해보자.

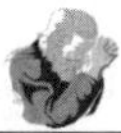

주간 경건의 시간 <9> · 날마다 말씀과 함께

요일 / 내용	월(Mon)	화(Tue)	수(Wed)	목(Thu)	금(Fri)	토(Sat)
찬송	182 / 169	179 / 167	187 / 171	183 / 172	184 / 173	196 / 174
성경	고전 11:	고전 12:	고전 13:	고전 14:1-19	고전 14:20-40	고전 15:1-15
적용	나를 본받으라	성령의 9가지은사	제일은 사랑이라	방언의 은사	은사와 질서	그리스도의 부활

* 믿음이 없는 사람이 많이 기도한다. <존 레이(1627-1705) 영국, 금언수집가>

영혼을 뜨겁게 사랑하자

찬송 / 502, 496, 511 / 통 259, 260, 263

성경 / 마태복음 18:1-14

요절 / 마태복음 18:14

"이와 같이 이 작은 자 중에 하나라도 잃는 것은 하늘에 계신 너희 아버지의 뜻이 아니니라."

목표 / 양적 성장의 동력은 영혼을 뜨겁게 사랑하는 것임을 안다.

시작하는 말

오늘날 교회들이 양적성장을 위해 최선의 노력을 기울입니다. 그러나 양적성장도 영적성장이 있어야 가능한 것입니다. 그러므로 교회의 양적 성장과 영적성장은 수레의 양쪽 바퀴와 같습니다. 초대교회의 특징은 순교를 각오한 제자들이 '예루살렘과 온 유대와 사마리아와 땅 끝까지 복음을 전파'하기 위해 힘썼기 때문에 양적으로 급성장 했던 것입니다. 이 단원에서는 성도들이 복음전파에 앞서 '구령을 위한 투자'에 대하여 나누게 됩니다. 전도는 지식의 전달이나 성경 지식의 이해로 끝나는 것이 아니라, 하나님께서 창조하신 한 생명의 영혼을 뜨겁게 사랑하고 구원하려는 열정을 실천할 때 가능한 일인 것입니다.

오늘의 말씀

1. 작은 자 하나라도 잃어버리지 말아야 합니다(마 18:14).

'소자'란 말은 흔히 나이 어린 아이들을 말하기도 하고, 또 때로는 비천한 무명 인사들을 말하기도 합니다. 그들은 대단한 존재가 아닙니다. 그러나 주님은 소자 하나라도 잃어버리지 말라고 강조하셨습니다. 그렇게 해야 할 이유는 그것이 하나님의 말씀이며, 아버지의 뜻이기 때문입니다. 성경의 실례로 백 마리 중에 잃어버린 한 마리 양을 찾기까지 밤새워 애쓰는 목자의 얘기를 들려주십니다. 백 마리 중 한 마리쯤이면 딱 눈감고 잃어버려도 좋을 듯합니다. 그러나 그것은 목자의 마음이 아닙니다. 목자는 자기 양을 지키기 위하여 목숨도 아까워하지 않으며 헌신하는 것입니다. 양을 잃어버린 후에도 찾지 않는다면 그것은 참 목자가 아닙니다. 그는 자신의 사명을 다하지 못하는 것입니다. 예수님이 세상에 오신 목적은 잃어버린 자를 찾으러 왔다고 말씀합니다. 따라서 우리도 잃은 양 찾기에 온 힘을 다 기울여 전도해야 합니다.

· 함께 읽어요 : 마태복음 18장 12절

"너희 생각에는 어떠하냐 만일 어떤 사람이 양 백 마리가 있는데 그 중의 하나가 길을 잃었으면 그 아흔아홉 마리를 산에 두고 가서 길 잃은 양을 찾지 않겠느냐?"

2. 죄인 하나라도 잃어버리지 말아야 합니다(마18:15).

죄인이란 말 자체가 벌써 버려진 인간을 말하는 것이 분명한데 새삼스럽게 잃어버리지 않게 하라는 말씀은 무슨 뜻입니까? 성경은 "인자의 온 것은 잃어버린 자를 찾아 구원하려 함이니라"고 말씀합니다. 그러므로 예수님이 오신 목적은 한 영혼도 잃어버리지 않게 하는 일입니다. 그리고 본문에서 말하는 죄인은 특히 우리 형제 중에서 범죄한 자를 말합니다. 그런 범죄한 자까지 잃어버리지 않게 해야 한다는 것입니다. 그러기 위해서는 ① 권고해야 합니다. 그 사람과 단 둘이 만나서 은밀히 회개하기를 권고하고, 또 두 세 증인과 함께, 그리고 교회가 공식적으로 권면해야 합니다.

② 용서해야 합니다. 회개할 때 용서해 줘야 합니다.

③ 교회의 권고를 받아들이지 않을 때는 책벌을 해야 합니다. 그러나 생사람을 잡아 죄인 만드는 실수는 있어서는 안 됩니다. 또한 죄인을 죄인대로 방치해 두는 실수를 범해서는 안 됩니다. 한사람이 전도하여 돌아오게 할 때, 하늘에서는 회개할 것 없는 아흔 아홉을 인하여 기뻐하는 것보다 더 할 것입니다(눅 15:7). 한 영혼이라도 뜨겁게 사랑해야 합니다.

· 함께 읽어요 : 누가복음 15장 7절
"내가 너희에게 이르노니 이와 같이 죄인 한 사람이 회개하면 하늘에서는 회개할 것 없는 의인 아흔아홉으로 말미암아 기뻐하는 것보다 더하리라."

3. 한 생명이라도 잃어버리지 말아야 합니다(마 16:26).

주님은 한 생명이 그 무엇과도 바꿀 수 없는 귀중함을 말씀하셨습니다. 그것은 가치에 있어서 최상입니다. 생명을 잃어버리면 끝장입니다. 그러므로 죄를 용서받지 못하고, 생명을 잃는다는 것은 하나님 앞에서 떨어져 지옥으로 버려지는 것을 뜻합니다. 다시는 회복할 길이 없기에 절망적입니다. 그러므로 구원 받기 위해서는 어떤 희생도 사양치 말아야 합니다. 오른 눈 때문에 범죄 할 경우 그 눈을 뽑아버리고, 오른 손 때문이라면 그 손을 잘라 버리라고 말씀하십니다. 생명은 이 모든 것을 합해 놓은 것보다 훨씬 가치 있고, 귀중한 것이기 때문입니다. 소돔 고모라의 세상 영화를 못 잊고 뒤돌아 본 롯의 처는 생명을 잃었습니다. 온 천하보다 소중한 생명을 사랑하고 구원하기 위해 여러분들의 가장 귀중한 것을 투자할 수 있기를 바랍니다.

· 함께 읽어요 : 마태복음 16장 26절
"사람이 만일 온 천하를 얻고도 제 목숨을 잃으면 무엇이 유익하리요 사람이 무엇을 주고 제 목숨과 바꾸겠느냐?"

정리하는 말

사랑하는 성도 여러분! 여러분들의 귀중한 생명을 위해서 그리스도께서 생명을 버리셨습니다. 십자가 위에서 보배로운 피를 흘리셔서 여러분들의 생명을 살려 주셨다면, 여러분도 주님을 위해 할 수 있는 최상의 일로 보답해야 합니다. 그것은 잃어진 생명, 길 잃은 영혼들을 위해서 일하는 것입니다. 여러분들의 가장 소중한 것들을 투자하여 한 생명 건지고, 기쁨으로 구원하는 일에 전력을 다하시기 바랍니다.

평가와 결심

1. 첫째로, 무엇을 잃어버리지 말아야 하겠습니까?
   (마 18:6, 소자 하나라도)
2. 둘째로, 무엇을 잃어버리지 말아야 하겠습니까?
   (마 18:15, 죄인 하나라도)
3. 셋째로, 무엇을 잃어버리지 말아야 하겠습니까?
   (마 16:26, 한 생명이라도)
4. 오늘 말씀을 듣고 각자의 결심을 이야기해보자.

주간 경건의 시간 <10> · 날마다 말씀과 함께

요일 / 내용	월(Mon)	화(Tue)	수(Wed)	목(Thu)	금(Fri)	토(Sat)
찬송	313 / 352	314 / 511	315 / 512	262 / 196	263 / 197	268 / 202
성경	마 16:	마 17:	마 18:	마 19:	마 20:	마 21:
적용	반석위에 내 교회를	오직 예수 외에	잃은 양 한 마리	재물이 많으므로	인자가 온 것은	믿고 구하는 것은

* 십자가에 못 박힌 그리스도를 전파하려는 자는 자신도 반드시 십자가에 못 박힌 사람이 되어야 한다. < 찰스 엘 꾸틸 >

3단원 구령 열심의 달

상한 마음을 치유하자

찬송 / 516, 505, 522 / 통 265, 268, 269

성경 / 창세기 39:19-23

요절 / 야고보서 5:16

"그러므로 너희 죄를 서로 고백하며 병이 낫기를 위하여 서로 기도하라 의인의 간구는 역사하는 힘이 큼이니라."

목표 / 교회의 사명임을 알고 서로가 상한 마음을 치유하도록 한다.

시작하는 말

사랑하는 성도 여러분! 성경에 성공적인 삶을 살아간 사람을 꼽으라면 본문의 요셉을 꼽을 수 있습니다. 그러나 성경 본문을 자세히 읽어 내려가면 요셉이 성공한 이유가 있습니다. 성공은 우연이 아닙니다. 요셉은 형들에게 미움을 받아 낯설고 언어가 다르고 풍속이 다른 이역만리 애굽으로 팔려가서 종살이로부터 갖은 밑바닥 삶을 살았던 사람입니다. 본문에 하나님이 요셉과 함께 하심으로 보디발의 가정에 있으나, 죄인들과 함께 옥중에 있을지라도 범사에 형통케 하셨습니다. 가장 중요한 것은 주변 상황이 아니라, 먼저 요셉 자신의 치유 받은 마음이 저를 형통케 한 것입니다. 상한 마음을 치유하여 형통하시기 바랍니다.

오늘의 말씀

1. 상한 마음을 잊고 믿음과 신념으로 채워야 합니다(창 37:9).

요사이는 냉장고나 김칫독이 있어서 음식을 보관하기 참 편리하고 좋습니다. 그러나 그 속에서도 상한 과일이나 음식이 있으면 다른 음식이나 과일까지 쉽게 상하게 만듭니다. 마찬가지로 상한 마음에는 언제나 불평과 불만이 가득합니다. 상한 마음은 불신과 불가능하다는 생각이 사고를 지배하게 됩니다. 요셉은 보디발의 유혹을 받았을 때 누가 볼까하는 생각보다 하나님 앞에 절대로 죄 지을 수 없다는 결단과 주인 보디발의 신임을 저버리는 일을 절대로 해서는 안 된다는 신념이 있었습니다. 요셉은 힘들 때마다 상처받은 마음을 잊고, 어렸을 때 꾼 꿈을 생각하면서 믿음과 신념을 저버리지 않았습니다.

· 함께 읽어요 : 창세기 37장 9절
"요셉이 다시 꿈을 꾸고 그의 형들에게 말하여 이르되 내가 또 꿈을 꾼즉 해와 달과 열한 별이 내게 절하더이다 하니라."

2. 긍정적인 슬기와 창조적인 능력을 가져야 합니다(창 39:3~4).

요셉은 '예'와 '아니요'를 분명하게 구별할 줄 알았습니다. 그리고 어떤 일을 만나더라도 절망하지 않고, '언젠가는 분명히 이 문제가 풀려진다'는 긍정적인 생각과 슬기를 가졌습니다. 긍정적인 마음을 가질 때 창조적인 생각이 떠오르는 법입니다. 아무리 비상한 재주를 소유했다 하더라도 '나는 안 돼!' '절대로 안 돼!' 그렇게 생각하고 술이나 퍼 마시면 절대로 되는 일이 없습니다. '나는 해 낼 수 있다.' '누군가 내게 도움도 줄 것이다!' 이렇게 생각하면, 살아가는 것이 즐겁고 길이 보입니다. 그래서 주님은 긍정적으로 '구하라!', '찾아라!', '두드리라!'고 말씀하신 것입니다.

사랑하는 성도 여러분! "호랑이에게 물려가도 정신 차리면 산다"는 속담이 있습니다. 이것은 매사에 이성적인 판단을 강조합니다. 우리는 하나님 나라의 일꾼들입니다. 영혼구원을 받았으면 과거의 상처를 치유받으시고 깨끗이 잊으시고 긍정적인 슬기와 창조적인 능력을 가지세요.

· 함께 읽어요 : 창세기 39장 3~4절
“[3]그의 주인이 여호와께서 그와 함께 하심을 보며 또 여호와께서 그의 범사에 형통하게 하심을 보았더라. [4]요셉이 그의 주인에게 은혜를 입어 섬기매 그가 요셉을 가정 총무로 삼고 자기의 소유를 다 그의 손에 위탁하니.”

3. 지도자적 자질을 키워야 합니다(창 39:5~6, 41:38).

요셉은 자신의 어린 시절 상처 받은 마음을 범사에 함께 하시는 하나님의 손길을 체험하면서 깨끗이 씻어버렸습니다. 보디발의 인정을 받아 가정 총무를 맡았을 때에도 그는 오직 자기 직무에 충실할 뿐 주인 마님을 넘보지 않았습니다. 억울한 누명을 쓰고 감옥에 갇혔어도 구차하고 쓸데없는 변명으로 시간과 정력을 낭비하지 않았습니다. 오직 자신의 성결함을 유지하면서 전옥에게 은혜를 받을 만큼 그는 성실했고, 마음에 상처 받은 것을 오히려 앞으로 오는 세대를 위한 큰마음, 포용하는 마음으로 자신을 키워갔습니다.

이스라엘이 독일 나치스에게 무참하게 처형당할 때에 쉰들러는 그들의 한 생명 한 생명을 귀중하게 일터로 빼돌려 살려냈습니다. 이처럼 우리도 영혼구령의 열정을 가져야 합니다(딤후 4:2). 바울은 언제나 복음의 필요성을 역설하였고, 복음을 부끄러워하지 않았고, 수많은 영혼들을 구원해 냈습니다. 우리가 ‘성령이 임하시면 권능과 치유함을 받고 주님을 위한 증인이 될 수 있는 것’입니다(행 1:8). 지도자적인 꿈과 자질을 키워 훌륭한 지도자로 세움을 입으시기를 바랍니다.

· 함께 읽어요 : 창세기 39장 5절
“그가 요셉에게 자기의 집과 그의 모든 소유물을 주관하게 한 때부터 여호와께서 요셉을 위하여 그 애굽 사람의 집에 복을 내리시므로 여호와의 복이 그의 집과 밭에 있는 모든 소유에 미친지라.”

정리하는 말

사랑하는 성도 여러분! 여러분 중에 가정문제, 자녀문제, 취직문제, 남편이나 아내문제 없는 사람 어디 있겠습니까? 그러나 걱정하지 마십시오. 상처 받고 찢어진 마음도 성령으로 일깨워서 치유해 주실 것입니다. 주님을 믿고 긍정적인 사고와 창조적인 능력으로, 지도자적인 자질을 키워 가십시오. 영혼 구원의 열정을 가지시고 여러분들이 소속한 기관과 속회가 성장하기를 기도하십시오. 성령께서 함께 하셔서 다 이루어 주실 것입니다. 할렐루야!

평가와 결심

1. 상처 받은 마음의 치유를 위해서, 첫째, 무엇이 필요합니까?
   (창 37:9, 상한 마음을 잊고 믿음과 신념으로 채우세요)
2. 상처 받은 마음의 치유를 위해서, 둘째, 무엇이 필요합니까?
   (창 39:3-4, 긍정적인 슬기와 창조인 능력을 가지세요)
3. 상처 받은 마음의 치유를 위해서, 셋째, 무엇이 필요합니까?
   (창 39:5-6, 41:38, 지도자 적인 자질을 키우세요)
4. 오늘 말씀을 듣고 각자의 결심을 이야기해보자.

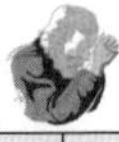

주간 경건의 시간 <11> · 날마다 말씀과 함께

요일 / 내용	월(Mon)	화(Tue)	수(Wed)	목(Thu)	금(Fri)	토(Sat)
찬송	412 / 469	413 / 470	204 / 379	216 / 356	357 / 397	263 / 197
성경	창 34:	창 35:	창 36:	창 37:	창 38:	창 39:
적용	디나가 욕을 당함	말씀 하시던 곳	에서의 후손들	요셉의 꿈	유다와 다말	요셉과 함께 하심으로

* 교육은 인간을 만든다. <J. 코던>

영적 건강을 회복하자

찬송 / 208, 508, 510 / 통 246, 270, 276

성경 / 이사야 40:27-31

요절 / 이사야 40:31

"오직 여호와를 앙망하는 자는 새 힘을 얻으리니 독수리가 날개치며 올라감 같을 것이요 달음박질하여도 곤비하지 아니하겠고 걸어가도 피곤하지 아니하리로다."

목표 / 교회와 개인의 영적 건강을 회복하게 한다.

시작하는 말

우리는 지금 격동기를 살고 있다고 해도 과언이 아닙니다. 시대가 급변하고, 이데 오르기 전쟁에서 이제는 경제전쟁에 돌입했습니다. 그래서 경제적인 이익만 된다면 어제의 적(敵)이 친구가 되어질 수도 있습니다. 현대를 살아가는 신앙인들이 영적 건강을 회복하지 않고는 자신의 믿음을 지키기 어렵습니다. 오늘 본문은 이스라엘 백성들에게 '여호와를 앙망하라'고 강조했습니다. 이는 여호와를 의지하면 새 힘을 얻고 영적 건강을 회복하게 되어 독수리가 날개치듯 비상하게 될 것이라는 말씀입니다. 앙망하는 자는 곤비치 아니하고 피곤치 아니할 것입니다.

오늘의 말씀

1. 여호와를 앙망한다는 말은 무슨 뜻입니까?(히 12:2).

이사야 선지자는 "오직 여호와를 앙망하는 자는 새 힘을 얻으리니 독수리가 날개치며 올라감 같을 것이요 달음박질하여도 곤비하지 아니하겠고 걸어가도 피곤하지 아니하리로다"라고 말씀했습니다. 여기 여호와를 앙망한다는 말은 ① 신앙을 의미합니다. 우리 인간은 연약합니다. 인간의 의지로는 아무 것도 변화시킬 수 없으며, 연장 시킬 수 없습니다. 그러나 여호와를 바라보며 의지할 때 우리는 강한 능력을 얻을 수 있습니다. 신앙의 힘은 위대한 것입니다. ② 소망을 가지라는 말입니다. 인생은 희망을 먹고 사는 것입니다. 그래서 히브리서 6장 19절에는 "소망은 영혼의 닻이라"고 했습니다. ③ 주님을 바라보고 주님을 따라야 된다는 말씀입니다. 사랑하는 성도 여러분! 의의 태양이신 주님을 앙망하고, 낮아지신 주님을 따라 온유하고 겸손하며, 섬기는 자세로 주님을 따르시기를 바랍니다. 그 길만이 영적 건강을 회복하는 것입니다.

· 함께 읽어요 : 히브리서 12장 2절
"믿음의 주요 또 온전하게 하시는 이인 예수를 바라보자 그는 그 앞에 있는 기쁨을 위하여 십자가를 참으사 부끄러움을 개의치 아니하시더니 하나님 보좌 우편에 앉으셨느니라."

2. 여호와를 앙망한 결과는 새 힘을 얻습니다(사 40:31).

오직 여호와를 앙망하는 것이 신앙이며 새 힘을 얻는 비결입니다. 새 힘을 얻는 신앙은 ① 인내의 신앙입니다. 여호와를 앙망하는 신앙은 역경과 어려움을 이겨냅니다. 어떤 정황에서도 흔들리지 않습니다. ② 순종의 신앙입니다. 순종(헬라어 προσδέχομαι, 프로스데코마이)이란 말은 '받아들이다' 즉 하나님께로부터 축복을 받는다는 뜻입니다. 인간은 원래 갈대와 같은 연약한 존재입니다. 재료가 흙이요, 먼지인 것입니다. 하나님의 손에서 빚어져 코에 생기를 불어 넣을 때 '생령'(living soul)이 된 것입니다. 새 힘을 얻는 비결은 바로 겸손히 여호와를 앙망하는 것입니다. 사랑하는 성도 여러분! 여호와를 앙망하시기 바랍니다. 식물이 태양을 바라보면서 생명을 소생케 하듯이 여호와 하나님을 앙망하는 자에게 그 인생을 소성케 하고 새 힘을 주실 것입니다.

· 함께 읽어요 : 이사야 40장 31절
"오직 여호와를 앙망하는 자는 새 힘을 얻으리니 독수리가 날개치며 올라감 같을 것이요 달음박질하여도 곤비하지 아니하겠고 걸어가도 피곤하지 아니하리로다."

3. 영적 건강을 얻은 결과는 인생을 소생케 합니다(엡 4:15).

봄날에 아직 찬 기운이 대지를 덮을 때 일찍이 고치를 뚫고 나온 아주 갓 나온 나비를 보신 적이 있으십니까? 날갯짓을 해도 버겁기만 합니다. 아직 훈련을 받지 아니한 새들의 날개는 거추장스러운 존재일 뿐입니다. 그러나 그 날개가 훈련과 단련을 받아 후에 광풍이 몰아칠 때 날갯짓을 하지 않고는 어디론지 나둥그러질 그런 상황에서 새들의 날개는 그 무엇보다 귀중하고 유용한 기구인 것입니다.

우리는 영적인 건강을 회복하여 새 힘을 얻지 않고는 새로운 생활을 할 수 없습니다. 여러분! 실망을 극복하고 이기는 소망을 가지십시오. 내일에 대한 기대와 희망을 가지십시오. 본문을 보십시오.

새 힘은 얻은 생활이란 ① 걸어가는 생활입니다. 인내, 순종, 겸손으로 주님의 발자취를 따라가서 인생의 길을 쉼 없이 전진하는 신앙생활입니다. ② 달음질하는 생활입니다. 세월을 아끼고 땀 흘리며 노력하는 생활입니다. ③ 날개 치며 올라가는 생활입니다. 이 날개는 믿음과 희망의 날개, 용기의 날개, 사랑의 날개, 기도의 날개요 찬양과 기쁨의 날개인 것입니다. 신령한 세계를 향해 올라가는 신비로운 영적생활입니다. 이 신앙의 날개로 그리스도에게까지 자라가도록 하는 것입니다. 성경말씀 교육을 통해서 건강한 하나님의 백성으로 양육 받아 지(知), 정(情), 의(意)의 전인격(全人格)이 그리스도에게까지 자라가야 하는 것입니다.

· 함께 읽어요 : 에베소서 4장 15절
"오직 사랑 안에서 참된 것을 하여 범사에 그에게까지 자랄지라 그는 머리니 곧 그리스도라."

정리하는 말

사랑하는 성도 여러분! 영적건강을 회복하려면 무엇보다도 주님을 믿고 소망하면서 주님만을 바라보고 따를 때에 가능합니다. 여호와를 앙망하십시오. 온전케 하시는 예수를 바라보십시오. 영적으로 건강해지고, 새 힘을 얻게 될 것입니다. 믿음과 희망의 날개, 사랑의 날개, 기도와 찬양의 날개를 펴 훨훨 날면서 성숙된 크리스천, 전인격적 크리스천으로 살아가시고, 영적건강을 회복하시기를 간절히 소원합니다.

평가와 결심

1. 영적 건강회복에 필요한 것이 무엇입니까?
   (사 40:31, 여호와를 앙망해야 함)
2. 여호와를 앙망한 결과로 어떤 신앙이 됩니까?
   (① 인내의 신앙, ② 순종의 신앙이 됨)
3. 새 힘을 얻은 결과로 어떤 모습의 생활이겠습니까?
   (① 걸어가는 생활, ② 달음질하는 생활, ③ 올라가는 생활)
4. 오늘 말씀을 듣고 각자의 결심을 이야기해보자.

주간 경건의 시간 <12> · 날마다 말씀과 함께

요일 / 내용	월(Mon)	화(Tue)	수(Wed)	목(Thu)	금(Fri)	토(Sat)
찬송	494 / 188	495 / 271	496 / 260	498 / 275	499 / 277	500 / 258
성경	사 39:	사 40:	사 41:	사 42:	사 43:	사 44:
적용	바벨론 특사	여호와의 영광	두려워 말라	상한 갈대를	너는 내 것이라	택한 여수룬아

* 만일 내가 복음을 전하지 않으면 나는 지옥에 가리라.

<윌리엄 A.(빌리) 선데이, 1863-1935, 미국 전도사>

3단원 구령 열심의 달

전도 열정을 회복하자

찬송 / 211, 212, 213 / 통 346, 347, 348

성경 / 딤후 4:1-5

요절 / 딤후 4:5

"그러나 너는 모든 일에 신중하여 고난을 받으며 전도자의 일을 하며 네 직무를 다하라."

목표 / 주님을 사랑하는 마음으로 전도하는 열정과 힘을 기른다.

시작하는 말

세계의 종교를 살펴보면, 포교의 열정을 상실한 종파나 교단은 결국은 문을 닫았습니다. 본문 말씀은 사도 바울이 사랑하는 믿음의 아들 디모데에게 마지막으로 말씀을 전파하는 일에 네 직무를 다하라고 엄히 명하고 있는 말씀입니다. 뿐만 아니라 전도인의 직무를 다하기 위해서 가져야 하는 복음전파의 자세에 대해서도 자세히 밝혀 주고 있습니다. 주님께서도 승천하시기 직전 제자들에게 지상 대 명령 "만민에게 복음을 전파하라"(막 16:15)고 명하셨습니다. 따라서 그리스도의 보배로운 피로 구속함을 받은 우리 성도가 해야 할 시급한 과제가 복음 전파라는 것입니다. 그러면 그 사명을 어떻게 감당해야 합니까?

오늘의 말씀

1. 지상명령을 받들어 항상 복음을 전파해야 합니다(딤후 4:1~2).

본문 2절 말씀에 '때를 얻든지 못 얻든지 항상 힘쓰라'고 했습니다.

이 말씀은 복음을 전파하는 데는 이것저것 따지거나 핑계를 대지 말고 실천하라는 말씀입니다. 흔히들 시간이 없어서 전도를 못한다고 합니다. 주님께서는 "도적같이 오신다"(계 3:3)고 하셨으니, 언제 주님이 오실지 모릅니다. 그러므로 우리는 죽어가는 영혼을 구하기 위해 긴급하게 복음을 전해야만 합니다. 바울은 "하나님 앞과 산 자와 죽은 자를 심판하실 그리스도 예수 앞에서 그의 나타나실 것과 그의 나라를 두고 엄히 명하노니"(1절)라고 말씀했습니다. 이것은 산 자와 죽은 자를 심판하실 심판자의 자격으로 복음전파의 사명을 명하신 명령입니다. 그러므로 사랑하는 성도 여러분! 어떤 일이 있어도 이 지상명령에 순종하는 마음으로 항상 복음전파 하시기를 바랍니다.

· 함께 읽어요 : 고린도전서 9장 16절

"내가 복음을 전할지라도 자랑할 것이 없음은 내가 부득불 할 일임이라 만일 복음을 전하지 아니하면 내게 화가 있을 것이로라."

2. 친절하고 칭송 받는 전도자가 되어야 합니다(마 23:12).

여러분도 칭송 받는 전도자가 되고자 하면 친절을 베푸십시오. 친절한 미소는 돈보다 상대방에게 기쁜 '마음의 꽃'을 선물하는 것입니다. 그러므로 상대방에게 진정으로 좋아하는 마음을 품고, 친절한 미소를 지으며, 세심한 배려를 갖고, 겸손하여야 합니다. 내가 교만하면 상대방이 나를 낮출 것이며, 내가 겸손하면 상대방이 나를 높여 줄 것입니다. 때문에 진실로 사랑하는 마음을 가지고, 도와주며 전도해야 합니다. 그렇게 할 때, 깊은 감동을 주게 될 것입니다.

전도는 주 예수 그리스도만 내세우고 전도자는 겸손히 뒤에 숨어야 합니다. 그래야 주 예수 그리스도의 복음이 확실하게 드러나 전해지는 것입니다. 여러분도 좋은 인상으로 묵묵히 칭송받는 전도자가 되시기 바랍니다.

· 함께 읽어요 : 마태복음 23장 12절, 11장 29절

"[12]누구든지 자기를 높이는 사람은 낮아지고 누구든지 자기를 낮추는 사람은 높아지리라"(마 23:12). "[29]나는 마음이 온유하고 겸손하니 나의 멍에를 메고 내게 배우라 그리하면 너희 마음이 쉼을 얻으리니"(마 11:29).

3. 열정을 갖고 지혜롭게 전도해야 합니다(딤후 3:16~17).

여러분! 주님은 제자들을 파송하면서 "뱀 같이 지혜롭고, 비둘기 같이 순결 하라"고 말씀했습니다. 우리가 복음을 전할 때 먼저 하나님의 지혜를 구해야 합니다. 그리고 사람들이 받아들일 수 있도록 최선의 방법을 강구해야 합니다. 먼저 범사에 오래 참음으로 복음을 전파해야 합니다. 왜냐하면 복음전파에는 많은 어려움과 도전과 애로가 있을 뿐 아니라, 전도의 효과는 쉽게 나타나지 않고 아무런 성과도 없는 것 같아 포기하고 싶은 마음이 들 때도 있기 때문입니다.

또한 '가르침으로 경책하며 경계하며 권하는 일'을 해야만 합니다. 즉 죄인을 경책하며 바른 길로 이끌어 주어야 합니다. 뼈저린 회개를 할 수 있도록 교훈과 책망하는 일도 주저하지 말아야 합니다(딤후 3:16). 그러나 동시에 사랑으로 용기도 주어야 합니다. 용기를 북돋아 주는 일이 곧 생명을 살리는 일이요, 사랑만이 닫힌 마음을 열 수 있게 하기 때문입니다. 끝까지 열정을 잃지 말고 지혜롭게 전도하시기 바랍니다.

· 함께 읽어요 : 디모데후서 3장 16~17절

"[16]모든 성경은 하나님의 감동으로 된 것으로 교훈과 책망과 바르게 함과 의로 교육하기에 유익하니 [17]이는 하나님의 사람으로 온전하게 하며 모든 선한 일을 행할 능력을 갖추게 하려 함이라."

정리하는 말

사랑하는 성도 여러분! 주님께서는 온 천하보다 한 영혼을 더욱 소중히 여기십니다. 그러므로 우리는 주님의 제자로서 언제든지 복음을 전해야 합니다. 늘 기도와 연구를 게을리 하지 않고, 먼저 하나님께 지혜를 구하면서, 하나님 앞에서 겸손하여서, 인내함과 가르침, 그리고 경책과 경계, 권면함으로 전도와 복음의 열매를 맺어가야 합니다. 그리하여 전도인의 직무를 다하는 '전도의 열정'을 회복하시기를 바랍니다.

평가와 결심

1. 복음은 언제 전해야 합니까?
   (딤후 4:2, 때를 얻든지 못 얻든지 항상 전해야 함)
2. 호감 받는 전도인의 요소가 무엇입니까?
   (① 친절함 ② 겸손함 ③ 진실함 ④ 첫 인상이 좋아야 함)
3. 지혜롭게 전파하는 방법이 무엇입니까?
   (딤후4:2, ① 오래 참음 ② 가르침으로 경책, 경계, 권하는 일)
4. 오늘 말씀을 듣고 각자의 결심을 이야기해보자.

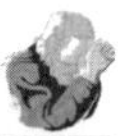

주간 경건의 시간 <13> · 날마다 말씀과 함께

요일 / 내용	월(Mon)	화(Tue)	수(Wed)	목(Thu)	금(Fri)	토(Sat)
찬송	502 / 259	524 / 313	523 / 262	538 / 327	536 / 326	529 / 319
성경	딤전 5:	딤전 6:	딤후 1:	딤후 2:	딤후 3:	딤후 4:
적용	가족을 돌아봄	선한 사업 부해야함	안수함	좋은 군사	배우고 확신	말씀을 항상 전파

* 인생은 선을 실현하기 위하여 만들어졌다.

<임마뉴엘 칸트, 1724-1804, 독일 철학자>

제14과

교회 사랑을 회복하자

찬송 / 208, 207, 210 / 통 246, 243, 245
성경 / **시편 84:1-12**
요절 / **시편 84:4**
"주의 집에 사는 자들은 복이 있나니 그들이 항상 주를 찬송하리이다."
목표 / 사랑을 회복하여 몸 된 교회를 사랑하는 태도를 기른다.

시작하는 말

시편 150편중에서도 유명한 시편이며 성전을 사모하는 마음으로 기록한 시입니다. 시편 84편은 '고라 자손의 시'로서 하나님의 성소의 아름다움을 노래하고 있습니다. 이 성전은 영적으로 천국을 상징합니다. 거칠고 황량한 세상이란 들판에 서서 아늑하고 정이 넘치는 영원한 천국을 사모한 애틋한 심정이 잘 나타나 있습니다. 교회는 영원한 천국의 모델입니다. 우리는 교회 사랑을 회복해야 합니다. 성전이 하나님의 은총을 받는 곳이었듯이 교회는 주님이 사랑하셔서 '피로 사신 교회'입니다. 하나님이 자기 피로 사신 교회를 보살피게 하셨습니다(행 20:28).

오늘의 말씀

1. 교회를 사랑하고 사모해야 합니다(시 84:1~4).

본문에서 시인은 성전에 대하여 두 가지로 표현했습니다. 첫째는 주의 장막이요, 둘째는 여호와의 궁정이라고 했습니다. 주의 장막은 모세가 광야에 머무를 때, 쳤던 장막 속에 하나님의 성소가 있음을 가리킵니다. 비록 소박한 것이었지만 하나님의 성소가 있는 성전이었습니다. 하나님의 궁전은 솔로몬 왕이 지은 웅장한 성전을 말합니다. 이 시인은 성전을 여호와를 모신 곳, 우리 믿음의 초점, 신앙의 중심점, 하나님과 만나는 곳으로써 사랑하고 사모했습니다. 그렇습니다. 광야와 같은 세상에서 우리의 영혼이 쉬고 피할 곳은 오직 주님의 몸 된 교회요, 예배드리는 곳인 예배당인 것입니다. 그러므로 진정한 성도라면 주님의 몸 된 교회를 사랑하고 사모해야 합니다.

· 함께 읽어요 : 시편 84편 1~2절

"[1]만군의 여호와여 주의 장막이 어찌 그리 사랑스러운지요. [2]내 영혼이 여호와의 궁정을 사모하여 쇠약함이여 내 마음과 육체가 살아 계시는 하나님께 부르짖나이다."

2.. 우리의 마음에 하나님을 향한 대로가 열려야 합니다(시 84:5~7).

영적인 의미에서 인간의 진정한 만족과 기쁨은 하나님의 집, 하나님의 품에 안기는 것이라고 하겠습니다. 최대의 행복과 축복은 하나님과 함께 살아가는 것입니다. 그런데 세상에 우리의 영혼이 안식할 수 있는 곳은 하나님을 만나 예배드리고, 찬송과 기도를 드림으로써 즐겁게 헌신하며 하나님과의 교제가 이루어지는 곳입니다. 여호와 하나님께서는 솔로몬에게 "내가 너의 건축한 이 전을 거룩하게 구별하여 나의 이름을 영영히 그곳에 두며 나의 눈과 나의 마음이 항상 거기 있으며"(왕상 9:3)라고 말씀하셨습니다. 성전은 하나님이 함께하시는 '마음의 대로가 열린 곳'입니다. 마음의 대로란 정중한 마음으로 하나님이 함께하시는 하나님을 향한 인간의 마음상태를 말해 줍니다. 이 마음의 대로는 기도의 교통을 배가시켜 줍니다. 기도하는 자의 마음은 언제나 하나님으로부터 오는 위로와 평강이 있기 때문에 평안을 만들고 원망을 불식시킵니다. 시편의 시인처럼 하나님을 향한 마음의 대로가 열려 항상 힘을 얻고 새로운 마음으로 구령(救靈) 사업의 사명을 다하시기를 바랍니다.

· 함께 읽어요 : 시편 84편 5절
"주께 힘을 얻고 그 마음에 시온의 대로가 있는 자는 복이 있나이다."

3. 교회를 사랑하는 모본을 보여야 합니다(시 8:5~8, 눅 11:13).

여러분! 인생의 가장 멋진 삶은 서로의 관계가 화목하고 화해하며 살아가는 것입니다. 또한 신앙생활에서 교회를 사랑하는 자의 가장 중요한 특징의 하나는 하나님과의 화해를 이뤄 살아가는 삶입니다. 시인은 하나님과의 영적 소통이 잘 이루어지고 있다는 사실을 감지했습니다. 본문 8절을 보면. "만군의 하나님 여호와여 내 기도를 들으소서. 야곱의 하나님이여 귀를 기울이소서"라고 기도합니다. 야곱의 하나님이란 하나님의 축복을 기어코 받아낸 야곱의 기도를 염두에 둔 말입니다. 그러므로 서슴없이 "하나님이여! 내 기도를 들어 주시옵소서"라고 부르짖은 것입니다. 그리고 "자기를 살펴보아 주시옵소서"라고 했던 것입니다. 시인은 장수의 축복보다 더 귀한 복은 하나님의 성전에 거하는 것임을 깨달았습니다. 이 생활은 하나님과 참된 교제의 생활입니다. 그러므로 악인의 장막에서 호사를 누리는 것보다 하나님의 성전의 문지기로 사는 것이 더 행복하다고 고백했습니다. 우리의 신앙생활은 성전을 통한 성령을 체험하는 삶이 되어야 합니다. 그러할 때, 하나님을 향한 간절한 기도가 응답되며 하나님과의 사랑의 대화가 항상 형통하게 될 것입니다.

· 함께 읽어요 : 누가복음 11장 13절
"너희가 악할지라도 좋은 것을 자식에게 줄 줄 알거든 하물며 너희 하늘 아버지께서 구하는 자에게 성령을 주시지 않겠느냐 하시니라."

정리하는 말

사랑하는 성도 여러분! 주님께서 온 천하보다 여러분들의 한 영혼을 더욱 귀중하게 여기십니다. 그래서 십자가에서 우리를 구원하시고, 자기 피로 교회를 사신 것입니다. 그리고 우리 성도들에게 기쁨과 사랑의 대화를 위해 은혜와 대화의 광장으로 내어주시고, 그 교회를 사랑하셨습니다. 우리도 교회에 모이는 교우들을 사랑합시다. 교회를 사랑하심으로 시온의 대로가 열려 성령하나님의 능력 받아, 전도하고 기도합시다. 그리하여 교회부흥과 성장의 역군들이 되시기를 간절히 바랍니다.

평가와 결심

1. 우리가 왜 교회를 사랑해야 합니까?
   (시 84:1-2, 교회는 주의 장막이요, 여호와의 궁정이기 때문)
2. 하나님의 교회가 왜 복이 되며, 축복의 통로가 됩니까?
   (시 84:5, 하나님을 향한 마음의 대로가 열려있기 때문)
3. 교회를 사랑하는 자에게 주시는 복이 무엇입니까?
   (시 84:5-8, 기도를 응답해 주시고 들어주심)
4. 오늘 말씀을 듣고 각자의 결심을 이야기해보자.

주간 경건의 시간 <14> · 날마다 말씀과 함께

요일 / 내용	월(Mon)	화(Tue)	수(Wed)	목(Thu)	금(Fri)	토(Sat)
찬송	502 / 259	524 / 313	523 / 262	538 / 327	536 / 326	529 / 319
성경	시 82:	시 83:	시 84:	시 85:	시 86:	시 87:
적용	빈궁한 자	하나님의 목장	여호와의 궁정	좋은 것을	내게 응답 하소서	시온의 문들

* 지옥은 훌륭한 변명과 핑계와 소원으로 가득 찬 곳이다.
<조지 허버트, 1593-1633, 영국의 신학자, 성직자, 시인>

섬김과 충성을 회복하자

찬송 / 284, 292, 280 / 통 206, 415, 338

성경 / **고린도전서 4:1-2**

요절 / **고린도전서 4:2**

"그리고 맡은 자들에게 구할 것은 충성이니라."

목표 / 성도로서 교회와 하나님 나라에 대한 충성을 회복한다.

시작하는 말

본문 2절에서 "맡은 자들에게 구할 것은 충성이라"고 말씀했습니다. 본문에서 말하는 '맡은 일'이라는 것은 하나님의 일이요, 교회 일을 가리킵니다. 우리가 맡아 봉사하고 헌신하는 모든 교회 사역은 크고 작은 일이 없고 중요하고 덜 중요한 일이 없습니다. 모두 소중하고 귀한 일입니다. 때문에 우리의 자세는 맡은 일에 충성된 사람이 되는 것입니다. 맡은 바 직분에 대한 충성은 주님 사랑의 정도를 보여주는 것입니다. 주님께서 우리를 향한 십자가 사랑은 2,000년 전이나 지금이나 변함없이 뜨겁습니다. 우리의 충성도 주님의 사랑을 닮아야 합니다. 여러분! 처음 사랑과 섬김과 충성을 결심하고 회복하시기를 바랍니다.

오늘의 말씀

1. 성도들에게 각자 섬겨야 할 맡은 일이 있습니다(고전 12:26~28).

리빙스턴은 각자의 "사명을 다하기 전에는 결코 죽지 않는다"고 했습니다. 인생은 누구에게나 태어날 때부터 각자의 맡은 사명이 있습니다. 그 사명을 다하라고 성령께서는 은사를 주셨습니다. 그러므로 바울 사도는 성도들이 받은 은사를 몸의 지체로 비유하고 있습니다. 손은 손으로서의 사명을 다하고, 눈과 귀와 입은 각자가 맡은 은사대로 봉사하게 되어 있습니다. 손이 발을 판단할 수 없고 눈과 귀와 입이 서로 판단할 수 없습니다. 이와 같이 교회의 사역도 자기 은사대로 또 자기 맡은 일에 최선을 다하고 충성된 사람이 되어야 합니다. 충성된 일꾼이 되기 위해서 먼저 필요한 조건은 그의 신앙과 경건성입니다. 믿음과 경건성이 병행하지 않는 충성이나 헌신은 허공을 칠뿐 의미가 없습니다.

교회의 사명은 개인이 혼자서 주의 일을 하는 것이 아니라 각자 지체들이 협력하여 함께 일하기 때문에 친교와 조화가 병행되어야 합니다. 교회의 발전과 부흥을 위해 각자 맡은 일에 충성된 사람이 되라는 말입니다. 따라서 교회와 하나님 나라에 대한 충성을 회복해야 합니다.

· 함께 읽어요 : 고린도전서 12장 26~27절

"[26]만일 한 지체가 고통을 받으면 모든 지체가 함께 고통을 받고 한 지체가 영광을 얻으면 모든 지체가 함께 즐거워하느니라 [27]너희는 그리스도의 몸이요 지체의 각 부분이라."

2. 충성에는 몇 가지 원칙이 있습니다(마 25:20~23).

성경에는 충성에 대한 여러 가지 교훈이 있습니다.

첫째, 작은 직분에 충성하면 큰 직분에도 충성합니다. 젊은 때는 작은 일이 맡겨지고, 충성됨을 보고 큰일을 맡기십니다. 요셉이 작은 일에 섬기고, 충성하였더니 큰일을 맡겨주신 것처럼 말입니다.

둘째, 그리스도인은 끝까지 충성해야 합니다. 잠간 동안의 충성은 쉽지만 얼마나 오래 충성해야 하느냐가 문제입니다. 끝까지 충성하는 자에게 칭송과 결실이 있게 됩니다.

셋째, 환경을 초월해서 충성해야 합니다. 봄, 여름날에는 송죽의 절개를 모릅니다. 엄동설한 백설이 온 누리를 덮을 때 송죽의 절개가 나타납니다. 가난해야 어진 아내를 알 수 있는 것입니다. 나라가 어지러울 때 어진 재상을 알아본다는 것입니다. 교회도 어려운 일이 있을 때 충성된 자가 필요합니다. 열심과 충성을 회복하여 교회성장의 기수가 되십시오.

· 함께 읽어요 : 마태복음 25장 21절
"그 주인이 이르되 잘 하였도다 착하고 충성된 종아 네가 작은 일에 충성하였으매 내가 많은 것을 네게 맡기리니 네 주인의 즐거움에 참여할지어다 하고."

3. 맡은 자들은 어떤 일에든 섬기고, 충성해야 합니까?(계 2:10).

세상에 태어난 모든 인생에게는 맡은 일이 있습니다. 각자에게 맡겨진 일에 충성을 다해야 합니다.

첫째, 먼저 자기 자신에게 충성해야 합니다. 자기 자신의 신앙과, 맡은 사명을 위해, 맡은 직분을 위해, 자기 가정을 위해, 자기 직업을 위해 충성해야 합니다. 자기 자신에게 충성을 다 할 때, 더 큰 일을 맡을 수 있는 소망이 있는 것입니다.

둘째, 하나님께 충성해야 합니다. 큰일, 작은 일, 어떤 일에도 성령님의 세미한 음성을 듣고, 순종하고 충성해야 합니다.

셋째, 교회에 충성해야 합니다. 교회를 살피는 일에 충성해야 합니다. 모세를 돕던 아론과 훌처럼 목회자들을 돕는 일에 충성해야 합니다.

넷째, 성경말씀에 충성해야 합니다. 다윗은 어릴 적에 목동으로 충성하였고, 전쟁터에서는 군인으로서, 왕이 된 후에는 왕으로서 충성하여 하나님 마음에 합한 자가 되었습니다. 늘 하나님께 묻고 아뢰어 그 말씀에 충성한 것입니다. 여러분! 맡은 자의 구할 것은 충성입니다. 섬김과 충성된 믿음의 귀한 주인공들이 되시기 바랍니다.

· 함께 읽어요 : 요한계시록 2장 10절

"너는 장차 받을 고난을 두려워하지 말라 볼지어다 마귀가 장차 너희 가운데에서 몇 사람을 옥에 던져 시험을 받게 하리니 너희가 십 일 동안 환난을 받으리라 네가 죽도록 충성하라 그리하면 내가 생명의 면류관을 네게 주리라."

정리하는 말

성도 여러분! 오늘날 우리 성도들에게 요구되는 것은 주님의 은혜에 감사하여, 죽도록 충성하는 것이요, 식었던 섬김과 충성을 회복하는 일입니다. 나의 자존심, 자랑, 권위 다 버리고, 오직 주님의 일꾼으로서, 겸손히 주님의 교회를 섬겨야 합니다. 따라서 서로가 합력하여 교회를 향한 그 열심, 그 사랑, 그 충성의 꽃을 피우시기 바랍니다.

평가와 결심

1. 맡은 자들에게 구할 것은 무엇입니까?(고전 4:2, 충성)
2. 충성의 원칙에는 무엇이 있습니까?
   (① 작은 일에 충성 ② 끝까지 충성 ③ 환경을 초월해서 충성)
3. 맡은 자들은 누구에게 어떤 충성을 다해야 합니까?
   (① 자신에게 충성 ② 하나님께 충성 ③ 교회에 충성 ④ 말씀에 충성)
4. 오늘 말씀을 듣고 각자의 결심을 이야기해보자.

주간 경건의 시간 <15> · 날마다 말씀과 함께

요일 / 내용	월(Mon)	화(Tue)	수(Wed)	목(Thu)	금(Fri)	토(Sat)
찬송	92 / 97	90 / 98	219 / 279	182 / 169	521 / 253	564 / 299
성경	고전 2:	고전 3:	고전 4:	고전 5:	고전 6:	고전 7:
적용	성령의 나타남	터는 그리스도	능력에 있느니라	유월절 양	성령의 전	화평 중에 부르심

* 자고로 충신은 효자 가문에서 나왔느니라.

<공자, B.C. 551-479, 중국 춘추시대 도덕가>

4단원 교회 섬김의 달

하나님의 사랑으로 치유받자

찬송 / 423, 401, 563 / 통 213, 457, 411

성경 / 요한1서 4:1-10

요절 / 요한1서 4:10

"사랑은 여기 있으니 우리가 하나님을 사랑한 것이 아니요 하나님이 우리를 사랑하사 우리 죄를 속하기 위하여 화목제물로 그 아들을 보내셨음이니라."

목표 / 성도로서 진정한 치유는 하나님의 사랑의 치유임을 알게 한다.

시작하는 말

헬라인은 철학을 자랑하고, 로마인은 율법을 자랑하고, 유대인은 종교를 자랑합니다. 그러나 우리 성도들의 자랑거리는 오직 하나님의 사랑뿐입니다. 본문 9절에 하신 말씀처럼 우리에게 나타나신바 된 하나님의 사랑은 천지만물을 조성하시고, 섭리하시고, 치유하시는 '사랑'인 것입니다. 요한1서에 '사랑'이란 단어가 51회 기록되었고, 4장에만 31회나 기록되어 있습니다. 요한이 사랑이란 단어를 이렇게 강조하는 것은 하나님의 사랑이 무궁무진하며 인생의 문제마다 하나님의 사랑으로 치유하신다는 사실입니다. 하나님의 사랑으로 치유함을 받으시기 바랍니다.

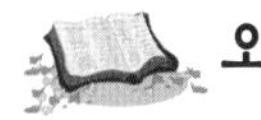

오늘의 말씀

1. 만물이 하나님의 사랑으로 치유 받습니다(시 104:14~15).

하나님의 사랑은 만물 가운데 나타났습니다. 하늘과 땅의 아름다운 조화, 바다와 산의 싱그러운 자태, 식물과 동물들의 오묘한 생명과 번성함이 모두 하나님의 사랑입니다. 이 사랑이 세상 만물들과 우리 인간들이 살아가는데 꼭 필요한 생기와 활력을 줍니다. 우리는 온 세상 만물을 통해 하나님의 사랑을 확실히 알 수 있습니다. 하나님이 창조하신 이 아름다운 땅은 사랑의 빛으로 씨앗과 생명을 대통케 하시고, 잉태하게 합니다. 온 우주가 하나님의 사랑의 경륜과 사랑 가운데 있을 때 아름답고 안전한 것입니다. 하나님의 사랑으로 치유 받아 평강이 임하시기를 축복합니다.

· 함께 읽어요 : 시편 104편 14~15절

"[14]그가 가축을 위한 풀과 사람을 위한 채소를 자라게 하시며 땅에서 먹을 것을 나게 하셔서 [15]사람의 마음을 기쁘게 하는 포도주와 사람의 얼굴을 윤택하게 하는 기름과 사람의 마음을 힘있게 하는 양식을 주셨도다."

2. 근본적으로 독생자를 주셔서 치유하셨습니다(요일 4:7~11).

기독교는 사랑의 종교라고 합니다. 기독교의 핵심적인 교훈은 '하나님 사랑'과 '이웃 사랑'입니다(마 22:39~40). 이 두 사랑 중 가장 원초적이고 중요한 사랑은 하나님의 사랑입니다. 하나님은 이 세상을 사랑하사 독생자를 주시고, 그를 통하여 죄 아래 종노릇하던 우리를 살리시고 자유케 해 주셨습니다. 참된 생명을 얻게 하여 영원한 나라로 인도하셨습니다. 요한복음 3장 16절에 "하나님이 세상을 이처럼 사랑하사 독생자를 주셨으니 이는 저를 믿는 자마다 멸망치 않고 영생을 얻게 하려 하심이니라"고 말씀하셨습니다. 여러분! 그리스도께서 죄악에 빠진 인류를 위해 십자가에서 생명을 버리신 그 사랑을 깨달아야 합니다. 십자가에서 흘려주신 보혈의 능력이 인류를 대속하시고, 주께서 채찍에 맞음으로 우리가 나음을 입은 것입니다. 그리스도의 대속의 사랑에 감격하여 그 사랑을 항상 감사하고, 나아가 그리스도의 사랑을 만방에 전파하여 이웃을 내 몸과 같이 사랑해야 합니다. 성도 여러분! 하나님께서 사랑으로 우리의 허물을 덮어주셨으니, 그리스도의 십자가 사랑으로 서로 허물을 덮어주고, 여러분 자신도 사랑으로 치유 받으시기를 바랍니다.

· 함께 읽어요 : 요한1서 4장 10절
"사랑은 여기 있으니 우리가 하나님을 사랑한 것이 아니요 하나님이 우리를 사랑하사 우리 죄를 속하기 위하여 화목제물로 그 아들을 보내셨음이니라."

3. 성령 하나님의 귀한 사랑이 치유하십니다(요 15:9~14, 고전 12:9).

초대 예루살렘교회에 예수님의 동생 야고보 장로님은 기도 많이 하여, 그의 무릎은 낙타 무릎 같이 되었다고 합니다. 그는 야고보서 5장 15~16절에서 이렇게 권면합니다. "믿음의 기도는 병든 자를 구원하리니 주께서 저를 일으키시리라 혹시 죄를 범하였을지라도 사하심을 얻으리라. 이러므로 너희 죄를 서로 고하며 병 낫기를 위하여 서로 기도하라 의인의 간구는 역사하는 힘이 많으니라"고 강조합니다. 믿음의 기도는 병든 자를 구원하며, 부모의 뜨거운 사랑의 열기가 자녀의 병을 치유하듯이 하나님의 사랑은 치유해 주시는 특효약입니다. 성령님은 진리로 깨닫게 하시고, 죄를 회개하고 새 사람 되게 합니다. 복음을 증거하게 하며, 마귀의 권세에서 성도들을 지켜주십니다. 하나님의 사랑 안에 거하십시오. 그 사랑이 어떤 죄악의 세균도 침투하지 못하고, 안전하게 치유할 것입니다. 사랑의 빛과 능력에 못 고칠 질병이 없는 줄 믿으시기 바랍니다.

· 함께 읽어요 : 요 15장 9~10절
"[9]아버지께서 나를 사랑하신 것 같이 나도 너희를 사랑하였으니 나의 사랑 안에 거하라 [10]내가 아버지의 계명을 지켜 그의 사랑 안에 거하는 것 같이 너희도 내 계명을 지키면 내 사랑 안에 거하리라."

정리하는 말

우리가 살아가는 세상은 고장 난 부분들이 너무 많습니다. 천국은 고통이나 눈물이 없지만 세상은 질병과 고통이 끊임없습니다. 그래서 하나님은 고통과 질병을 치유하면서 살아가라고 '사랑의 묘약'을 주신 것입니다. 고통과 질병의 늪에서 허덕이시는 분들이 있습니까? 하나님의 사랑으로 온 우주 만물과 인간들의 고통과 질병을 치유할 수 있음을 전하시고, 함께 성령 하나님의 사랑으로 치유함을 받으시기 바랍니다.

평가와 결심

1. 하나님의 사랑으로 첫째 무엇이 치유 받습니까?
   (시 104:14~15, 온 우주 삼라만상 만물, 모든 생물)
2. 하나님의 사랑이 특별히 어떻게 나타난바 되었습니까?
   (마 18:21~22, 예수 그리스도의 십자가를 통해서)
3. 치유의 원천은 과연 누구십니까?
   (고전 12:9, 성령 하나님께서 모든 질병 고쳐주심)
4. 오늘 말씀을 듣고 각자의 결심을 이야기해보자.

주간 경건의 시간 <16> · 날마다 말씀과 함께

요일 / 내용	월(Mon)	화(Tue)	수(Wed)	목(Thu)	금(Fri)	토(Sat)
찬송	545 / 344	446 / 500	445 / 502	365 / 484	366 / 485	528 / 318
성경	벧전 3:	벧전 4:	벧전 5:	벧후 1:	벧후 2:	벧후 3:
적용	소망에 관한 이유	서로 사랑	양 무리의 본이 되라	신의 성품	의로운 심령	주의 날이 도적 같이

* 하나님의 사랑의 첫째 딸은 인간에 대한 자선이다.

<윌리엄 드렌난(1754-1820)>

믿음의 선물로 치유받자

찬송 / 543, 540, 471 / 통 342, 219, 528

성경 / **야고보서** 5:13-18

요절 / **야고보서** 5:14

"너희 중에 병든 자가 있느냐 그는 교회의 장로들을 청할 것이요 그들은 주의 이름으로 기름을 바르며 그를 위하여 기도할지니라."

목표 / 성도가 믿음의 선물로 치유받고 봉사하는 태도를 배운다.

시작하는 말

야고보 사도는 믿음의 기도는 병든 자를 구원한다고 했습니다. 본문은 신유의 기도에 대해서 많이 인용되는 말씀입니다. 그러나 근본적으로 '믿음'에 대하여 깊게 생각하게 하는 말씀이기도 합니다. 사도 바울은 '믿음은 하나님의 선물이라'(엡 2:8)고 말씀했습니다. 왜냐하면 믿음은 나의 의지와 관계없는 전격적인 하나님의 섭리이기 때문입니다.

이것은 '믿음'이란 선물이 대단한 것임을 알게 해 줍니다. 왜냐하면 '믿음'으로 해결되지 않는 것이 없기 때문입니다. 그러나 대부분의 크리스천들이 이러한 '믿음'이란 열쇠를 잘 활용하지 못하고 있습니다. 이번 과에서는 믿음과 치유에 대하여 생각해 보도록 하겠습니다.

오늘의 말씀

1. 고난당할 때, 먼저 기도하고, 즐거워할 때, 찬송하고 감사로 치유함을 받아야 합니다(약 5:13~14).

대부분의 사람들은 고난당할 때 피할 구멍부터 찾습니다. 불신자는 고난을 당할 때는 하나님을 원망하고, 즐거워할 때는 자신의 공(功)을 자찬합니다. 신자는 그와 반대로 믿음의 자세를 취해야 합니다. 고난을 당할 때는 원망대신 기도할 것이요, 즐거워할 때는 하나님을 찬송해야 하는 것입니다. 기독교 역사상 모든 성도들은 고난을 당할 때 기도로서 이길 수 있었습니다. 그러나 기뻐해야 할 때에 하나님께 감사하지 않고 향락에 빠지는 경우가 흔합니다. 감사가 치유의 지름길임을 명심하고 간절히 기도하던 자도 기도의 응답을 받게 되면 감사가 식어지게 되는 것을 보게 됩니다. 기도응답 받은 후 성도가 취할 태도에 신중해야 하는 것입니다. 사랑하는 성도 여러분! 여러분들은 항상 응답과 성공할 때처럼 변함없이 감사와 찬송을 드리시기 바랍니다.

· 함께 읽어요 : 야고보서 5장 13절

"너희 중에 고난당하는 자가 있느냐 그는 기도할 것이요 즐거워하는 자가 있느냐 그는 찬송할지니라."

2. 간절한 기도로 치유함을 받아야 합니다(약 5:14~15).

본문 중에 가장 중요한 부분은 기도로 치유함을 받아야 한다는 것입니다. 기름을 발라 치유될 수도 있을 것입니다. 장로를 초청하여 위로와 사랑의 권면을 통해 치유함을 얻을 수도 있을 것입니다. 여기서 기름을 바르는 행위나 위로와 사랑의 권면은 실제적인 의료행위에 속합니다. 생선과 해초를 많이 먹는 일본인들이 장수(長壽)하고, 스웨덴은 완벽한 무료 의료보장제도 덕분에 세계최고의 암 완치율을 자랑하며, 쿠바는 인구 대비 의사비율 최고를 자랑합니다. 그러면 우리 성도들은 무엇을 자랑해야 할까요? 신앙인의 자랑은 당연히 믿음으로 기도하여 치유 받았음을 자랑해야 할 것입니다. 발병이 되면 의사와 약사의 처방을 받는 것이 마땅하겠지만, 적어도 '믿음의 기도는 병든 자를 구원하리니'라는 말씀처럼 이에 주목하고 실천할 필요가 있는 것입니다. 성도에게는 무슨 의료행위보다 '믿음의 기도'가 선행되어야 한다는 말씀입니다.

· 함께 읽어요 : 야고보서 5장 15절
"믿음의 기도는 병든 자를 구원하리니 주께서 그를 일으키시리라 혹시 죄를 범하였을지라도 사하심을 받으리라."

3. 죄를 고백하고 믿음으로 치유함을 받아야 합니다(약 5:14~16).

본문 야고보서 5장 14절에 "너희 중에 병든 자가 있느냐 저는 교회의 장로들을 청할 것이요 그들은 주의 이름으로 기름을 바르며 위하여 기도할지니라"고 말씀하고 있습니다. 교인의 대표자인 장로가 병자를 찾아 기도하는 것은 유대나라의 오랜 전통이었습니다. 히스기야가 병들었을 때에 이사야가 심방하여 기도한 예가 있습니다. 초대교회 교부 폴리갑은 "장로의 공석기도에 병자를 위한 기도는 병든 자의 생명을 연장하고 이를 싫어하는 자는 그 생명을 단축한다"고 말했습니다. 장로는 본래 하나님 앞에 기름부음을 받은 자로서 말씀 전하는 장로와 감독 장로 두 반이 있었습니다. 말씀 전하는 장로는 목사를 말하고, 감독 장로는 지금의 치리장로를 말합니다. 장로나 목사가 환자를 위하여 하는 '믿음의 기도'가 중요합니다. 기도는 병 치료에 절대적인 능력의 발원입니다. 그러므로 기도로 간구하여야 합니다. 신자는 그리스도의 보혈의 속죄를 믿음으로 죄 사함으로 내적인 치유와 함께 질병이 치유될 것이기에 더욱 유익합니다. 믿음의 기도는 병든 자를 치유하고 구원합니다. 이 사실을 믿으시기 바랍니다.

· 함께 읽어요 : 야고보서 5장 16절
"그러므로 너희 죄를 서로 고백하며 병이 낫기를 위하여 서로 기도하라 의인의 간구는 역사하는 힘이 큼이니라."

정리하는 말

"의인의 간구는 역사하는 힘이 많으니라"고 말씀합니다. 로마서 3장 10절에 "의인은 없나니 하나도 없다"고 했습니다. 오직 죄를 고백하고 회개하여 주님을 믿음으로 의인이 되는 것입니다. 그러므로 예수를 믿고 죄를 고백하며 주께서 인정해 주시는 의인으로서 간구할 때 역사가 일어납니다. 병 낫기를 기도드릴 때 하나님께서 그 기도에 응답하셔서 고쳐주실 것입니다. 이런 믿음을 소유하셔서 영·육간에 치유함을 받아 복된 삶을 영위하시기 바랍니다.

평가와 결심

1. 성도가 고난당할 때 맨 먼저 해야 할 일이 무엇입니까?
   (약 5:13, 먼저 기도해야 함)
2. 성도는 먼저 무엇으로 치유함 받아야 합니까?
   (약 5:14, 기도로 치유함을 받아야 함)
3. 성도는 근본적으로 무엇으로 치유함 받아야 합니까?
   (약 5:15, 믿음으로 치유함을 받아야 함)
4. 오늘 말씀을 듣고 각자의 결심을 이야기해보자.

주간 경건의 시간 <17> · 날마다 말씀과 함께

요일 / 내용	월(Mon)	화(Tue)	수(Wed)	목(Thu)	금(Fri)	토(Sat)
찬송	211 / 346	240 / 231	245 / 228	246 / 221	250 / 182	251 / 137
성경	히 8:	히 9:	히 10:	히 11:	히 12:	히 13:
적용	새 언약의 대제사장	하늘의 성전	예수의 피를	믿음은	믿음의 주	형제 사랑

* 내일을 먹어버리는 즐거움은 날려 보내라.

<조지 허버트, 1593-1633, 영국 신학자, 시인, 성직자>

자녀의 도리를 다하자

찬송 / 559, 246, 286 / 통 305, 221, 218
성경 / 에베소서 6:1-3
요절 / 잠언 1:8
"내 아들아 네 아비의 훈계를 들으며 네 어미의 법을 떠나지 말라."
목표 / 믿음 가운데 살아가며 자녀의 도리를 다하도록 한다.

시작하는 말

세상에 가장 아름다운 보금자리는 가정입니다. 가정은 하나님께서 세우셨습니다(창 2:22~23). 그러므로 가정의 질서도 세워져야 합니다. 자녀가 그 도리를 다할 때 가정을 통하여 하나님께 영광과 기쁨을 드리며 우리의 의무도 다하는 것입니다. 믿음은 기본이고, 사랑의 끈으로 묶여져 자녀는 자녀로서 어버이를 잘 공경해야 합니다. 가정에서부터 화목하고 질서가 세워져야 사회가 질서가 잡혀 잘 사는 나라가되는 것입니다. 천국백성으로서 다 해야 할 자녀 된 도리는 무엇입니까?

오늘의 말씀

1. 부모와 대화를 나눠 지혜를 얻으십시오(잠 8:32~33).

오늘날 가정의 문제는 부모와 자녀 간의 대화의 단절입니다. 중 3이나 고 3이면 입시준비에 부모의 얼굴을 대할 시간이 없이 바쁩니다. 사업가를 부모로 둔 자녀들은 몇 주일씩 부모의 얼굴을 보지 못할 때가 허다합니다. 부모들은 자녀들의 입장을 고려하지도 않고 자녀들에게 너무 자주 책망과 훈계 때문에 자녀들은 부모의 얼굴을 피합니다. 의견충돌이 생깁니다. 그렇지만 자녀들은 세상 경험이 많은 부모님들의 훈계를 잘 듣고 부모님과 대화를 피하지 말고 잘 소통해야 합니다.

· 함께 읽어요 : 잠언 8장 32~33절

"[32] 아들들아 이제 내게 들으라 내 도를 지키는 자가 복이 있느니라 [33] 훈계를 들어서 지혜를 얻으라 그것을 버리지 말라."

2. 비전을 갖고 자기 일에 성실해야 합니다(잠 11:3).

부모가 원하는 대로 자녀가 성장하는 것은 아닙니다. 실패를 겪기도 하고 때로는 깊은 좌절을 경험할 때도 있습니다. 그러나 실패를 경험하고 쓴 잔을 마시면서 인생의 깊이가 더해 가는 것입니다. 그래서 "젊어서 하는 고생은 사서라도 한다"는 말이 있습니다. 실패를 경험한 사람이 더 겸손하고 성숙하게 성장한다는 사실을 알아야 합니다. 자녀들이 도전해 보지도 않고 포기하는 일이 없도록 맡겨진 일에 최선을 다해 성실하게 노력하도록 도와주어야 합니다. 그래서 잠언 31장 23절에 "너희 모든 성도들아 여호와를 사랑하라 여호와께서 성실한 자를 보호하시고 교만히 행하는 자에게 엄중히 갚으시느니라"고 했습니다. 또한 자녀들이 좋은 친구와 사귀도록 도와주어야 합니다. "지혜로운 자와 동행하면 지혜를 얻고, 미련한 자와 사귀면 해를 받느니라"했습니다(잠언 13:20). 오늘날 폭력, 마약, 흉악범죄가 얼마나 많습니까? 좋은 친구, 좋은 습관, 주의 환경과 성실성을 챙기시기를 바랍니다.

· 함께 읽어요 : 잠언 11장 3절

"정직한 자의 성실은 자기를 인도하거니와 사특한 자의 패역은 자기를 망하게 하느니라."

3. 미래를 위해 독립심을 키워나가야 합니다(수 1:6).

한국 가정의 자녀들은 독립심이 부족하다고들 합니다. 한국의 부모들은 자녀들을 부모의 품에 안으려고만 합니다. 정신적으로 부모를 의지하려는 자세에서 벗어나 성년으로서의 독립심을 길러주어야 합니다. 자녀의 삶은 부모의 삶이 아니기에 부모가 대신 살아줄 수도 없습니다. 오늘날 자녀들이 부모의 재산으로 무위도식하려는 태도는 잘못되어진 것입니다. 너무 가정이나 학교에 의지하다보면 자신이 가야할 진로를 놓치게 됩니다. 그래서 요즈음에는 '성년의 날 행사'를 가짐으로 자녀들이 일정한 연령에 이르면 어엿한 성년으로서 독립해서 살아갈 각오와 자세를 키워주도록 하고 있는 것입니다.

자녀는 나이가 차면 결혼도 하고, 사회생활에 적응하도록 하여 독립적인 한 개인으로서 한 가정을 형성하여 사회 속의 일원으로서 살아갈 수 있도록 해야 됩니다. 그러므로 자녀가 가정에서 미래의 자신의 삶의 비전을 키우면서 스스로 자기 자신의 앞날을 꾸려갈 수 있도록 기초적인 생활습관과 독립심을 길러주어야 합니다. 가정에서 웃어른을 존경하며, 상호 사랑과 우정을 나누면서 자라가도록 해야 사회에서도 제 몫을 감당해 갈 수 있는 것입니다.

사랑하는 성도 여러분! 가정이 잘못되거나 자녀가 제대로 준비하지 못했는데도 올바른 사회생활을 할 수 있으리라 기대하지 마십시오. 기독교 가정에서는 자녀들이 신앙에 바로 서고 스스로 자기 자신의 신앙생활을 영위해 갈 수 있도록 독립심을 길러주시기를 바랍니다.

· 함께 읽어요 : 여호수아 1장 6절

"강하고 담대하라 너는 내가 그들의 조상에게 맹세하여 그들에게 주리라 한 땅을 이 백성에게 차지하게 하리라."

정리하는 말

세상에 어느 단체나 사회생활에서 규범이 있고, 도리가 있습니다. 오늘날 대가족제도가 무너지면서 개인의 자유가 존중되고, 가정은 핵가족으로 식구가 단출 합니다. 그래서 이웃과의 화목한 관계가 형성되고, 살맛나는 세상을 만들려면 무엇보다도 개개인이 독립적으로 자기 자신의 일들을 잘 처리해 갈 수 있어야 합니다. 그것이 자녀 된 도리를 다하는 것이요, 효도하는 것입니다. 모든 일에 성실하고 독립심을 길러 부모와의 대화를 소중히 여기시고, 존중하는 마음으로 처리해가면서 도리를 다하는 축복의 주인공이 되시기를 축원합니다.

평가와 결심

1. 자녀의 도리 첫째는 무엇입니까? (잠8:32~33, 부모와 상의하라)
2. 자녀의 도리 둘째는 무엇입니까? (잠 11:3, 자기 일에 성실하라)
3. 자녀의 도리 셋째는 무엇입니까? (수 1:6, 독립심을 키워나가라)
4. 오늘 말씀을 듣고 각자의 결심을 이야기해보자.

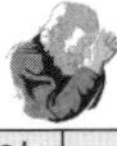

주간 경건의 시간 <18> · 날마다 말씀과 함께

요일 / 내용	월(Mon)	화(Tue)	수(Wed)	목(Thu)	금(Fri)	토(Sat)
찬송	358 / 400	359 / 401	546 / 399	401 / 457	453 / 506	382 / 432
성경	삼상 2:	삼상 3:	삼상 4:	삼상 5:	삼상 6:	삼상 7:
적용	한나의 찬송	사무엘을 부르심	언약궤 빼앗김	블레셋과 언약궤	돌아온 언약궤	미스바로 모이라

* 촛불을 보고 감사하면 전등불을 주시고, 전등불을 보고 감사하면 달빛을 주시고, 달빛을 감사하면 햇빛을 주시고, 햇빛을 감사하면 천국을 주신다.

<찰스 햇돈 스펄전, 1834~1892, 영국 성직자>

행복한 가정의 가장이 되자

찬송 / 370, 430, 405 / 통 455, 456, 458

성경 / 에베소서 5:25-30

요절 / 에베소서 5:25

"남편들아 아내 사랑하기를 그리스도께서 교회를 사랑하시고 그 교회를 위하여 자신을 주심 같이 하라."

목표 / 행복한 가정을 만들어가는 가장의 태도를 기른다.

시작하는 말

서양의 한 아버지가 성탄절 선물에 다음과 같은 내용의 편지를 아들에게 전해 주었습니다. "아들아, 365시간을 네게 선물로 주노라. 매일 저녁 식사 후 한 시간씩, 이 시간은 네 시간이다. 네가 원하는 대화도 할 수 있고, 네가 원하는 곳에 갈 수도 있고, 네가 원하는 오락도 할 수 있다. 이 모든 시간은 너의 것이다." 그 아들의 대답과 고백은 이렇습니다. "나의 아버지는 그 약속을 지켰을 뿐 아니라 해마다 그 약속을 새롭게 해주셨다. 내 생애에 가장 큰 선물이었다"라고 말입니다. 그 가정이 행복하게 되느냐, 불행하게 되느냐 하는 것은 그 가정의 가장(家長)의 행동과 그 생활에 달려 있다고 해도 과언이 아닙니다.

오늘의 말씀

1. 아내를 사랑하는 남편이 되어야 합니다(엡 5:25).

하나님은 우리가 결혼하여 가정을 이루는 것이 꼭 필요하기 때문에 배필을 정해 주신 것입니다. 첫째, 가정은 정서적으로(emotion) 필요하기 때문입니다(창세기 2:18). 하나님은 아담의 돕는 배필로 아내 하와를 주셨습니다. 배필이 없이 혼자 살면 정서적으로 불안해지기 쉽습니다. 가급적 서로 떨어져 살지 않도록 하십시오. 둘째, 사회적으로 자녀를 낳아야 하기 때문에 배필을 주셨습니다. 셋째, 하나님이 주신 정상적인 욕구를 충족시키기 위해서 필요한 것입니다. 고린도전서 7장 1~3절에 "너희가 쓴 문제에 대하여 말하면 남자가 여자를 가까이 아니함이 좋으나 음행을 피하기 위하여 남자마다 자기 아내를 두고 여자마다 자기 남편을 두라 남편은 그 아내에게 대한 의무를 다하고 아내도 그 남편에게 그렇게 할지라"고 권고하고 있습니다. 부부간에 거룩한 체 하면서 서로 멀리하지 말라는 말씀입니다. 분방할 필요가 있을 때는 서로 의논해서 하라고 했습니다. 넷째, 영적으로 서로 돕기 위해 결혼하여 가정을 이루는 것입니다(에베소서 5장 22 ~ 23절). 이러한 말씀에 잘 순응하시기 바랍니다.

· 함께 읽어요 : 에베소서 5장 22~23절
"[22] 아내들이여 자기 남편에게 복종하기를 주께 하듯 하라 [23] 이는 남편이 아내의 머리 됨이 그리스도께서 교회의 머리 됨과 같음이니 그가 바로 몸의 구주시니라."

2. 자녀를 노엽게 하지 않는 가장이 되어야 합니다(엡 6:4).

자녀들은 하나님이 나에게 맡겨주신 하나님의 자녀이지 자기 소유물이 아닙니다. 함부로 욕하고 때려서는 안 됩니다. 오늘날 많은 어린이들이 무참하게 맞고 학대받고 있습니다. 똑 같은 인격체로 대해야 합니다. 잠언 19장 18절에 "네가 네 아들에게 희망이 있은즉 그를 징계하되 죽일 마음은 두지 말지니라"고 권고합니다. 특별히 자식들에게 돈이 없어 호의호식시키지 못하고 많은 공부를 못시켜도 자식들한테 성실한 부모라고 인정받고 존경받는 부모가 되도록 노력해야 합니다. 무디 선생은 말하기를 "세상의 모든 사람의 존경을 다 잃더라도 나는 불행하지 않다. 그러나 자식에게서 존경심을 잃으면 나는 불행할 것이다"라고 말했습니다. 겉과 속이 다르지 않고 진실하고 성실하게 신앙생활 하면 자식들이 믿고 따릅니다. 자녀들을 노엽게 하지 말고 성실하게 믿음으로 양육하시기 바랍니다.

· 함께 읽어요 : 에베소서 6장 4절
"또 아비들아 너희 자녀를 노엽게 하지 말고 오직 주의 교훈과 훈계로 양육하라"

3. 자신을 제어하는 가장(家長)이 되어야 합니다(딤전 3:3~4).

가장이 무엇에 중독이 되어서 내 마음을 내 마음대로 다스릴 수 없다면, 마귀의 올무에 빠진 증거입니다. 마귀가 그 사람을 얽어 맨 상태임을 알아야 합니다. 암에 걸린 것보다 훨씬 위험한 상태입니다. 미국의 의사, 박사 중에도 취미 삼아 라스베이거스 같은 곳에 가서 도박하다가 알거지 되고, 큰 부자로 잘 살던 사람이 도박에 손댔다가 거지가 돼서 노숙하는 사람도 많습니다. 우리나라 강원도 폐광촌을 살린다는 미명하에 카지노 도박장을 차렸는데, 많은 사람들이 돈을 잃고 패가망신하고 노숙자들이 되는 것이 허다하다고 합니다. 그런데도 그런 도박장이 처처에 생겨나고 있습니다. 로또 복권도 도박이나 다름없는 사행심을 조장하는 것이므로 조심해야 합니다. 무엇에 중독 된다는 것은 나비가 거미줄에 걸려드는 것같이 마귀의 올무에 빠진 사람이기 때문에 악은 모양도 버려야 합니다. 가장이 권위를 회복하려면 그 어떤 것에도 중독이 되지 않도록 신앙으로 무장해야 합니다. 그리하여, 주님을 기쁘시게 하는 권위 있고 칭송받는 가장이 되시기를 바랍니다.

· 함께 읽어요 : 디모데전서 3장 3~4절
"3술을 즐기지 아니하며 구타하지 아니하며 오직 관용하며 다투지 아니하며 돈을 사랑하지 아니하며 4자기 집을 잘 다스려 자녀들로 모든 공손함으로 복종하게 하는 자라야 할지며"

정리하는 말

사랑하는 성도 여러분! 한 가정의 가장(家長)은 한 가정의 행복을 줄 수도 있고 빼앗을 수도 있습니다. 바울은 우리에게 "너희는 말씀을 행하는 자가 되고 듣기만 하여 자신을 속이는 자가 되지 말라"(약 1:22)고 말씀했습니다. 행복한 가정은 위로부터 주어지는 것이 아니라 우리 자신이 만들어가는 것입니다. 가장 여러분! 여러분은 가정 구성원들을 행복하도록 책임을 다하시고, 화목하고 행복한 믿음의 가정을 이루시어, 가장으로서의 권위를 회복하셔서 하나님께 영광 돌리시기 바랍니다.

평가와 결심

1. 가정을 행복하게 하는 가장이 되려면 첫째 어떻게 해야 합니까?
   (엡 5:25, 아내를 사랑하는 가장이 되어야 함)
2. 가정을 행복하게 하는 가장이 되려면 둘째 어떻게 해야 합니까?
   (엡 6:4, 자녀를 노엽게 하지 말아야 함)
3. 가정을 행복하게 하는 가장이 되려면 셋째 어떻게 해야 합니까?
   (딤전 3:3-4, 자신을 제어할 줄 알아야 함)
4. 오늘 말씀을 듣고 각자의 결심을 이야기해보자.

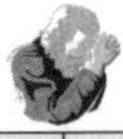

주간 경건의 시간 <19> · 날마다 말씀과 함께

요일 / 내용	월(Mon)	화(Tue)	수(Wed)	목(Thu)	금(Fri)	토(Sat)
찬송	321 / 351	150 / 135	188 / 180	320 / 350	546 / 399	391 / 446
성경	삼상 9:	삼상 10:	삼상 11:	삼상 12:	삼상 13:	삼상 14:
적용	기름을 부어	새사람이 되리라	나라를 새롭게	큰일을 보라	이레를 기다리되	여호와께서 일하실까

* 만물 중에 단순성은 모방하기가 제일 어렵다. <르챠드 스틸 경(1672-1729) 영국의 수필가>

아내의 도리를 다하자

찬송 / 559, 579, 534 / 통 305, 304, 324

성경 / 에베소서 5:22-24

요절 / 골로새서 3:18

"아내들아 남편에게 복종하라 이는 주 안에서 마땅하니라."

목표 / 가정에서 아내의 도리를 다하는 태도를 기른다.

시작하는 말

가정에서 밝음과 온화함을 주는 이는 아내입니다. 가정 행복의 분위기 메이커는 어머니이며, 아내입니다. 그래서 아내라는 말은 '안 해'라는 말에서 왔다고 보여 집니다. 안방에서 방실방실 웃음을 비추고, 부엌에서 방끗방끗 웃음꽃을 피우는 아내야말로 가정의 해님이십니다. 하루 종일 해가 비추지 않으면 정말 답답합니다. 그래서 해가 비추는 시간이 적은 곳에 사는 사람들은 성격이 어둡다고 합니다. 가정에서의 '안 해'의 역할은 정말 중요한 것입니다. 아내가 자기의 역할을 다할 때 정말 행복한 가정이 될 수 있는 것입니다. 그러면 가정에서 아내로서의 역할과 본분이 무엇입니까?

오늘의 말씀

1. 사랑스러운 아내가 되어야 합니다(엡 5:33).

아내는 아무리 바빠도 자녀들과 남편이 돌아올 시간이면 곱게 가벼운 화장을 하고 사랑의 미소로 맞을 준비가 되어 있어야 합니다. 아내는 나이에 맞도록 자신을 가꿔야 합니다. 가정에는 항상 제철에 피는 꽃을 볼 수 있도록 가꾸는 것도 중요하지만 아내로서 어머니로서 사랑이 시들지 않는 항상 피어있는 꽃이 되어야 합니다. 사치보다는 내적인 아름다움으로 자신을 가꿔야 합니다. 부드러운 미소, 온화한 성품, 웃음꽃이 피는 얼굴, 다정하고 품위 있는 언어 등 얼마든지 자신을 값지고 아름다움으로 가족들에게 정감을 줄 수 있는 자신의 품격을 갖추는데 노력을 기울여야 합니다. 무엇보다 남편을 이해할 줄 아는 아내가 되어야 합니다. 상이한 환경에서 자라고 격리된 곳에서 교육을 받았다 하더라도 서로가 가까워지려고 노력하면 말씨도 닮고, 좋아하는 음식, 취미, 습관까지도 닮는다고 합니다. 서로의 갈등을 최소한 줄이고 아름다운 사랑의 미로를 열어 가시기 바랍니다.

· 함께 읽어요 : 에베소서 5장 22~24절

"[22] 아내들이여 자기 남편에게 복종하기를 주께 하듯 하라 [23] 이는 남편이 아내의 머리 됨이 그리스도께서 교회의 머리 됨과 같음이니 그가 바로 몸의 구주시니라 [24] 그러므로 교회가 그리스도에게 하듯 아내들도 범사에 자기 남편에게 복종할지니라."

2. 지혜로운 조력자가 되어야 합니다(딛 2:5).

남편도 하나의 인간입니다. 완벽할 수 없습니다. 그러나 아내와 자녀들은 아빠는 완벽하다고 생각하기가 쉽습니다. 그와 반대로 남편이 뭐 대단한 존재냐? 아빠가 뭐 대단한 위인이냐? 하면서 가족들이 아빠를 무시하기 시작하면 또 다른 문제가 됩니다. 화목한 가정을 이루기 위해서는 무엇보다 아내의 지혜로운 조력이 필요합니다. 무력할 때 힘을 주고 용기를 주어야 합니다. 질서 있는 가정이 되려면 참으로 아내가 지혜롭고 그 역할이 분명해야 합니다. 남편이 사업의 실패로 자포자기할 때, 실직하여 무능함이 드러날 때 아내가 비난하고 무능력하다고 자존심을 구겨놓으면 문제만 어렵게 됩니다. 이때 아내가 온유하고 관용한 마음으로 남편을 위로하고 격려한다면 남편은 용기와 힘을 회복할 것입니다. 이런 아내가 현숙한 아내요, 진정 지혜로운 조력자, 화목한 가정의 창조자가 되는 것입니다.

· 함께 읽어요 : 디도서 2장 5절
"신중하며 순전하며 집안 일을 하며 선하며 자기 남편에게 복종하게 하라 이는 하나님의 말씀이 비방을 받지 않게 하려 함이라."

3. 남편의 뜻을 존중해야 합니다(엡 5:22).

남편과 아내가 항상 같은 뜻을 가질 수는 없습니다. 서로가 의견이 다를 때 아내는 자신의 고집의 날개를 접을 줄 알아야 합니다. 그리고 최종의 권위, 남편의 의견을 존중해 줄 줄 알아야 질서가 서는 화목한 가정이 되는 것입니다. 화목한 가정이 되기 위해서는 대화와 질서가 있고, 또 웃음이 있어야 하고 남편의 뜻을 속속들이 알아 존중해 줄 줄 알아야 하는 것입니다. 또한 남편을 끝까지 신뢰해 줄 때 남편은 든든해지는 것입니다. 그래야 건실하고 견고한 가정이 될 수 있습니다. "똑같은 어른인데 왜 내가 져?"하고 서로가 세력 겨루기를 하면 그 가정은 무너지기 십상입니다. 아내들이여! 남편의 권위를 인정하시고, 존경하고 끝까지 신뢰하고 의지하십시오. 그러면 당신 가정이 화목하고 행복하며 평안하여 평강이 임할 것입니다.

· 함께 읽어요 : 에베소서 5장 33절
"너희도 각각 자기의 아내 사랑하기를 자신 같이 하고 아내도 자기 남편을 존경하라."

정리하는 말

성도 여러분! 하나님께서 기뻐하시는 가정은 어떤 가정이겠습니까? 그리스도 안에서 서로 섬기며 복종하는 '화목한 가정'입니다. 오늘날 여성의 역할이 강조되는 때에 가정의 질서를 세워가며, 성도로서 아내는 무엇보다 가정을 소중히 여겨야 합니다. 또한 사회 활동도 지혜롭게 잘 감당해야 합니다. 항상 남편을 존중하고 아내의 도리를 다하여 지혜 있고 가정을 화목하게 하는 현숙한 아내가 되시기 바랍니다.

평가와 결심

1. 화목한 가정이 되기 위한 아내의 도리 첫째가 무엇입니까?
(엡 5:33, 사랑스런 아내가 되십시오.)
2. 화목한 가정이 되기 위한 아내의 도리 둘째는 무엇입니까?
(딛 2:5, 지혜로운 조력자가 되어야 함)
3. 화목한 가정이 되기 위한 아내의 도리 셋째는 무엇입니까?
(엡 5:22, 남편의 뜻을 존중해야 함)
4. 오늘 말씀을 듣고 각자의 결심을 이야기해보자.

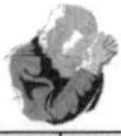

주간 경건의 시간 <20> · 날마다 말씀과 함께

요일 / 내용	월(Mon)	화(Tue)	수(Wed)	목(Thu)	금(Fri)	토(Sat)
찬송	359 / 401	433 / 490	404 / 477	411 / 473	417 / 476	423 / 213
성경	삼상 16 :	삼상 17 :	삼상 18 :	삼상 19 :	삼상 20 :	삼상 21 :
적용	중심을 보심	너와 함께 계시기를	다윗과 함께	하나님의 신	같이 울되	골리앗의 칼

* 배우지 않으려면 태어나지 않는 편이 낫다. <존 헤이우드, 영국 작가, 시인>

부부 애를 되살리자

찬송 / 559, 565, 534 / 통 305, 300, 324

성경 / 아가 4:7-12

요절 / 아가 4:10

"나의 누이, 나의 신부야 네 사랑이 어찌 그리 아름다운지 네 사랑은 포도주보다 네 기름의 향기는 각양 향품보다 향기롭구나!"

목표 / 가정에서 아내와 남편의 부부 애를 되살리도록 한다.

시작하는 말

'탈무드(Talmud)'에 "부부(夫婦)는 잘생긴 남편을 만나면 3년이 행복하고, 능력 있는 남편을 만나면 30년이 행복하고, 현명한 남편을 만나면 평생이 행복하다." 또한 "예쁜 아내를 만나면 3년이 행복하고, 착한 아내를 만나면 30년이 행복하고, 현명한 아내를 만나면 3대가 행복하다." 그렇습니다. 하루 종일 가정에서 자식 사랑! 남편 사랑에 해지는 줄도 모르고 사랑으로 희생을 다하는 아내야말로 집안의 행복 전도사입니다. 따라서 밖에서 일하는 남편이 아내의 그 고됨과 희생의 진가를 알아주고, 칭찬으로 살맛나게 해 주어야 합니다. 아내가 자기의 역할을 다할 때 정말 행복한 가정이 될 수 있기 때문입니다. 모든 남편이 가정의 평화와 행복을 위해 아내의 버팀목이 되어주어야 하고 부부 애로 감싸주어야 합니다. 부부 애를 되살려 행복한 가정을 이루시기 바랍니다.

오늘의 말씀

1. 사랑스럽고 현숙한 아내가 되어야 합니다(아 4:10).

각자마다 이상형이 있고, 원하는 남편상, 아내상이 있습니다. 여자들은 잘생긴 남편, 능력있는 남편, 현명한 남편, 가정적인 남편, 날 아껴주고 많이 사랑해주는 남편 등을 남편상이라고 합니다. 남자들은 예쁜 아내, 착한 아내, 현명한 아내, 지혜로운 아내, 내조 잘하는 아내, 현모양처 아내 등을 여성상이라고 합니다. 아무리 이상형과 결혼 했다 할지라도, 살아온 환경이 다르고 자라온 환경과 습관과 자라온 방식이 다르기 때문에 의견 충돌과 부부 싸움이 있기 마련입니다. 이런 위기 극복을 위해 하나님이 주신 지혜를 실천하여, 사랑스럽고 현숙한 아내가 되시기 바랍니다. 한 사람만 잘한다고 해서 행복해지는 것이 아닙니다. 그러나 한 사람이라도 먼저 현명하게 대처하고 지혜로워진다면 부부 애를 되살리고 행복한 가정을 만들 수 있음을 명심하시기 바랍니다.

먼저 현명하고 지혜롭게 관계를 개선하십시오. 상처받은 마음을 주님의 사랑으로 치유 받아 서로의 갈등을 최소화하십시오. 그리고 아름다운 사랑의 매너와 미모를 가꾸면서 부부 애를 되살리는 현숙한 아내가 되어 행복한 가정천국을 이루시기 바랍니다.

· 함께 읽어요 : 아가 4장 9절

"나의 누이, 내 신부야 네가 내 마음을 빼앗았구나! 네 눈으로 한 번 보는 것과 네 목의 구슬 한 꿰미로 내 마음을 빼앗았구나!"

2. 부부는 사랑의 공동체로 서로 동행해야 합니다(아 4:8).

신랑은 신부에게 바라는 것이 있을 것입니다. 아내도 남편에게 또한 바라는 것이 있습니다. 그러나 남편이나 아내나 다 인간이기에 완벽할 수 없습니다. 그러나 아내와 자녀들은 아빠는 완벽하다고 생각하기가 쉽습니다. 그와 반대로 남편이 뭐 대단한 존재냐? 아빠가 뭐 대단한 위인이냐? 하면서 가족들이 아빠를 무시할 수도 있습니다. 이때 부부는 항상 신랑 신부로서의 공경하고 신뢰하는 모습으로 함께 해야 합니다. 본문에서 신랑은 신부에게 “레바논에서 일어나라”고 합니다. 아내는 친정에 안주하려하기보다는 시집에서 사랑의 보금자리를 만들기 위해 노력해야 하는 것입니다. ‘아마나’는 히브리어로 아멘과 같은 말로 ‘진실’이라는 말입니다. ‘스닐’은 ‘완전무장’을 말하는데 주님과 함께 할 때 가능한 것입니다. ‘헤르몬 꼭대기’는 그리스도 십자가 승리를 상징하는 말씀으로 주님이 함께 하실 때 적진은 산산조각이 난다는 말씀입니다. ‘사자굴’과 ‘표범산’은 높은 산꼭대기에서 내려다 본 위험한 세상의 모습입니다. 우리의 영적 신랑은 주 예수 그리스도십니다. 주님이 동행하시고 지키실 때 안전한 사랑, 행복한 가정이 되는 것입니다.

· 함께 읽어요 : 아가 4장 8절
“내 신부야 너는 레바논에서부터 나와 함께 하고 레바논에서부터 나와 함께 가자 아마나와 스닐과 헤르몬 꼭대기에서 사자 굴과 표범 산에서 내려오너라.”

3. 부부는 서로 존중하고 매력을 가꿔가야 합니다(아 4:9~12).

신부는 신랑의 마음을 빼앗는 지혜가 있어야 합니다. 9절에 “나의 신부야 네가 내 마음을 빼앗는구나!”라고 했습니다. 신부는 신혼 때에 신랑을 사로잡던 그 마음과 모습에서 자기의 것으로 빼앗을 수 있는 매력을 가지고 있어야 합니다. 결혼생활에 권태기를 모르는 부부생활이 되어야 합니다. 평생 부부가 사랑의 끈으로 칭칭 동여매 있어야 합니다.

여기 본문에서 신랑이 말하는 신부의 3가지 매력이 있습니다. 첫째, 눈의 매력입니다. 살짝 웃는 윙크가 남편을 사로잡습니다. 둘째, 목의 구슬 한 꿰미, 즉 성도의 값진 단장을 말합니다. 금보다 더 귀한 믿음(벧전 1:7)으로 단장되어야 합니다. 아내들이여! 남편의 권위를 인정하고, 끝까지 신뢰하고 의지하시기 바랍니다. 항상 부부가 매력을 가꾸어 나가시기 바랍니다. 그러면 여러분 자신이 건강하고 행복하며 주님의 사랑받는 가정이 될 것입니다.

· 함께 읽어요 : 에베소서 5장 22절
"아내들이여 자기 남편에게 복종하기를 주께 하듯 하라."

정리하는 말

사랑하는 성도 여러분! 하나님께서 맺어주신 부부가 부부애를 되살리는 것은 하나님을 기쁘시게 하는 일입니다. 부부는 한 몸이라고 했습니다. 교회가 그리스도에게 하듯 아내는 남편에게 복종하고, 남편은 아내를 사랑하고 배려하고 자신을 베풀도록 노력하시기 바랍니다. 그리하여 부부 애를 되살려 칭송받는 행복한 가정을 이루시기 바랍니다.

평가와 결심

1. 부부 애를 되살리기 위한 첫째 관문이 무엇입니까?
(아 4:10, 사랑스런 아내가 되어야 함)
2. 부부 애를 되살리기 위한 둘째 관문이 무엇입니까?
(아 4:8, 부부가 주님과 동행해야 함)
3. 부부 애를 되살리기 위한 셋째 관문이 무엇입니까?
(아 4:9-12, 서로가 매력을 가꿔가야 함)
4. 오늘 말씀을 듣고 각자의 결심을 이야기해보자.

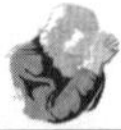

주간 경건의 시간 <21> · 날마다 말씀과 함께

요일 / 내용	월(Mon)	화(Tue)	수(Wed)	목(Thu)	금(Fri)	토(Sat)
찬송	407 / 465	259 / 193	366 / 485	200 / 235	383 / 433	327 / 361
성경	아가 2:	아가 3:	아가 4:	아가 5:	아가 6:	아가 7:
적용	사론의 수선화	마음에 사랑하는 자	동산의 샘	내 마음의 동하여	사랑하는 자에게	연 같이 마음에

* 거짓말을 할 수 없는 자는 어린이와 바보뿐이다. <존 헤이우도, 영국 작가>

5단원 가정 천국의 달

가정 천국을 이뤄가자

찬송 / 370, 430, 405 / 통 455, 456, 458

성경 / 여호수아 24:15-18

요절 / 로마서 14:17

"하나님의 나라는 먹는 것과 마시는 것이 아니요 오직 성령 안에 있는 의와 평강과 희락이라."

목표 / 가정에서 평강과 희락으로 천국을 이뤄가는 태도를 기른다.

시작하는 말

예수님은 복음을 전파하면서 "하나님의 나라가 가까이 왔다"(막 1:15)고 선언했습니다. 더 나아가 "하나님의 나라는 너희 안에 있느니라"(눅 17:21)고 말씀했습니다. 이 말씀은 그리스도 안에 있는 성도들은 '거룩한 백성'(출 19:6)이요, 아브라함의 자손이요, 약속대로 유업을 이을 자(갈 3:29)로서 당연히 하나님의 나라를 이루기 위해 힘을 써야하는 존재임을 밝혀주고 있는 것입니다. 화목을 통해서 '가정 천국'을 이뤄가는 성도 여러분 되시기를 바랍니다. 하나님께서 치유하시고 평강이 임하는 화목한 가정 천국을 이루려면 어떻게 해야 할까요?

오늘의 말씀

1. 하나님을 우리 가정의 중심에 모셔야 합니다(수 24:15).

대부분의 가정들은 가정에 문제가 생기면 자신들의 지혜와 노력으로 해결하려고 합니다. 하나님을 모르기 때문에 자신들의 지혜와 생각이 최선의 방법이라고 생각합니다. 그러나 하나님 아들로서 세상에 오신 그리스도께서는 십자가의 큰 문제를 놓고 겟세마네 동산에서 피땀을 흘리시면서 하나님께 기도했습니다. 결국 아버지의 뜻을 따라 십자가를 지셨습니다. 크리스천의 삶은 전폭적으로 하나님을 중심에 모시고, 그분을 기쁘시게 하며, 그분의 뜻을 순종하는 것이 우리의 도리를 다하는 것입니다. 그러기에 주님께서는 "누구든지 하나님의 뜻대로 하는 자는 내 형제요 자매요 모친이니라"(막 3:35)고 했습니다.

· 함께 읽어요 : 여호수아 24장 15절

"만일 여호와를 섬기는 것이 너희에게 좋지 않게 보이거든 너희 조상들이 강 저쪽에서 섬기던 신들이든지 또는 너희가 거주하는 땅에 있는 아모리 족속의 신들이든지 너희가 섬길 자를 오늘 택하라 오직 나와 내 집은 여호와를 섬기겠노라."

2. 위엣 것을 생각하고, 경건한 가정이어야 합니다(딤전 4:7).

성도의 가정은 서로가 인간의 한계성을 인정하고, 하나님의 말씀을 기초로 하여 완전을 위하여 노력하는 공동체입니다. 그러므로 성도는 항상 그리스도의 성품을 본받아 자신을 새롭게 창조해가야 하는 것입니다. 이는 매일 매일 하나님의 말씀을 통해 하나님의 선하시고 기뻐하시는 뜻이 무엇인지를 깨달아 자신의 생활을 변화시켜 나갈 때 이루어지는 것입니다. 그래서 바울 사도는 "위엣 것을 생각하고 땅엣 것을 생각하지 말라"(골 3:2)고 했습니다. 성경에 위대한 인물들도 실수와 부족함이 있었지만 이를 극복하고 새로운 인격들로 거듭나기를 연습했던 것입니다. 야고보 사도는 "하나님 아버지 앞에서 정결하고 더러움이 없는 경건은 곧 고아와 과부를 그 환난중에 돌아보고 또 자기를 지켜 세속에 물들지 아니하는 그것이니라"(약 1:27)고 했습니다. 택하심을 받은 천국 백성들은 하나님 나라 백성으로서 합당한 인격으로 거듭나 화목한 가정을 만들어 가시기를 바랍니다.

· 함께 읽어요 : 디모데전서 4장 7절
"망령되고 허탄한 신화를 버리고 경건에 이르기를 네 자신을 연단하라."

3. 하나님의 사랑을 실천하는 가정이어야 합니다(레 19:18).

우리는 세상을 살아가면서 내 유익만을 구할 때가 많습니다. 세상 사람들처럼 많은 사람들이 자신의 유익만을 극대화하는 수단으로 단체들을 이용한다면 어려움을 겪을 것입니다. 서로의 유익은 양보와 헌신 속에서 이루어집니다. 그렇지 못할 때 세상은 고통과 불화로부터 피할 수 없을 것입니다. 가정은 서로의 양보와 희생, 화목하려는 노력 속에서 하나님의 사랑이 넘쳐나는 공동체로 꾸며갈 수 있어야 합니다. 주님은 "새 계명을 너희에게 주노니 서로 사랑하라. 내가 너희를 사랑한 것 같이 너희도 서로 사랑하라"(요 13:34)고 하셨습니다.

성도 여러분! 바울 사도는 "아무 일에든지 다툼이나 허영으로 하지 말고 오직 겸손한 마음으로 각각 자기보다 남을 낫게 여기라"(빌 2:3)고 했습니다. 성도의 가정이 하나님께서 기뻐하시는 가정이 되려면 우리 가정은 믿음 안에서 진실한 겸손과 신뢰가 있어야만 하는 것입니다. 성경은 분명히 "교만은 패망의 선봉이요, 거만한 마음은 넘어짐의 앞잡이니라"(잠 16:18)고 말씀합니다. 성도의 가정이나 교회가 세상 사람들에게 인정을 받으려면 자기보다 남을 낫게 여겨야하고, 어렵고 힘들더라도 서로 화목하고 희생정신으로 나가야 합니다. 그래서 주님을 기쁘시게 하는 가정 천국을 이뤄가고 화목한 가정들이 되시기를 바랍니다.

· 함께 읽어요 : 레위기 19장 18절
"원수를 갚지 말며 동포를 원망하지 말며 네 이웃 사랑하기를 네 자신과 같이 사랑하라 나는 여호와니라."

정리하는 말

사랑하는 성도 여러분! 하나님의 나라를 가정에서 이룬다는 것은 쉬운 일이 아닙니다. 그러나 각자 성도들이 자신에게 주어진 달란트를 확실하게 깨닫고, 주님 안에서 노력하면 결코 어려운 일도 아닙니다. 바울은 우리에게 "너희는 말씀을 행하는 자가 되고 듣기만 하여 자신을 속이는 자가 되지 말라"(약 1:22)고 했습니다. 성도 여러분! 여러분들의 가정 구성원들이 말씀을 듣고 실천하여 하나님의 나라가 여러분들의 가정에 임하여 충만한 평강과 화목한 가정들이 되시기를 바랍니다.

평가와 결심

1. 가정 천국을 이뤄가기 위해서, 첫째, 어떻게 해야 합니까?
(수 24:15, 하나님을 가정 중심에 모셔야 함)
2. 가정 천국을 이뤄가기 위해서, 둘째, 어떻게 해야 합니까?
(딤전 4:7, 경건에 이르기를 연단해야 함)
3. 가정 천국을 이뤄가기 위해서, 셋째, 어떻게 해야 합니까?
(레 19:18, 하나님의 사랑을 실천해야 함)
4. 오늘 말씀을 듣고 각자의 결심을 이야기해보자.

주간 경건의 시간 <22> · 날마다 말씀과 함께

요일 / 내용	월(Mon)	화(Tue)	수(Wed)	목(Thu)	금(Fri)	토(Sat)
찬송	31 / 46	37 / 37	26 / 14	28 / 28	27 / 27	25 / 25
성경	삼상 23:	삼상 24:	삼상 25:	삼상 26:	삼상 27:	삼상 28:
적용	하나님을 힘 있게	마음이 찔려	불량한 사람이라	큰일을 행하였고	시글락	여호와께 묻자오되

* 의지를 행사할 수 있는 자에게는 불가능한 것이란 없다. <에머슨, 미국 시인>

이웃의 상처를 치유하자

찬송 / 254, 516, 279 / 통 186, 265, 337

성경 / 이사야 40:1-8

요절 / 이사야 40:1

"너희 하나님이 이르시되 너희는 위로하라 내 백성을 위로하라."

목표 / 이웃의 상처를 치유하면서 살아가는 태도를 기른다.

시작하는 말

인생의 여정에서 수많은 환난과 역경을 만납니다. 우리민족은 늘 외세의 침입을 당하고, 재난을 삼키면서 살아왔습니다. 성경에 이스라엘 민족도 그렇습니다. 본문에 여호와 하나님께서는 그 백성을 위로하셨습니다. 세상에서 풍랑을 만날 때 그 풍랑과 역경 속에서 작은 나무 조각을 붙잡는 것처럼 위로와 격려는 큰 힘이 되고, 상처가 치유되고 회복됩니다. 이웃사랑의 길은 이웃의 상처를 나의 아픔처럼 생각하고 위로하며 격려할 때 치유 되는 것입니다. 이웃 상처를 치유하시기 바랍니다.

오늘의 말씀

1. 칭찬과 격려는 상처를 치유합니다(살전 4:18).

글쓰기를 좋아하는 소년이 있었습니다. 그러나 자신의 글 솜씨를 다른 사람들은 신통하게 여기지 않았습니다. 소년은 실망하여 글 쓰는 일을 싫어하게 되었습니다. 그것을 안타깝게 여긴 어머니가 그를 꽃밭으로 데리고 갔습니다. "얘야. 이 꽃들을 보아라. 지금은 막 돋아나는 꽃모종이지만 나중엔 자라 아름다운 꽃을 피울 거란다. 너도 이 여린 잎사귀처럼 쉬지 않고 정성을 다해 노력한다면 크게 성공할 수 있을 거야. 너는 그런 가능성을 갖고 있어." 어머니의 그 말 한마디가 어린 소년의 가슴에 희망을 주었습니다. 그는 다시 글 쓰는 일을 계속 했고, 훗날 위대한 작가가 되었습니다. 그가 바로 덴마크가 낳은 위대한 문호 '한스 크리스천 안데르센'입니다. 어머니의 긍정적인 말 한마디가 전 세계 어린이들에게 희망과 꿈을 주는 작가가 된 것입니다. 당신은 지금 자녀에게 뭐라고 말하고 있습니까? "너는 할 수 있어! 너는 훌륭한 사람이 될 수 있어!" 이런 격려의 말이 자녀들에게 새로운 세계를 열어주는 희망의 창문이 된다는 것을 알아야 합니다.

· 함께 읽어요 : 데살로니가전서 4장 18절
"그러므로 이러한 말로 서로 위로하라."

2. 칭찬과 격려를 성공의 지렛대로 삼아야 합니다(살후 2:16~17).

선천적으로 병약했던 아이가 있었습니다. 이 아이는 뼈와 관절의 심한 질환으로 언제나 고통스러운 생활을 했습니다. 아이들과 어울릴 때도 적응하지 못해 늘 소외됐습니다. 이 아이에게 아버지는 "너의 상처를 찬란한 별로 만들라"고 말하며 꿈과 힘을 심어주었습니다. 이 아이는 후에 영국외과학회 회장, 국제외과학회 회장을 지내는 훌륭한 의사인 현대성형수술의 창시자인 해리 플래트 경입니다.

미국의 유명한 신학자 노만 빈센트 필 목사는 대학 졸업을 하루 앞둔 날, 졸업생을 위한 환송 파티를 마치고 돌아오는 길에 우연히 대학총장인 존 호프만 교수와 함께 길을 걸으면서 이런저런 이야기를 나누다가 총장 사택 앞에 이르렀을 때였습니다. 총장은 필 목사의 어깨에 손을 얹더니 이렇게 말하는 것이었습니다. "여보게! 나는 자네를 참으로 좋아하네. 그래서 평소에 눈여겨보았었는데, 자네는 참으로 소질이 많은 사람이야. 장차 큰 인물이 될 걸세. 내 말을 명심하게." 필 목사는 집으로 돌아오는 길에 총장의 말을 머리에 되뇌었습니다. 그는 기분이 좋아 그 날 뿐 아니라 평생토록 총장의 말을 간직했고, 또 그러한 인물이 되고자 노력하고 애썼습니다. 그때 그 한 마디의 격려가 그의 일생을 성공으로 이끌었던 지렛대가 되었던 것입니다.

· 함께 읽어요 : 데살로니가후서 2장 16~17절
"[16]영원한 위로와 좋은 소망을 은혜로 주신 하나님 우리 아버지께서 [17]너희 마음을 위로하시고 모든 선한 일과 말에 굳건하게 하시기를 원하노라."

3. 예수님은 칭찬과 격려를 아끼지 않으셨습니다(눅 8:43~48).

복음서를 읽어 보면 예수님은 이스라엘 사람들의 멸시와 미움을 받던 로마인 백부장을 "이스라엘 중 아무에게서도 이만한 믿음을 만나보지 못하였노라"(마 8:10)고 칭찬하셨습니다. 마태복음 9장에 보면 침상에 누운 채 실려 온 그를 향하여 "예수께서 저희의 믿음을 보시고, 소자야 안심하라. 네 죄 사함을 얻었느니라"하시면서 고쳐주셨습니다. 열 두해 혈루증으로 앓던 저주받은 여자에게 "딸아 안심하라 네 믿음이 너를 구원하였다"고 고쳐주셨습니다. 또한 부도덕한 죄인인 한 여자를 인정하고 격려하시면서 "이는 저의 사랑이 많음이라." "네 믿음이 너를 구원하였으니 평안히 가라"하시며 치유해 주셨습니다. 예수님처럼 칭찬과 격려로 상처 받은 이웃에게 치유의 전령사가 되어 주시기 바랍니다.

· 함께 읽어요 : 누가복음 8장 48절
"예수께서 이르시되 딸아 네 믿음이 너를 구원하였으니 평안히 가라 하시더라."

정리하는 말

성도 여러분! 이웃을 격려하고 칭찬합시다. 칭찬과 격려는 이웃의 상처를 치유합니다. 어릴 적 부모님의 따스한 한마디, 선생님의 신뢰 어린 격려 한마디가 성공으로 이끕니다. 칭찬과 격려의 작은 물결이 모여 큰 물결이 되고, 그 힘은 꿈꾸지도 못했던 거대한 제방도 무너뜨립니다. 부모와 선생님의 격려 한마디, 오늘의 내가 있게 한 근원임을 깨닫고, 이웃에게 칭찬과 격려로 이 어둔 세상을 밝히시고, 치유하시기 바랍니다.

평가와 결심

1. 칭찬과 격려의 효능 첫째가 무엇입니까?
   (살전 4:18, 심신의 치유와 용기를 줌)
2. 칭찬과 격려를 어떻게 활용해야 합니까?
   (살후 2:16, 삶의 지렛대로 삼아야 함)
3. 칭찬과 격려를 치유의 방법으로 삼으신 분이 누굽니까?
   (누가복음 8:43-48, 예수님)
4. 오늘 말씀을 듣고 각자의 결심을 이야기해보자.

주간 경건의 시간 <23> · 날마다 말씀과 함께

요일 / 내용	월(Mon)	화(Tue)	수(Wed)	목(Thu)	금(Fri)	토(Sat)
찬송	303 / 403	302 / 408	321 / 351	320 / 350	325 / 359	324 / 360
성경	고후 8 :	고후 9 :	고후 10 :	고후 11 :	고후 12 :	고후 13 :
적용	거액의 연보	마음에 정한 대로	주안에서 자랑하라	약한 것을 자랑함	약한 데서 온전해 짐	성령의 교통하심이

* 고통은 축복을 가져다주는 지름길이다. <마르틴 루터 1483~1546, 독일 종교개혁자>

이웃의 허물을 용서하자

찬송 / 515, 512, 276 / 통 256, 328, 334

성경 / 마태복음 18:23-35

요절 / 마태복음 18:35

"너희가 각각 마음으로부터 형제를 용서하지 아니하면 나의 하늘 아버지께서도 너희에게 이와 같이 하시리라."

목표 / 성도로서 이웃의 허물을 용서하고 배려하는 태도를 실천한다.

시작하는 말

옛날 중국 무술 영화에 보면 아버지의 원수를 갚기 위해 무술을 연마하여 마침내 원수들을 다 갚는 내용들이 많이 나옵니다. 그러나 원수 갚는 것은 끝없는 보복만 되풀이 되는 것입니다. 원수 갚는 것은 하나님의 뜻이 아닙니다. 그리스도인은 오히려 원수를 위해 기도하고 원수를 사랑해야 합니다. 원한이 될만한 일은 모래 위에 쓰고, 은혜 받을만한 일은 바위 위에 쓰세요. 즉 나쁜 일은 빨리 잊어버리고, 좋은 일은 오래 오래 기억하도록 해야 합니다. 이웃의 허물을 어떻게 해야 합니까?

오늘의 말씀

1. 이웃의 허물을 용서해 주어야 합니다(잠언 25:21~22).

인종차별이 심했던 때 한 미국신사가 자기 집 정원 앞에서 맥주를 마시며 서있었습니다. 이때 한 인디언이 '그 빵을 좀 달라'고 했습니다. 신사는 "너에게 줄 빵이 없다"고 말했습니다. "그 마시는 맥주라도 한 잔 주시오"했으나 역시 거절했습니다. 얼마 후 이 미국신사가 사냥을 나갔다가 깊은 산중에서 사냥개를 놓쳐 길을 잃었습니다. 날은 어두워지고, 배는 고프고 기진해서 쓰러졌습니다. 지나가던 인디언이 자기 집으로 데려다가 살렸습니다. 그 신사가 정신을 차리고 난 후 가만히 보니 그 인디언은 바로 얼마 전에 자기가 박대했던 그 인디언이었습니다. 이 인디언은 미국신사에게 "당신이 얼마 전에 나에게 한 것처럼 대했다면 당신은 산중에서 죽었을 것입니다"라고 말했습니다. 그래요 인디언의 진실한 사랑과 용서가 그를 살렸습니다. 우리는 이런 인격을 가져야 합니다.

· 함께 읽어요 : 잠언 25장 21~22절
"네 원수가 배고파하거든 음식을 먹이고 목말라하거든 물을 마시게 하라. 그리하는 것은 핀 숯을 그의 머리에 놓는 것과 일반이요 여호와께서는 네게 갚아 주시리라."

2. 십자가는 사랑과 용서의 최고봉입니다(마 6:14~15).

루마니아의 산 순교자라고 일컬어지는 '리챠드 범브란드'라는 유명한 목사님이 있었습니다. 그가 기독교인 30명과 함께 루마니아의 어느 감옥에 갇혀 있었습니다. 그런데, 자기를 잡아넣고 고문하던 그 비밀경찰이 잡혀 들어옵니다. 그래서 "당신이 어떻게 여기를 들어오게 되었소?" 하고 물어 보았더니 "나도 기독교인입니다." "아니 어떻게 해서요?" 얼마 전에 열두 살 난 어린이가 꽃다발을 들고 자기를 찾아와서는 그 꽃다발을 자기에게 주면서 "당신 부인에게 갖다 주세요"하더라는 것입니다. 그래서 "무슨 일이냐?"하고 물어보았더니 그 어린이가 하는 말이 "어머니와 아버지는 두 분 다 감옥에 갇히셨습니다. 그런데 어머님의 생일에는 꽃다발을 드리곤 하던 것을 당신이 우리 어머니 아버지를 다 붙잡아 갔기 때문에 오늘은 당신께 가져왔으니 이것을 당신 부인께 가져다주세요"하더라는 것입니다. 이 이야기를 들은 경찰이 "그런데 왜 나한테 이 꽃다발을 가지고 왔니?" 이때에 이 어린이는 "어머니께서 항상 원수를 사랑하라고 하셨어요. 우리 어머니 아버지를 붙잡아간 원수인 당신을 내가 사랑해서 가지고 온 것입니다." 이 경찰이 어린이가 안겨 준 사랑의 꽃다발을 붙들고는 이 어린이와 함께 울면서 회개하고는 그리스도인이 되어 마침내 그도 체포되어 감옥에 들어왔던 것입니다. 이 어린아이의 성숙한 그리스도의 사랑이 마침내 그를 크리스천이 되게 했던 것입니다.

· 함께 읽어요 : 마태복음 6장 14~15절

"[14]너희가 사람의 잘못을 용서하면 너희 하늘 아버지께서도 너희 잘못을 용서하시려니와 [15]너희가 사람의 잘못을 용서하지 아니하면 너희 아버지께서도 너희 잘못을 용서하지 아니하시리라."

3. 기독교는 사랑과 용서로 꽃을 피우는 종교입니다(롬 15:2).

성경은 말씀합니다. "너희가 사람의 잘못을 용서하면 너희 하늘 아버지께서도 너희 잘못을 용서하시려니와"(마 6:14). "그러나 너희 듣는 자에게 내가 이르노니 너희 원수를 사랑하며 너희를 미워하는 자를 선대하며 너희를 저주하는 자를 위하여 축복하며 너희를 모욕하는 자를 위하여 기도하라"(눅 6:27-28)고 했습니다. 기독교는 용서와 화해의 종교입니다. 이를 위해 사랑으로 용서하고 감싸주어야 합니다. 예수님은 십자가 위에서 용서와 사랑과 화해를 구체적으로 실천하시면서 보여주셨습니다. 사랑하는 성도 여러분! 주님을 본받아 우리 기독교의 목표인 사랑과 용서를 실천하시며 살아가시기를 바랍니다. 그리하여 이웃에게 선을 이루고 덕을 세우시기 바랍니다.

· 함께 읽어요 : 요한복음 15장 13절

"사람이 친구를 위하여 자기 목숨을 버리면 이보다 더 큰 사랑이 없나니."

정리하는 말

김구 선생이 독립운동을 하실 때, 한번은 한국청년이 권총을 품고, 김구 선생을 암살하려다가 독립군들에게 체포되었습니다. 그 청년이 김구 선생 앞에 끌려올 때, 맨발로 뛰어나가 그 청년을 부둥켜안으면서, “내가 사랑하는 한국 청년 또 한 사람을 이곳에서 만나게 되니 기쁘고 감사하구려!” 자기를 향해 총을 겨누었던 원수를 사랑하는 마음으로 품었습니다. 그 청년은 눈물을 쏟았고, 후에 김구 선생을 위해서 일생을 바쳤다는 일화가 있습니다. 그리스도의 용서와 사랑이 나타난 것입니다. 여러분도 용서와 사랑으로 하나님께 영광 돌리시기 바랍니다.

평가와 결심

1. 진실한 사랑은 어떤 것입니까?
   (잠언 25:21~22, 원수의 허물까지 용서하는 것)
2. 주님의 십자가는 무엇입니까?
   (마 6:14~15, 용서와 사랑의 극치임)
3. 도대체 우리가 믿는 기독교가 어떤 종교입니까?
   (롬 15:2, 사랑과 용서의 종교; 선을 이루고 덕)
4. 오늘 말씀을 듣고 각자의 결심을 이야기해보자.

주간 경건의 시간 <24> · 날마다 말씀과 함께

요일 / 내용	월(Mon)	화(Tue)	수(Wed)	목(Thu)	금(Fri)	토(Sat)
찬송	397 / 454	408 / 466	407 / 465	82 / 90	176 / 163	276 / 334
성경	마 9 :	마 10 :	마 11 :	마 12 :	마 13 :	마 14 :
적용	그 시로 구원받음	평안하기를 빌라	침노하는 자가	귀신 일곱	천국에 대한 비유	기도하러 따로 산에

* 기쁨의 눈물은 첫째 물의 진주요, 슬픔의 눈물은 두 번째 것에 불과하다.
<장 파울 리히터 1763~1826>

이웃에게 선을 행하자

찬송 / 380, 381, 405 / 통 424, 425, 458

성경 / 잠언 3:27-33

요절 / 로마서 13:3

"다스리는 자들은 선한 일에 대하여 두려움이 되지 않고 악한 일에 대하여 되나니 네가 권세를 두려워하지 아니하려느냐? 선을 행하라 그리하면 그에게 칭찬을 받으리라."

목표 / 성도로서 이웃에게 솔선하여 선을 행하는 태도를 기른다.

시작하는 말

착한 일을 하는 것이 당연해 보이지만 사실 우리는 선행을 베풀지 못하며 살아가고 있습니다. 강도 만난 사람을 곁에 두고도 대부분 사람은 그냥 스쳐 지나갈 따름입니다. 왜냐하면 선행을 베풀기 위해서는 시간과 돈, 그리고 대가를 치러야 하기 때문입니다. 선한 사마리아인도 자신의 여행에 꼭 필요했던 기름과 포도주, 여비를 다 사용했고 자신의 시간도 투자했기에 그 같은 선행이 이루어졌습니다. 그렇다면 우리 크리스천이 왜, 무엇으로, 어떻게 선행을 베풀어야 하겠습니까?

오늘의 말씀

1. 선행은 창조주 하나님께 영광을 돌리기 때문입니다(마 5:16).

중국 선교사 고든의 삶은 참으로 하나님께 영광을 돌리는 삶이었습니다. 그에 관한 다음과 같은 일화가 전해져옵니다. 어느 날 중국 정부가 고든의 선행에 대해 상을 주려고 했습니다. 그러나 고든은 중국 정부가 제시한 모든 명예를 거절했습니다. 그는 돈도, 높은 지위도 모두 마다했습니다. 하지만 그는 단 한 가지만은 받아들일 수밖에 없었습니다. 그것은 그의 이름과 서른세 가지 행적을 새겨 넣은 메달이었는데, 그것까지도 거절할 수는 없었기 때문이었습니다. 그가 사망한 후 이 메달은 어느 곳에서도 발견되지 않았습니다. 그런데 훗날 그 메달이 기근이 한창이던 당시 맨체스터의 가난한 사람들에게 보내졌었다는 사실을 알게 되었습니다. 그 메달은 당시 익명의 편지와 함께 보내졌는데, 거기에는 이 메달을 녹여 그 도시의 배고픈 어린이들을 위해 사용해달라는 내용이 적혀 있었습니다. 이 일은 물질에 아무런 욕심도 없었던 위대한 사람만이 할 수 있는 것을 나타내주는 사건이었습니다. 위대한 인물인 고든은 당시 그의 일기에 다음과 같이 고백했습니다. "내가 이 세상에서 가치를 지녔다고 생각하는 궁극적이고 유일한 것은 오로지 내 자신이 주 예수 그리스도를 위해 쓰여 지는 것이다." 사랑하는 성도 여러분! 우리도 선행에 동참하여 하나님께 영광 돌리시기를 바랍니다.

· 함께 읽어요 : 마태복음 5장 16절

"이같이 너희 빛이 사람 앞에 비치게 하여 그들로 너희 착한 행실을 보고 하늘에 계신 너희 아버지께 영광을 돌리게 하라."

2. 선행은 하나님께서 반드시 갚아주십니다(잠언 19:17).

아라비아 박바드의 어느 왕에게 왕자가 있었습니다. 여덟 살쯤 됐을 때 왕자는 강에 나갔다가 그만 물에 떠내려가서 행방불명이 됐습니다. 왕은 군대까지 동원해서 찾았으나 헛수고였습니다. 왕은 왕자의 시체라도 찾아주는 사람에게는 후한 상을 주겠노라는 광고까지 했습니다. 며칠 후 멀리 떨어진 강의 바위에서 시체가 아니라 살아있는 왕자를 찾아냈습니다. 왕은 너무 기뻐서 어쩔 줄 몰랐습니다. 그리고 무엇을 먹고 어떻게 살았는지 물었습니다. 그러자 왕자는 바위에 걸려 목숨을 구했으며 매일 정해진 시간에 어김없이 물에 떠내려 오는 봉지가 있었고 그 속에는 빵이 들어있었다고 대답했습니다. 왕은 수소문해서 그 빵을 내려 보낸 사람을 찾아냈습니다. 그 사람은 평민인 모하메트 벤하산이었습니다. 왕은 벤하산에게 물었습니다. "자네는 어떤 연유로 그런 선한 일을 했는가?" 그러자 벤하산은 "속담에 '양식을 물 위에 던지라. 그리하면 몇 날 후엔 도로 찾으리라'(전 11:1)는 말이 있기에 한번 시험해 본 것입니다"라고 대답했습니다. 선행은 결과와 관계없이 말씀에 순종하는 마음으로 실천해야 합니다. 그리할 때 자신이 세운 공력이 더 빛나게 될 것입니다. 여러분도 남은 여생동안 선한 일을 많이 실천하셔서, 하나님의 축복으로 행복하고 멋진 인생을 살아가시기를 바랍니다.

· 함께 읽어요 : 잠언 19장 17절
"가난한 자를 불쌍히 여기는 것은 여호와께 꾸어 드리는 것이니 그의 선행을 그에게 갚아 주시리라."

3. 하나님께서 기뻐하시는 일이기 때문입니다(히 13:15~16).

한 집사님이 아파트입구에 트럭을 세워놓고 바나나를 파는 상인을 만났습니다. 상인은 마지막 남은 것이라며 아주 싼 가격에 주겠다고 말을 건넸습니다. 그 집사님도 동의했습니다. 돈을 건네고 물건을 받아든 그 집사님은 선뜻 바나나 하나를 잘라내어 상인에게 권했습니다.

"자 드셔보세요. 그동안 장사만 하셨지 한 번도 마음 편하게 드셔보시지 못했죠?" 바나나 하나를 받아든 상인은 나이를 잊은 채 울먹이며, 눈물과 콧물을 흘렸습니다. 그 조그마한 선행에 감동받아 아이처럼 감격의 눈물을 흘린 것입니다. 선을 행하고 나눠주기를 즐겨하는 이러한 모습이 하나님께서 기뻐하시는 산제사입니다. 작은 사랑에도 감동 받을 수 있는 것입니다. 항상 선행과 서로 나누어 주기를 힘쓰시기 바랍니다.

· 함께 읽어요 : 히브리서 13장 16절

"오직 선을 행함과 서로 나누어 주기를 잊지 말라 하나님은 이같은 제사를 기뻐하시느니라."

정리하는 말

사랑하는 성도 여러분! 프란체스코는 '주여! 나를 평화의 도구로 써주소서'라고 노래했습니다. 선행과 평화를 베풀면 하나님이 기뻐하시고, 그 선행을 갚아주시고, 기뻐하십니다. 여러분의 손과 발이 선행의 도구로서 천국건설에 쓰임 받는 축복의 주인공이 되시기를 바랍니다.

평가와 결심

1. 선행은 누구에게 영광 돌리는 일입니까?
   (마 5:16, 창조주 하나님)
2. 선행은 과연 누가 갚아주십니까?
   (잠 19:17, 하나님이 그 선행을 갚아 주심)
3. 선행은 누구를 기쁘시게 하는 일입니까?
   (히 13:16, 영원한 하나님의 나라를 세우는 손이 되어야 함)
4. 오늘 말씀을 듣고 각자의 결심을 이야기해보자.

주간 경건의 시간 <25> · 날마다 말씀과 함께

요일 / 내용	월(Mon)	화(Tue)	수(Wed)	목(Thu)	금(Fri)	토(Sat)
찬송	86 동	254 / 186	268 / 202	286 / 218	320 / 350	336 / 383
성경	잠언 16 :	잠언 17 :	잠언 18 :	잠언 19 :	잠언 20 :	잠언 21 :
적용	너의 행사	마음의 즐거움	사람의 심령	자기의 영광	듣는 귀 보는 눈	마음을 감찰

* 정복할 수 있다고 믿는 자가 정복한다. <베르질리우스(B.C. 70-19)>

치유의 원천은 사랑이다

찬송 / 314, 315, 218 / 통 511, 512, 369

성경 / **고린도전서 13:1-13**

요절 / **고린도전서 13:13**

"그런즉 믿음, 소망, 사랑, 이 세 가지는 항상 있을 것인데 그 중의 제일은 사랑이라."

목표 / 성도로서 사랑으로 치유하는 섬김의 방법을 배운다.

시작하는 말

존 오도나휴의 『영혼의 동반자』라는 책 중에 보면 "두 사람이 서로를 사랑할 때, 둘 사이에는 제3의 힘이 생긴다. 때로 사랑이 위기에 빠질 때, 그것은 끊임없는 분석이나 상담으로는 치유되지 않는다. 그대들은 서로를 바라보는 방식을 바꾸고, 그대들을 하나로 만들어 준 태고 적의 일체감을 느끼며 다시 다가가야 한다. 오랜 옛날부터 존재해 온 그 친밀한 느낌이 두 사람을 붙들어 줄 것이다"라는 글이 있습니다. 치유의 원천은 사랑입니다. 사랑은 치유에 큰 힘이 됩니다. 이제 본과를 통해 치유의 원천인 '사랑하는 삶'에 대해 배우고 은혜를 나누겠습니다.

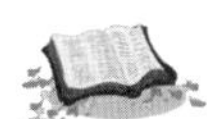

오늘의 말씀

1. 사랑은 치료방법 중의 방법이요, 묘약이 됩니다(고전 12:31).

성경은 세상의 고통과 문제를 해결하는데 제일 좋은 길은 '사랑'이라고 가르쳐 줍니다(고전 12:31). 우리가 사랑을 실천하기만 하면 세상은 진짜 살 만한 곳이 될 것입니다. 성경은 이렇게 강조합니다.

"내가 또한 제일 좋은 길을 너희에게 보이리라. 내가 사람의 방언과 천사의 말을 할지라도, 사랑이 없으면 소리 나는 구리와 울리는 꽹과리가 되고 내가 예언하는 능력이 있어 모든 비밀과 모든 지식을 알고 또 산을 옮길 만한 모든 믿음이 있을지라도, 사랑이 없으면 내가 아무것도 아니요. 내가 내게 있는 모든 것으로 구제하고 또 내 몸을 불사르게 내어 줄지라도, 사랑이 없으면 내게 아무 유익이 없느니라. 사랑은 오래 참고 사랑은 온유하며 시기하지 아니하며 사랑은 자랑하지 아니하며 교만하지 아니하며 무례히 행하지 아니하며 자기의 유익을 구하지 아니하며 성내지 아니하며 악한 것을 생각지 아니하며 불의를 기뻐하지 아니하며 진리와 함께 기뻐하고 모든 것을 참으며 모든 것을 믿으며 모든 것을 바라며 모든 것을 견디느니라. 사랑은 언제까지나 떨어지지 아니하되 예언도 폐하고 방언도 그치고 지식도 폐하리라"(고전 12:31-13: 8). 그렇습니다. 사랑은 곧 치유의 방법이며 형통의 길입니다.

· 함께 읽어요 : 고린도전서 12장 30~31절

"[30]다 병 고치는 은사를 가진 자이겠느냐 다 방언을 말하는 자이겠느냐 다 통역하는 자이겠느냐? [31]너희는 더욱 큰 은사를 사모하라 내가 또한 가장 좋은 길을 너희에게 보이리라."

2. 사랑은 치유뿐 아니라, 제3의 힘을 창출합니다(고후 2:8).

서울 변방에 18세 난 M군이 있었습니다. 불과 2개월 전만해도 강력범죄를 저질러 경찰서에서 신문을 받았습니다. 이미 전과 3범, 택시강도를 5차례나 저지른 상태로서 그야말로 '절망'뿐이었습니다. 이런 M군에게 택시운전사 L(48)씨는 자식 같은 소년에게 택시강도를 당한 것이 괘씸해 2개월간 경찰과 함께 뒤를 쫓아 직접 범인을 잡았습니다. 그 범인이 바로 M군이었습니다. 그는 서울 동쪽 옥탑 방에 누나(23세)와 단둘이 살고 있었습니다. M군은 월세 15만원인 방값도 석 달째나 밀려 있었고, 이틀이나 굶은 상태였습니다. 몇 달째 월급을 받지 못했습니다. L씨는 주머니에 있던 돈 10만원을 M군의 누나에게 쥐어주고, 경찰에게 선처를 부탁했습니다. 원수를 사랑으로 갚은 이씨의 사연이 보도되자 전국에서 온정이 답지했고, 검찰역시 "기회를 한 번 더 주자!"며 M군에 대해 선도조건부 기소유예 결정을 내렸습니다. M군과 누나는 성금 700만원으로 밀린 월세도 냈고, 방 두 칸짜리 월세방을 얻어 새 생활을 시작했습니다. 한 택시 운전기사의 사랑의 손길이 M군을 치유한 것입니다. 우리가 사랑을 실천하기만 하면 세상은 정말 살 만한 곳이 될 것입니다

· 함께 읽어요 : 고린도후서 2장 8절
"그러므로 너희를 권하노니 사랑을 그들에게 나타내라."

3. 사랑의 의미를 알고 진솔한 사랑의 사람이 되십시오(요일 3:18).

성경에 나오는 위대한 인물들은 모두 사랑의 사람들입니다. 아브라함은 넓은 마음으로 조카 롯을 그렇게 사랑했습니다. 다윗은 사랑의 사람입니다. '활 노래' 부르며 원수를 사랑하고 장례식을 치러주었습니다. 그리고 축복해 주었습니다. 오히려 원수의 손자를 데려다가 평생 같이 밥을 먹었습니다. 하나님은 그의 사랑의 인품을 보시고 높여 주셨습니다. 그리고 그가 통치하는 나라를 평안하게 해 주었습니다. 요셉은 자신을 노예로 팔아먹은 그 형들을 사랑으로 용서해 주었습니다. 성경에 나오는 위대한 인물들은 하나같이 사랑의 사람이었습니다. 예수님은 "원수까지 사랑하라"고 하셨습니다. 이 말씀에 '아멘'으로 순종하시기 바랍니다.

· 함께 읽어요 : 요한1서 3장 18절
"자녀들아 우리가 말과 혀로만 사랑하지 말고 행함과 진실함으로 하자."

정리하는 말

사랑의 위대한 힘은 바로 위대하신 창조주 하나님과 주 예수 그리스도의 사랑으로부터 나오는 것입니다. 바울은 “내가 내게 있는 모든 것으로 구제하고, 또 내 몸을 불사르게 내줄지라도 사랑이 없으면 내게 아무 유익이 없느니라”(고전 13:3)고 말씀했습니다. 진심에서 우러나오는 사랑이야 말로 치유의 원천이며, 인생의 값진 것이요, 가장 좋은 길이요, 위대한 힘이며, 하나님의 인격을 닮아가는 것입니다. 이 귀한 사랑을 실천하시기 바랍니다.

평가와 결심

1. 은사 중에 제일 좋은 길은 무엇입니까?
   (고전 12:31, 제일 좋은 길은 사랑)
2. 사랑의 위대함이 어디에 있습니까?
   (벧전 4:11, 제3의 힘을 창출함)
3. 성경에 나오는 위대한 사람의 특징은 무엇입니까?
   (요일 3:18, 사랑, 넓은 아량을 가짐)
4. 오늘 말씀을 듣고 각자의 결심을 이야기해보자.

주간 경건의 시간 <26> · 날마다 말씀과 함께

요일 / 내용	월(Mon)	화(Tue)	수(Wed)	목(Thu)	금(Fri)	토(Sat)
찬송	413 / 470	412 / 469	446 / 500	445 / 502	478 / 78	482 / 49
성경	요 16 :	요 17 :	요 18 :	요 19 :	요 20 :	요 21 :
적용	진리의 성령	영생은 그리스도를	한 사람이 죽는 것이	유대인 의 왕 예수	나의 주 내 하나님	네가 나를 사랑하느냐

* 쾌락의 삶은 심지어 가장 강한 마음까지도 마지막에는 천하게 만든다.
<에드워드 조지 벌워-리튼, 1803-1873, 영국 소설가>

말씀은 인생의 등불

찬송 / 257, 258, 270 / 통 189, 190, 214

성경 / 디모데후서 3:14-17

요절 / 디모데후서 3:16

"모든 성경은 하나님의 감동으로 된 것으로 교훈과 책망과 바르게 함과 의로 교육하기에 유익하니."

목표 / 성경 교육의 유익성을 알고 열심히 배우는 태도를 기른다.

시작하는 말

영국의 빅토리아 여왕은 64년 동안 왕위에 있으면서 영국을 해가 지지 않는 나라로 만든 위대한 왕입니다. 전 왕인 윌리엄 4세가 죽던 날 밤 전격적으로 차기 왕에 선택된 그녀는 곧바로 무릎을 꿇고 성경을 펼쳤습니다. "주여, 제가 영국의 왕이 되면 하나님의 말씀대로 통치하게 해 주시옵소서!" 이 기도대로 빅토리아 여왕은 영국을 다스리면서 하나님의 말씀 속에서 모든 문제를 해결하려고 노력했습니다. 후일 인도의 왕자 한 사람이 정치를 잘하는 비결에 대해서 물었을 때 여왕은 옆에 있는 성경을 펴 들고는 "바로 이 성경"이라고 대답했다고 합니다. 안정과 질서를 회복하는 길은 바로 하나님 말씀인 성경에 따라 살아가고 실천하는 것입니다.

오늘의 말씀

1. 하나님의 말씀에서 창작의 영감이 나옵니다(딤후 3:16).

오스트리아의 하이든은 〈천지창조〉와 같은 오라토리오를 발표한 위대한 작곡가입니다. 언젠가 "어쩌면 그렇게 당신의 교회음악이 감동적일 수 있는가?"하는 질문을 받은 적이 있었습니다. 그때 그는 "나는 하나님의 말씀을 깊이 묵상할 때면 풍성한 기쁨으로 인해 곡조들이 춤추듯이 떠올라, 펜을 움직여 구원의 기쁨과 감사하는 영혼으로 주님을 찬양하고 경배하는 음악을 작곡합니다"라고 고백했습니다. 하이든은 말씀을 묵상함으로 아름다운 오라토리오를 작곡할 수 있었던 것입니다. 오늘날 교육이 국가의 운명을 좌우하는 시금석이기에 '교육입국'(敎育立國)을 강조하고 있습니다. 성도 여러분! 하나님의 말씀인 성경을 제대로 배우고 가르쳐서, 하나님의 감동과 감격으로 새로움을 창작하는 진실한 하나님 나라의 일꾼이 되시기를 바랍니다.

· 함께 읽어요 : 디모데후서 3장 16절

"모든 성경은 하나님의 감동으로 된 것으로 교훈과 책망과 바르게 함과 의로 교육하기에 유익하니."

2. 말씀은 인생길을 밝히는 등불입니다(시 119:105~106).

여러분! 칠흑 같은 어두운 밤에 동서남북을 분별하기 어려울 때 손전등 하나만 있어도 방향을 알 수 있지 않습니까? 한 번밖에 없는 인생길에 주의 말씀은 우리를 인도하시는 밝은 등불이 되기 때문에 늘 읽고 묵상해야 합니다. 스위스의 법학자 힐티는 "성경 읽고 배우는 자는 절대 타락하지 않게 된다"고 했습니다.

조지 뮬러는 "성경 말씀이 인간의 삶의 표준이요 판단의 근거라"고 말했습니다. 성경은 우리에게 지혜를 주는 안내자요, 선생입니다. "주의 말씀은 나의 모사이니라"에서 모사는 온갖 꾀를 내는 사람이란 뜻입니다. "지혜는 진주보다 나으므로 무릇 원하는 것 이외에는 비교할 수 없느니라" 말씀합니다. 세계를 움직이는 모든 나라들이 성경말씀대로 정치하고 말씀대로 국가를 세워 통치하고 있습니다. 하나님의 말씀인 성경은 우리의 인생길에 밝은 등불이 되며, 힘이요, 능력입니다.

· 함께 읽어요 : 시편 119편 105~106절
"[105]주의 말씀은 내 발에 등이요 내 길에 빛이니이다. [106]주의 의로운 규례들을 지키기로 맹세하고 굳게 정하였나이다."

3. 하나님의 말씀은 실천할 때 행복이 옵니다(시 119:116).

한 장로님의 가정에서는 매주 성경을 한 구절씩 암송하기로 했습니다. 열 살짜리 민희와 여섯 살짜리 지영, 두 딸이 부모보다 더 성경암송을 잘했습니다. 어느 날 저녁, 큰딸 민희와 둘째딸 지영이가 소리를 지르며 싸움이 붙었습니다. 서로 밉다면서 싸우고 있을 때 아버지인 장로님은 큰딸을 불렀습니다. 그리고 "이번 주 성경구절이 어디지?"라고 물었습니다. 그러자 민희는 요한 1서 4장 11절 "사랑하는 자들아 하나님이 이같이 우리를 사랑하셨은즉 우리도 서로 사랑하는 것이 마땅하도다"라고 줄줄 암송하며 대답했습니다. 그리곤 다시 방으로 들어가 심하게 싸우는 것이었습니다. 말씀을 암기하고는 있었지만 그대로 살지 못하는 실례입니다. 유명한 신학자는 이렇게 말했습니다. "기독교 서적과 음반이 쏟아져 나오고 교회 출석 인구가 늘어나고 방송설교가 넘쳐흐르고 있다. 그러나 동시에 이혼, 범죄, 자살, 마약중독, 낙태 등 범죄가 전염병처럼 번지고 있다. 종교가 발전하는 것만큼 죄도 발전하고 있다. 이런 문제의 해결은 하나님의 말씀을 받아들이고 그것을 우리의 삶의 현장인 가정, 학교, 직장, 시장 등에서 그대로 적용하고 실천할 때 가능해질 것이다"라고 말입니다. 이처럼 말씀을 실천하고 삶에 적용할 때 삶은 행복해 집니다.

· 함께 읽어요 : 시편 119편 116절
"주의 말씀대로 나를 붙들어 살게 하시고 내 소망이 부끄럽지 않게 하소서."

정리하는 말

사랑하는 성도 여러분! 하나님의 말씀인 성경교육이 가정과 교회와 나라를 살립니다. 성경은 창작의 영감(靈感)을 줍니다. 새 영과 새 마음을 줍니다. 말씀은 인생길에 빛이요, 길이요, 진리입니다. "주의 말씀은 내 발에 등이요 내 길에 빛이니이다"(시 119:105)라고 고백한 시인의 말씀처럼, 하나님의 말씀으로 인생길에 등대를 삼아, 가르쳐 지키게 하고 삶에 적용하여 영·육간에 치유하심을 받으시기를 바랍니다.

평가와 결심

1. 성경 말씀 교육이 인생에게 주는 유익이 무엇입니까?
   (딤후 3:16, 하나님의 감동으로 된 것으로 창작의 영감을 줌)
2. 하나님의 말씀은 인생길에 어떤 역할을 합니까?
   (시 119:105, 말씀은 인생길에 등이요 길에 빛의 역할을 함)
3. 하나님의 말씀이 어떻게 삶에 힘이 되고 능력이 됩니까?
   (시 119:116, 말씀을 실천하며 말씀대로 살 때에)
4. 오늘 말씀을 듣고 각자의 결심을 이야기해보자.

주간 경건의 시간 <27> · 날마다 말씀과 함께

요일 / 내용	월(Mon)	화(Tue)	수(Wed)	목(Thu)	금(Fri)	토(Sat)
찬송	183 / 172	452 / 505	421 / 210	434 / 491	446 / 500	445 / 502
성경	딤후 3:	딤후 4:	딛 1:	딛 2:	딛 3:	몬 1:
적용	경건한 삶 핍박	전도의 말씀	말씀을 전도로	선한 일에 열심 하라	중생의 씻음	바울의 심복

* 학교의 문을 여는 것은 감옥의 문을 닫는 것이다. <빅 톨 위고(1802~1885>

십자가 사랑으로 치유하라

찬송 / 545, 546, 542 / 통 344, 399, 340

성경 / 이사야 53:4-9

요절 / 이사야 53:5

"그가 찔림은 우리의 허물 때문이요 그가 상함은 우리의 죄악 때문이라 그가 징계를 받으므로 우리는 평화를 누리고 그가 채찍에 맞으므로 우리는 나음을 입었도다."

목표 / 그리스도의 십자가 사랑을 배우고 치유 받는 삶을 배운다.

시작하는 말

우리가 살아가고 있는 이 세상은 질병과 사망, 고통의 소굴이기도 합니다. 우리가 겪는 인생의 대부분의 질병은 사랑의 통로가 막힘으로 사랑의 결핍과 절망의 구름이 뒤덮인 그 증후로서의 문제들입니다. 그리스도께서는 하나님에게서 멀리 떠난 불쌍한 인생들에게 십자가의 사랑으로 구원과 생명과 치유함을 주시려고 이 땅에 오셨습니다. 결국 이 십자가의 사랑이 우리들을 자유롭게 하고 치유함을 받게 합니다. 주안에서 십자가 사랑의 참된 교육의 유익은 그 사랑을 체험함으로써 극한 질병의 통증과 사망으로부터 치유함을 얻을 수 있게 해 줍니다.

오늘의 말씀

1. 성령은 고통을 이기게 하는 진통제입니다(요 14:26~27).

예수께서 십자가를 지심으로 죄악으로 죽었던 우리 인생들을 살리셨습니다. 찰스 스펄전은 이렇게 말합니다. "그리스도를 묵상하는 것에는 모든 상처를 치유하는 치유제가 있다. 하나님 아버지에 대한 명상에는 모든 슬픔을 근절시켜 주는 것이 있다. 성령님의 감화력 안에는 모든 아픈 곳을 잊게 해주는 진통제가 있다. 여러분의 슬픔을 잊고자 하는가? 여러분의 염려들을 잊고 싶은가? 그렇다면 하나님의 성스러운 깊고 깊은 바다에 잠겨 보라. 하나님의 광대함에 몰두해 보라. 그러면 여러분은 안식처에서 나오는 것처럼 기운을 차리고 생기가 돌아서 나오게 될 것이다. 하나님의 거룩함에 대해 열심히 묵상하는 것보다 더 영혼에 위로를 주는 것을 알지 못한다. 슬픔과 비탄의 굽이치는 파도를 그처럼 진정시키며, 시련의 바람들을 평온하게 해주는 것을 알지 못한다"라고 했습니다. 진정 성령님께서 우리에게 질고를 이기게 하시고 참 평안과 기쁨을 주시는 것입니다.

· 함께 읽어요 : 요한복음 14장 26~27절

"26 보혜사 곧 아버지께서 내 이름으로 보내실 성령 그가 너희에게 모든 것을 가르치고 내가 너희에게 말한 모든 것을 생각나게 하리라 27 평안을 너희에게 끼치노니 곧 나의 평안을 너희에게 주노라 내가 너희에게 주는 것은 세상이 주는 것과 같지 아니하니라. 너희는 마음에 근심하지도 말고 두려워하지도 말라."

2. 그리스도의 십자가 사랑이 치유의 특별 처방입니다(사 53:5).

바울은 에베소 교인들에게 '사랑을 입은 자녀같이 너희는 하나님을 본받는 자가 되고 그리스도께서 사랑하신 것 같이 너희도 사랑 가운데서 행하라'고 말씀했습니다. 왜 그렇습니까? 우리 죄를 대속하셔서 흘려주신 물과 피, 보혈의 능력이 최고의 치유제이며 처방이기 때문입니다. 2천 년 전에 십자가 위에서 두 손에 못 박히시고, 두 발에 못 박히시고, 허리에 창이 찔려 뿜어 나오는 그 붉은 피! 그 피가 죄를 용서하고 치유하시는 권세가 있음을 믿으시기 바랍니다. 가시 면류관 십자가에서 뿜어져 나오는 피가 예수님의 얼굴과 온 몸을 흠뻑 적셨습니다. 우리는 성찬식 때 그 피를 상징하여 포도즙을 마십니다. 주님의 보혈! 예수의 피가 놀라운 능력이 되어 우리를 정결케 합니다. 주님의 보혈의 능력! 십자가 사랑의 보혈이 우리의 몸과 마음을 적셔, 삶의 발자국마다 완전 치유함 받으시는 역사가 나타나기 바랍니다.

· 함께 읽어요 : 이사야 53장 5절
"그가 찔림은 우리의 허물 때문이요 그가 상함은 우리의 죄악 때문이라 그가 징계를 받으므로 우리는 평화를 누리고 그가 채찍에 맞으므로 우리는 나음을 입었도다."

3. 그리스도의 부활의 능력이 사망을 영생으로 치유합니다(고전 15:52~53).

마리아 앤더슨의 노래는 많은 사람들에게 감동의 눈물을 흘리게 만듭니다. 그녀에게는 흑인이란 엄청난 시련과 어려움이 있었습니다. 그는 흑인에 대한 편견과 차별 때문에 절망할 수밖에 없었습니다. 그래서 신문기자들이 "흑인에 대한 편견과 차별이 이렇게 많은데 희망을 잃지 않고 우뚝 설 수 있었던 것은 어디에 있었습니까?"라고 물었습니다. 그녀는 "견디기 어려운 일에 부딪칠 때마다 언제나 십자가에 못 박힌 예수님, 무덤에서 사흘 만에 부활하신 주님을 바라봅니다. 백인들이 나를 멸시하고 청중들이 나에게 야유를 하고 달걀을 던지고 할 때도 나는 언제나 십자가를 바라봤습니다. 예수님은 죽음을 이기고 부활하셨으니 나도 그리스도와 함께 부활할 것이라고 믿었습니다. 그 부활의 소망이 있었기 때문에 모든 멸시와 천대와 차별과 고통을 이기고 나는 노래를 부를 수 있었고, 오늘의 영광, 부활의 은혜를 누릴 수 있었습니다"라고 고백했습니다. 주님은 오늘도 우리를 사랑하십니다. 예수님의 부활의 능력이 우리에게 임하셔서 죽음을 이기고, 영원한 사랑과 승리를 주실 것을 믿으시기를 바랍니다.

· 함께 읽어요 : 고린도전서 15장 57절
"우리 주 예수 그리스도로 말미암아 우리에게 승리를 주시는 하나님께 감사하노니."

정리하는 말

사랑하는 성도 여러분! 그리스도의 사랑이 우리를 치유합니다. 성령께서 진통을 멎게 하사 평안과 기쁨을 줍니다. 예수 그리스도의 십자가에서 흘리신 보혈은 인류의 모든 질병과 상처를 치유합니다. 내면적으로 망가진 영혼, 육체의 질병을 치유합니다. 성령의 부활의 능력은 사망을 이기게 하고 생명을 줍니다. 성도 여러분! 그리스도의 사랑으로 치유함을 받으시고 세상을 변화시키는 참된 역군들이 되시기를 바랍니다.

평가와 결심

1. 십자가 사랑의 치유법 첫째 처방은 무엇입니까?
(요 14:26~27, 성령의 진통제)
2. 십자가 사랑의 치유법 둘째 처방은 무엇입니까?
(사 53:5, 그리스도의 십자가의 보혈)
3. 십자가 사랑의 치유법 셋째 처방은 무엇입니까?
(고전 15:52~53, 그리스도의 부활의 능력)
4. 오늘 말씀을 듣고 각자의 결심을 이야기해보자.

주간 경건의 시간 <28> · 날마다 말씀과 함께

요일 / 내용	월(Mon)	화(Tue)	수(Wed)	목(Thu)	금(Fri)	토(Sat)
찬송	430 / 456	190 / 177	429 / 489	453 / 506	452 / 505	510 / 276
성경	사 51 :	사 52 :	사 53 :	사 54 :	사 55 :	사 56 :
적용	여호와의 팔이여!	좋은 소식을 가져오며	그가 찔림은	노래할지어다!	값없이 포도주와	안식일을 지키며

* 일의 괴로움이야말로 참다운 기쁨이다. <마너 휴스>

제29과

치유 받는 믿음 교육

찬송 / 186, 196, 212 / 통 176, 174, 347

성경 / 마태복음 9:27-34

요절 / 마태복음 9:28

"예수께서 집에 들어가시매 맹인들이 그에게 나아오거늘 예수께서 이르시되 내가 능히 이 일 할 줄을 믿느냐 대답하되 주여 그러하오이다 하니."

목표 / 세상에서 건강하게 살아가게 하는 치유 받는 믿음을 배운다.

시작하는 말

기독교인 중에 신앙생활 하면서 믿음의 기도로 치유 받은 경험을 가진 성도들이 많습니다. '경건'한 믿음은 치유의 능력을 가지는 것입니다. 복음서의 곳곳에 믿음의 치유법을 공개하고 있습니다. 본문에 두 소경이 "다윗의 자손이여 우리를 불쌍히 여기소서"라고 외치자 예수님은 "내가 능히 이 일 할 줄을 믿느냐?" "주여, 믿나이다"라고 할 때 눈을 만지시며 "믿은 대로 되라"하시니 눈들이 밝아졌습니다. 이번 공과에서는 '치유 받는 믿음'에 대하여 공부하겠습니다.

오늘의 말씀

1. 믿음 교육의 시작은 예배생활에서부터입니다(롬 12:1~2).

빌 하이벨스의 『인생경영』에 보면 이런 말이 나옵니다. "사람은 누구나 자신은 유혹과 죄에 약하지 않다고 생각하고 싶어 한다. 그러나 자신의 연약함을 깨닫고 인정하는 것은 성숙의 한 부분인 것이다. 내가 지금 어리고 약하다고 인정할 때 비로소 주님의 도움을 받을 수 있는 것이다. 그렇게 될 때 우리는 자신의 두려움과 약점, 충족되지 못한 필요, 불순한 욕망 등을 뚫고 들어오는 상황이 발생하기 전에 미리 인생의 중대한 결정을 해 두는 것이 얼마나 중요한 일인지 깨닫게 된다"고 말입니다. 어릴 적에 치유 받는 믿음의 교육은 일평생 삶의 현장에 지대한 역할을 하게 됨을 명심하고, 더욱 열심히 습관적인 예배생활을 통해서 믿음교육을 제대로 받으시기를 바랍니다.

· 함께 읽어요 : 로마서 12장 1절
"그러므로 형제들아 내가 하나님의 모든 자비하심으로 너희를 권하노니 너희 몸을 하나님이 기뻐하시는 거룩한 산 제물로 드리라 이는 너희의 드릴 영적 예배니라."

2. 믿음으로 전인적인 치유를 받는 것입니다(히 11:33~35).

한 유부남과 불륜의 관계를 맺고 괴로워하면서 너무 정이 들어 헤어지면 죽을 것만 같이 느껴져, 숙명처럼 그 속에서 지옥이라도 갈 수 밖에 없다는 한 여학생이 있었습니다. 목사님은 그에게 예수님이 능히 당신의 상황이나 마음을 바꿔서 치료할 수 있으니 믿으라고 권했습니다.

그래서 그는 "주님, 믿음 없음을 도와주세요. 제가 믿겠습니다"라고 울면서 억지로 기도를 했습니다. 목사님은 '믿음대로 될지어다'라고 예수의 이름으로 말했습니다. 2주 후 그 자매는 믿음대로 완전히 치유를 받았습니다. 믿는 대로 된 것입니다. 여러분, 믿음의 확신을 가지고 승리하시기를 바랍니다. 믿음교육은 건강에도 큰 효능이 있음을 명심하시기 바랍니다. 교회나 주일학교에서 기독교 교육은 이런 철저한 '믿음교육'으로 이루어져야 합니다. 이 '믿음'을 소유하도록 전인적인 치유 받는 믿음생활을 가르쳐야 하는 것입니다.

· 함께 읽어요 : 히브리서 11장 33~35절

"[33]그들은 믿음으로 나라들을 이기기도 하며 의를 행하기도 하며 약속을 받기도 하며 사자들의 입을 막기도 하며 [34]불의 세력을 멸하기도 하며 칼날을 피하기도 하며 연약한 가운데서 강하게 되기도 하며 전쟁에 용감하게 되어 이방 사람들의 진을 물리치기도 하며 [35]여자들은 자기의 죽은 자들을 부활로 받아들이기도 하며 또 어떤 이들은 더 좋은 부활을 얻고자 하여 심한 고문을 받되 구차히 풀려나기를 원하지 아니하였으며."

3. 믿음은 점점 성장해 가야 합니다(딤전 4:8~9).

'어린 믿음'이란 순풍이 불면 기뻐하다가도 작은 파도라도 일기시작하면 스스로 두려워하고 어쩔 줄 모르며, 주변을 탓하고 하나님을 원망하는 믿음입니다. 입술로는 하나님을 온전히 의뢰한다고 말하면서도 매순간 자기 자신만을 의지하고, 자신의 연약함을 인정치 않는 믿음입니다. 우리가 이러한 '미성숙한 믿음'을 벗어나 '성숙한 신앙'으로 서기 위해서는 먼저 주님 앞에 자신의 진실 된 모습을 드려야 합니다. 어떤 아이들을 보면 집에 멋진 장난감이 있다고 자랑을 늘어놓지만 가서 한 번 보자고 하면 머뭇거리면서 딴전을 부립니다. 이것은 우리가 신앙생활을 하면서도 확실한 증거를 보지 못하고 갖지 못했을 때 그렇습니다. 철야기도, 금식기도, 시간을 정해 놓고 실천하지 못하는 사람은 기도얘기만 나오면 주저합니다. 간구함으로 진정 기도의 응답을 받아보지 못한 사람은 다른 사람들의 간증을 우습게 여기면서도 자신에 대해 확신이 없습니다. 믿음이 자라가기를 기도하면서 '성숙한 믿음'의 주인공이 되시고 금생내세에 승리하시기를 축원합니다.

· 함께 읽어요 : 디모데전서 4장 8~9절

"[8]육체의 연단은 약간의 유익이 있으나 경건은 범사에 유익하니 금생과 내생에 약속이 있느니라. [9]미쁘다 이 말이여 모든 사람들이 받을만하도다."

정리하는 말

사랑하는 성도 여러분! 오늘날은 참으로 특별한 '믿음'이 요구되는 비상한 시대입니다. 불신 세력이 교회 안까지 밀고 들어오는 형국입니다. 성도 여러분은 모름지기 믿음을 성장시키고(눅 17:6), 성숙한 믿음으로 그리스도와 사도들의 치유능력의 신앙에 이르도록 노력하시기를 바랍니다. 예배와 교회생활을 통해 훈련받는 신앙의 훈련은 분명히 범사에 큰 유익을 줄 것입니다. 능력 있는 신앙으로 승리하시고 주께 영광 돌리시기 바랍니다.

평가와 결심

1. 믿음 교육은 무엇으로부터 시작 됩니까?(딛 2:12, 예배생활)
2. 믿음으로 무엇을 얼마만큼이나 치유 받게 됩니까?
   (히 11:22~25, 전인적인 치유)
3. 치유함을 받는 믿음이 되기 위해 어떻게 해야 합니까?
   (눅 17:6, 어린 믿음을 성숙한 믿음으로 성숙시켜야 함)
4. 오늘 말씀을 듣고 각자의 결심을 이야기해보자.

주간 경건의 시간 <29> · 날마다 말씀과 함께

내용 \ 요일	월(Mon)	화(Tue)	수(Wed)	목(Thu)	금(Fri)	토(Sat)
찬송	420 / 212	421 / 210	423 / 213	424 / 216	425 / 217	426 / 215
성경	요 2:	요 3:	요 4:	요 5:	요 6:	요 7:
적용	물로된 포도주	물과 성령으로	신령과 진정으로	생명의 부활로	하나님의 일	생수의 강

* 일을 좇아가는 사람은 일에 쫓긴다. <일본 속담>

7단원 치유 교육의 달

제30과

성령은 치유의 생수시라

찬송 / 315, 327, 240 / 통 512, 361, 231

성경 / 요한복음 7:37-39

요절 / 요한복음 7:38

"나를 믿는 자는 성경에 이름과 같이 그 배에서 생수의 강이 흘러나오리라 하시니."

목표 / 성령은 치유의 생수임을 깨달아 성령 충만함을 받게 한다.

시작하는 말

교회는 오순절 마가의 다락방에서 성령이 임하심으로 시작되었습니다. 기독교회의 탄생도 엄밀히 말해 성령이 강림하심으로부터라고 말할 수 있습니다. 예수님이 승천하신 후에 제자들과 주님을 사랑하는 성도들 120명은 모여서 기도하던 마가의 다락방에서 성령의 임재를 경험하게 되었고, 모든 심령들에게는 삶의 환희와 자유와 평강이 넘쳤습니다. 이 복음은 순식간에 예루살렘에서부터 사마리아, 안디옥, 갈라디아, 데살로니가 뿐 아니라 로마와 인도에까지 전해지게 되었습니다. 이 복음과 성령의 물결은 2천년이 지나 이 땅에도 복음과 함께 치유의 생수가 흘러 넘치게 하시고, 역사하사 은혜와 축복을 허락해 주셨습니다.

오늘의 말씀

1. 성령은 구원과 생명과 기쁨과 자유 함을 줍니다(요 7:37).

하나님의 영이 있는 곳에는 구원과 생명과 자유와 기쁨이 있습니다.

구약의 이스라엘 백성들은 언제나 하나님을 창조자, 전능하신 자, 심판자이신 하나님으로 믿었기에 항상 하나님 앞에서는 두렵고 불안하게 살았습니다. 그러나 신약시대에는 성령이 우리 안에 오심으로 하나님의 자녀가 되어 하나님을 아버지라 부르며 한없는 자유와 기쁨을 누리게 된 것입니다. 구약이 하나님과 백성의 관계로 보는 선민사상(選民思想)의 사랑이라면, 신약은 하나님의 자녀로 살아가는 '가족사랑'을 말합니다. 부모와 자녀는 사랑과 긍휼의 마음으로 자식에 대한 뜨거운 애정으로 만나는 것입니다. 성령이 임하심으로 은혜의 샘에서 사랑이 솟아납니다. 이 기쁨은 빼앗을 자가 없고 불변한 것이며, 영원히 솟아나는 샘물입니다. 이같이 성령은 우리를 그리스도로 말미암아 보증케 하시고 구원과 영생을 확실하게 주신 것입니다.

· 함께 읽어요 : 요한복음 7장 37절
"예수께서 서서 외쳐 이르시되 누구든지 목마르거든 내게로 와서 마시라."

2. 성령은 생수같이 치유함과 생명을 주십니다(요 7:38~39).

성령은 물과 생수같이 여러 가지 역할을 합니다. 첫째, 생명을 줍니다. 물이 없으면 생명이 살수 없듯이 교회, 예수 그리스도, 성령을 떠나서는 살수 없는 것입니다. 둘째, 성령은 갈급한 심령에 단비를 주십니다. 셋째, 성령은 성장하게 합니다. 식물이 물을 줄 때에 점점 자라나듯이 우리의 신앙도 교회에 열심히 나오면 성령으로 자라게 하시는 것입니다. 넷째, 성령은 우리를 풍성하게 합니다. 다섯째, 성령은 적응력이 있습니다. 어떤 경우에도 성령이 함께 하는 사람은 적응을 잘하고 자유함을 얻는 것입니다. 여섯째, 성령은 만족함이 있습니다. 일곱째, 성령은 우리를 깨끗하게 하십니다. 더러워진 우리의 마음을 깨끗하게 하며, 오염된 세상을 성령으로 정결하게 씻어 주십니다. 우리 성도들도 성령의 도우심으로 교회를 통하여 정결하고 깨끗한 삶을 살며, 주님이 오실 때까지 영·육간에 건강함으로 주님을 맞는 복된 성도들이 되시기를 바랍니다.

· 함께 읽어요 : 요한복음 7장 38~39절
"[38]나를 믿는 자는 성경에 이름과 같이 그 배에서 생수의 강이 흘러나오리라 하시니 [39]이는 그를 믿는 자들이 받을 성령을 가리켜 말씀하신 것이라(예수께서 아직 영광을 받지 않으셨으므로 성령이 아직 그들에게 계시지 아니하시더라)."

3. 성령 충만함으로 영적 승리를 얻게 됩니다(엡 5:18).

에베소서에서는 '성령으로 인치심'을 받는다고 했습니다(1:13). '인치심'은 성령을 받는다는 말이며, 우리가 집이나 땅을 사고 팔 때 혹은 중요한 서류에 도장을 찍는 것처럼 성령께서 우리가 믿음을 가졌을 때 인을 쳐서 우리를 그의 소유물로 삼으시고, 보호하시며 인도하신다는 뜻입니다. 그러면 '성령 세례'는 무엇입니까? 이것은 우리 구원에 대한 하나님의 확증이며, 성령 충만을 일컫는 것입니다. 중요한 것은 '성령 세례'를 받지 않고는 구원을 받을 수 없다는 점입니다.

성령 충만은 선택적인 것이 아니라 모든 성도에게 주시는 명령임을 기억해야 합니다. 에베소서 5장 18절에 "오직 성령으로 충만함을 받으라"고 강조했습니다. '충만함을 받으라'(원문 πληρούσθε 플레루스데)는 말은 '현재명령형'으로 성도는 계속적으로 성령 충만함을 받아야 한다는 뜻입니다. 하나님의 일을 하며 사탄과의 영적 전쟁에서 승리하기 위해서 성령 충만함을 받아야 합니다. 성령은사를 받아 확신 속에서 성령의 열매를 맺으시며, 승리하는 삶을 살아가시기를 바랍니다.

· 함께 읽어요 : 고린도전서 15장 57절
"우리 주 예수 그리스도로 말미암아 우리에게 승리를 주시는 하나님께 감사하노니."

정리하는 말

사랑하는 성도 여러분! 성령은 치유의 생수가 되십니다. 성령 충만은 모든 성도에게 주신 명령입니다. 성령 충만하심으로 성령의 9가지 열매(갈 5:22-23)를 맺으시고, 하나님 중심, 말씀중심, 교회중심을 통하여, 사탄과의 영적전쟁에서 승리하시기를 바랍니다. 그리스도로 말미암아, 상처 받은 믿음을 치유 받아 참 기쁨과 행복을 누리시기 바랍니다.

평가와 결심

1. 성령의 생명 강수가 주는 첫째 은사가 무엇입니까?
   (요 7:37, 구원과 영생, 기쁨과 자유 함을 주심)
2. 성령의 생수로 주시는 여러 가지 은사가 무엇 무엇입니까?
   (생명, 갈증 없앰, 자라게 함, 풍성하게 함, 적응성, 만족, 깨끗함)
3. 성령 충만으로 궁극적으로 무엇을 주십니까?
   (고린도전서 15:57, 그리스도로 말미암아 영적 전쟁에서 승리를 주심)
4. 오늘 말씀을 듣고 각자의 결심을 이야기해보자.

주간 경건의 시간 <30> · 날마다 말씀과 함께

요일 / 내용	월(Mon)	화(Tue)	수(Wed)	목(Thu)	금(Fri)	토(Sat)
찬송	430 / 456	429 / 489	436 / 493	435 / 492	438 / 495	439 / 496
성경	요 9:	요 10:	요 11:	요 12:	요 13:	요 14:
적용	인자를 믿느냐	선한 목자라	믿게 하려 함이라	나사로 까닭에	예수팔려는 생각을	길, 진리, 생명

* 가장 훌륭한 교육방법은 남의 어리석음에서 이익을 얻는 것이다. <S. 폴리니우스>

제31과

가정 건강, 교회 건강

찬송 / 259, 260, 428 / 통 193, 194, 488

성경 / 창세기 21:1-7

요절 / 시편 90:10

"우리의 연수가 칠십이요 강건하면 팔십이라도 그 연수의 자랑은 수고와 슬픔뿐이요 신속히 가니 우리가 날아가나이다."

목표 / 성도가 가정과 교회가 건강하게 사는 태도를 기른다.

시작하는 말

현대인들은 건강에 관심이 많습니다. 그러나 건강에 대해 관심은 가지고 있으나 건강하지 못한 이들이 많습니다. 건강하지 못한 이들에게 필요한 것은 건강한 사람들의 도움이 필요하고, 그들의 질병을 고쳐줄 의사가 필요합니다. 마음이 약하고 상처받은 자들에게는 그들을 위로해 줄 자가 필요합니다. 영적인 일도 마찬가지입니다. 오늘 본문에서 바울은 데살로니가 성도들의 영적인 상태를 염려하면서 그들의 영적 건강을 위해 그들을 도와줄 수 있는 디모데를 보냅니다. 그리고 그를 통해 데살로니가 교회 성도들의 믿음을 굳게 하고, 그들이 당한 많은 고난에 대해 위로하고 그들의 수고를 격려해 줍니다.

오늘의 말씀

1. 긍정적인 생각과 웃음은 건강의 청신호입니다(행 3:19).

웃음과 미소는 입 모양과 표정의 변화에 불과하지만 건강에 많은 유익을 얻게 합니다. 미소는 마음에서 우러나오고 따뜻한 미소여야 합니다. 미소는 기분 나쁠 때도 억지로라도 웃으면 이내 행복감으로 전유됩니다. 미소는 안면과 두뇌에 혈액 공급을 원활하게 해주어 건강을 지켜줍니다. 미소는 상대방에게도 금방 옮겨져 기분을 전환해 줍니다. 미소야말로 돈이 들지 않습니다. 많이 웃으세요. 사람은 미소는 짓는 만큼 오래 삽니다. 미소는 행복 전도사가 되고 사회를 따뜻하게 해 줍니다.

그렇습니다. 웃으면 가정에도 교회에도 건강이 옵니다. '내가 미소 지으면 세상도 함께 미소를 짓습니다.' 혼란한 사회! 코로나(Covid19) 사회! 전쟁에 놀라고, 사건에 놀라고, 일에 지치고, 그래도 우리 크리스천은 가정이나, 교회, 사회 어디서나 웃음을 창조해 내야 합니다. 세상에 제일 불행한 사람은 웃음을 잃은 사람입니다. 성도들이여! 얼굴에 환한 미소와 웃음으로 건강의 회복과 활력을 되찾으시기를 바랍니다.

· 함께 읽어요 : 사도행전 3장 19절

"그러므로 너희가 회개하고 돌이켜 너희 죄 없이 함을 받으라. 이같이 하면 새롭게 되는 날이 주 앞으로부터 이를 것이요."

2. 개인이나 교회나 상부상조할 때 건강합니다(대하 25:8).

가정은 서로를 책망하고 비방하고 멸시하는 관계가 아니라 위로의 관계가 되어야 합니다. 남편은 아내를, 아내는 남편을, 부모는 자식을, 자녀는 부모를 상부상조(相扶相助) 하는 관계가 되어야 합니다. 그러면 가정은 더욱 건강하게 될 것입니다. 서로 사랑하며 도와갈 때 건강해집니다. 자식의 부족한 부분도 꾸중하기보다는 위로하고 격려해야 합니다. 칭찬과 위로와 격려는 그 어느 비싼 보약보다 더 값진 약이라는 사실을 알아야 합니다. 가정은 식구들을 지킬 수 있는 최소한의 울타리입니다. 내가 그 울타리를 없애 버린다고 한다면 가정의 건강은 보장 받을 수 없습니다. 교회도 마찬 가지입니다. 하나님께서 주신 가정과 교회를 통해 우리 모두가 건강해져야 합니다. 서로 도와 '사랑의 공동체'를 이뤄 상부상조해 갈 때 건강한 가정, 건강한 교회가 되어 악의 세력이 넘보지 못할 것입니다.

· 함께 읽어요 : 역대하 25장 8절

"왕이 만일 가시거든 힘써 싸우소서. 하나님이 왕을 적군 앞에 엎드러지게 하시리이다. 하나님은 능히 돕기도 하시고 능히 패하게도 하시나이다."

3. 건강한 성도가 쓰임 받을 수 있습니다(행 6:1~6).

하나님의 선한 도구로 쓰인다고 한다는 것은 얼마나 복된 일이며 건강한 삶인지 모릅니다. 건강한 사람만이 일할 수 있습니다. 건강한 신앙을 가질 때 하나님을 위해 귀하게 쓰임 받을 수 있는 것입니다. 병든 신앙을 가진 자들은 성도가 건강한 신앙을 가질 수 있도록 결코 도울 수가 없습니다. 그렇기 때문에 우리는 내가 먼저 건강한 신앙인이 되어야 합니다. 내가 건강한 신앙인이 될 때 하나님의 일꾼으로 하나님의 도구로 사용될 수 있습니다. 하나님의 도구로 사용된다고 하는 것은 복된 일입니다. 도구도 어떤 이들에게 쓰임 받는가에 따라 받는 영광이 다르다는 사실을 알아야 합니다. 우리가 하나님께 쓰임 받는 도구라면 얼마나 복된 인생입니까? 하나님께 쓰임받기 위해서는 건강한 교회, 건강한 성도가 되어야 합니다. 건강한 성도가 많은 교회는 정말 힘이 있는 교회이며, 성도들 간에 화합하고 믿음을 굳게 하게 될 것입니다. 성도들이 어려움을 당해도 건강한 성도가 능히 그런 자들을 위로하고 격려하는 사명을 감당 할 수 있을 것입니다.

· 함께 읽어요 : 사도행전 6장 3~4절

"3 형제들아 너희 가운데서 성령과 지혜가 충만하여 칭찬 받는 사람 일곱을 택하라 우리가 이 일을 그들에게 맡기고 4 우리는 오로지 기도하는 일과 말씀 사역에 힘쓰리라 하니."

정리하는 말

사랑하는 성도 여러분! "건강한 육체에 건전한 정신이 깃든다"는 말이 있습니다. 영·육간에 건강함으로 맡은 바 사명을 잘 감당할 수 있기를 바랍니다. 가정이나 교회, 개인의 건강은 우연히 얻는 삶의 부산물이 아닙니다. 하나님이 주신 건강을 잘 유지하고 부흥시켜야 합니다. 특별히 하나님이 도우시도록 자신이 절제하고, 영·육간에 건강함으로 주님의 일에 쓰임 받는 귀한 여러분 되시기를 기원합니다.

평가와 결심

1. 건강의 청신호가 무엇입니까?
   (창 21:3~6, ① 긍정적인 생각 ② 웃음)
2. 개인이나 단체의 건강법은 무엇입니까?
   (대하 25:8, 서로 도와야함 – 상부상조<相扶相助>)
3. 누가 하나님의 일꾼으로 쓰임을 받습니까?
   (행 6:3~4, ① 성령과 지혜가 충만함 ② 칭찬 듣는 자)
4. 오늘 말씀을 듣고 각자의 결심을 이야기해보자.

주간 경건의 시간 <31> · 날마다 말씀과 함께

요일 / 내용	월(Mon)	화(Tue)	수(Wed)	목(Thu)	금(Fri)	토(Sat)
찬송	427 / 516	428 / 488	405 / 458	406 / 464	322 / 357	323 / 355
성경	창 16 :	창 17 :	창 18 :	창 19 :	창 20 :	창 21 :
적용	감찰하시는 하나님	이삭이라 하라	네게로 돌라오리	소돔 성의 멸망	치료하사 생산케	눈을 밝히시매

* 건전한 정신은 건강한 육체에 깃든다. <영·미·독일 격언>

8단원 평강·건강의 달

크리스천의 웰빙 건강법

찬송 / 382, 325, 292 / 통 432, 359, 415

성경 / 마가복음 7:15-23

요절 / 마가복음 7:18

"예수께서 이르시되 너희도 이렇게 깨달음이 없느냐 무엇이든지 밖에서 들어가는 것이 능히 사람을 더럽게 하지 못함을 알지 못하느냐?"

목표 / 신자로서 웰빙 건강 법대로 살아가는 태도를 기른다.

시작하는 말

요즈음 세간의 관심거리들 중 으뜸이 건강입니다. 코로나 대처는 물론, 심지어 '웰빙(well-being)족'이라는 건강에 유독 신경을 많이 쓰는 무리까지 우리 사회에 등장했습니다. 이들에게는 '잘 먹고 건강하게 사는 것'이 무엇보다 중요한 일이라고 합니다. 주위를 살펴보면 이들 외에도 건강을 위해 '무엇을 먹을 것인가?'라고 질문하는 사람들이 적지 않습니다. 전통 보양식(保養食)에 건강보조식품, 유기농 및 균형 잡힌 식단 등 매스컴을 통해 흘러나오는 정보수집으로 이들 모두 예외 없이 거의 전문가 수준입니다. 그러면 성도의 '웰빙 건강법'은 무엇입니까?

오늘의 말씀

1. 깨끗하고 신선한 것으로 섭양(攝養)해야 합니다(막 7:15~19).

예수님 당시에도 무엇을 먹을 것인가라는 문제는 매우 중요했습니다.

그러나 먹는 것만으로 건강해 질 수 있다는 편견을 버려야 합니다. 그래서인지 유대인들은 '육체의 건강'보다는 '종교적 건강'(의식적 깨끗함)에 더 관심이 있었습니다. 예수님께서는 '내적 건강의 중요성'을 강조하면서, "무엇이든지 밖에서 사람에게로 들어가는 것은 능히 사람을 더럽게 하지 못하되 사람 안에서 나오는 것이 사람을 더럽게 하는 것이니라(막 7:15~16)"고 말씀하셨습니다. 이것은 내적 건강의 결핍이 얼마나 더럽고 추악한 것인지 강조하는 말씀입니다. 건강의 시작은 내적 건강입니다. 얼마 전에 뉴스위크지에서 '하나님과 건강'이라는 특집으로 믿는 이들이 건강하게 장수한다는 내용이 있었습니다. 이것은 다른 이들보다 절제된 삶을 살고 건강한 생활 자세와 사고방식을 가져야 한다는 것입니다. 그래야 병원을 멀리할 수 있고 병에 걸리지 않는다는 것입니다. 그러니까 우리 몸속에 들어가는 것 뿐 아니라 머릿속, 마음속에 들어가는 것(시청각이나 미디어 매체)이 우리 건강에 매우 위협적인 역할을 한다는 사실을 잊어서는 안 될 것입니다.

· 함께 읽어요 : 마가복음 7장 18절

"예수께서 이르시되 너희도 이렇게 깨달음이 없느냐 무엇이든지 밖에서 들어가는 것이 능히 사람을 더럽게 하지 못함을 알지 못하느냐?"

2. 건강은 하나님의 말씀이라는 보약을 먹어야 합니다(히 4:12).

우리가 건강하게 신앙생활하기 위해서는 신·구약말씀을 먹어야 합니다. 바울은 골로새 교인들에게 '예수님 안에 뿌리를 깊게 박고 살라'고 권면하고 있습니다. 예수님께서는 말씀을 듣고 30배, 60배, 100배의 결실을 맺어야 한다고 말씀하셨습니다. 건강한 나무가 많은 열매를 맺을 수 있는 것처럼 건강한 교회와 가정이 많은 결실을 맺을 수 있습니다.

시편 1편 3절에는 "그는 시냇가에 심은 나무가 철을 따라 열매를 맺으며 그 잎사귀가 마르지 아니함 같으니 그가 하는 모든 일이 다 형통하리로다"라고 했습니다. 시냇가에 심은 나무가 건강하듯 하나님 말씀 안에 뿌리를 내려야 가정이나 교회가 건강한 것입니다. 말씀에 뿌리를 내려 신·구약의 보약을 먹게 되면 영적·육적으로 건강하게 되며, 어떤 시험이 와도 물리칠 수 있으며, 질병이나 허약 증세에서 벗어나 건강하게 살아갈 수 있는 것입니다.

· 함께 읽어요 : 히브리서 4장 12절
"하나님의 말씀은 살아 있고 활력이 있어 좌우에 날선 어떤 검보다도 예리하여 혼과 영과 및 관절과 골수를 찔러 쪼개기까지 하며 또 마음의 생각과 뜻을 판단하나니."

3. 건강은 건강할 때 지키는 것이 웰빙 건강법입니다(골 3:9~10).

여러분! 우리의 생각과 육체와의 관계를 생각하며 올바른 신앙생활을 할 때 우리 모두가 경험하게 되는 '온전한 웰빙 건강'의 참 의미를 생각해 볼 수 있는 것입니다. 성경에서는 하나님에 대한 믿음에서 출발하는 '긍정적 사고방식'과 성령 충만할 때 경험하는 '활력과 에너지'는 우리로 하여금 참다운 웰빙(Wellbeing, 복지, 안녕, 행복)을 경험하게 할 수 있다고 가르치고 있습니다. 우리의 신앙생활의 삶은 단순히 영원한 천국의 삶에만 관계하는 것이 아니라 현재의 삶과도 밀접한 관계가 있다는 사실을 기억해야 합니다(딤전 4:8). 건강은 건강할 때 지키셔서 온전한(holistic) 웰빙 크리스천(Wellbeing Christian)이 되시기를 바랍니다.

· 함께 읽어요 : 골로새서 3장 9~10절
"[9]너희가 서로 거짓말을 하지 말라 옛 사람과 그 행위를 벗어 버리고 [10]새 사람을 입었으니 이는 자기를 창조하신 이의 형상을 따라 지식에까지 새롭게 하심을 입은 자니라."

정리하는 말

사랑하는 성도 여러분! 우리 크리스천들도 웰빙 시대에 걸 맞는 웰빙 건강법을 익혀야 합니다. 음식도 '깨끗하고 신선한 것'을 섭취하듯 현대 매스컴 정보와 인터넷 바다에서 건전한 정보를 접하셔야 합니다. 하나님 주신 신·구약 성경 말씀의 보약을 날마다 복용하십시오. 성도가 건강해야 가정도 교회도 건강한 법입니다. 건강한 육체와 깨끗한 영으로 하나님을 기쁘시게 찬양하며 섬기는 성도들이 되시기를 바랍니다.

평가와 결심

1. 크리스천의 웰빙 건강법 첫째가 무엇입니까?
   (막 7:15~19, 깨끗하고 신선한 것을 섭취해야 함)
2. 크리스천의 웰빙 건강법 둘째가 무엇입니까?
   (히 4:12, 신·구약 성경 하나님의 말씀의 보약 복용해야 함)
3. 크리스천의 웰빙 건강법 셋째가 무엇입니까?
   (골 3:9~10, 건강은 건강할 때 챙기셔야 함)
4. 오늘 말씀을 듣고 각자의 결심을 이야기해보자.

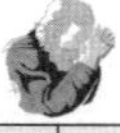

주간 경건의 시간 <32> · 날마다 말씀과 함께

요일 / 내용	월(Mon)	화(Tue)	수(Wed)	목(Thu)	금(Fri)	토(Sat)
찬송	380 / 424	381 / 425	382 / 432	384 / 434	385 / 435	383 / 433
성경	막 9 :	막 10 :	막 11 :	막 12 :	막 13 :	막 14 :
적용	믿음 없는 세대	하나님은 다 하심	그대로 되리라	가이사의 것	권능들이 흔들림	언약의 피니라

* 좋은 건강과 좋은 감각은 두 가지 다 커다란 축복이다. <로마 격언>

영 · 육간 질병을 치유받자

찬송 / 472, 471, 458/ 통 530, 528, 513

성경 / 누가복음 7:1~10

요절 / 누가복음 13:12-13

"[12] 예수께서 보시고 불러 이르시되 여자여 네가 네 병에서 놓였다 하시고 [13] 안수하시니 여자가 곧 펴고 하나님께 영광을 돌리는지라."

목표 / 영·육간의 질병을 치유 받아 건강하게 살아가는 태도를 기른다.

시작하는 말

이사야 53장 4절에 "그는 실로 우리의 질고를 지고 우리의 슬픔을 당하였거늘 우리는 생각하기를 그는 징벌을 받아 하나님께 맞으며 고난을 당한다 하였노라"고 하신 말씀 중에 히브리 원어의 뜻은 "우리의 질병(disease)과 고통(pains)을 짊어지셨다"는 뜻입니다. 이것은 베드로전서 2장 24절에 "친히 나무에 달려 그 몸으로 우리 죄를 담당하셨으니 이는 우리로 죄에 대하여 죽고, 의에 대하여 살게 하려 하심이라. 저가 채찍에 맞음으로 너희는 나음을 얻었나니"라는 말씀에 잘 나타나 있습니다. 2천년 전 예수님이 이미 우리의 질병을 담당하셨습니다. 이를 믿고 기쁨으로 받아들여 건강하고 행복하게 살아가시기를 바랍니다.

오늘의 말씀

1. 치유하심은 하나님의 기쁘신 뜻입니다(마 8:16~17).

인류의 시조 아담이 하나님께 불순종함으로 나타난 죄악과 질병을 창조주 하나님께서는 깨끗이 고쳐주시기를 원하십니다. 그러므로 병 고침을 받는 것은 하나님의 뜻입니다. 질병은 하나님께로부터 온 것이 아니라 사탄 마귀로부터 온 것입니다. 하나님은 그의 자녀들이 사탄이 준 것을 품고 살아가기를 원치 않으십니다. 사도행전 10장 38절에 "하나님이 나사렛 예수에게 성령과 능력을 기름 붓듯 하셨으매 그가 두루 다니시며 선한 일을 행하시고 마귀에게 눌린 모든 사람을 고치셨으니 이는 하나님이 함께 하셨음이라"고 했습니다. 사탄 마귀에게 눌린 병자들을 고치셨다는 말씀입니다. 병 고침은 하나님의 구속사업의 계획안에 이미 들어 있기 때문입니다. 예수님의 사역은 질병을 고쳐주심을 동반하고 있습니다.

· 함께 읽어요 : 마태복음 8장 16~17절

"[16] 저물매 사람들이 귀신 들린 자를 많이 데리고 예수께 오거늘 예수께서 말씀으로 귀신들을 쫓아 내시고 병든 자들을 다 고치시니, [17] 이는 선지자 이사야를 통하여 하신 말씀에 우리의 연약한 것을 친히 담당하시고 병을 짊어지셨도다 함을 이루려 하심이더라."

2. 성자 예수께서 치유하시러 오셨습니다(눅 13:15~17).

누가복음 13장 16절에 "그러면 십팔 년 동안 사단에게 매인 바 된 이 아브라함의 딸을 안식일에 이 매임에서 푸는 것이 합당치 아니하냐?"고 말씀하셨습니다. 아마도 현대 병명으로 관절염(arthritis)에 걸려 18년 동안 꼬부리고 다녔던 모양인데, 예수님께서 귀신을 내어 쫓고 고쳐주셨습니다. 요한복음 10장 10절에 "도둑이 오는 것은 도둑질하고 죽이고 멸망시키려는 것뿐이요 내가 온 것은 양으로 생명을 얻게 하고 더 풍성히 얻게 하려는 것이라"고 말했습니다. 마귀는 우리의 건강을 도둑질하고 물질을 도둑질하고 생명을 파괴하려고 오지만 예수님은 생명을 살리고 풍성케 하려고 오셨다고 했습니다. 사랑하는 성도 여러분! 병마에 움츠리지 말고 "예수님의 이름으로 명하노니, 병마야! 물러가라"고 꾸짖고 물리치시기를 바랍니다. 그래야 병 고침을 받을 수 있습니다.

· 함께 읽어요 : 요한일서 3장 8절
"하나님의 아들이 나타나신 것은 마귀의 일을 멸하려 하심이라."

3. 치유의 역사는 믿음을 통한 신유의 역사입니다(눅 7:1~10).

인간의 믿음을 통한 병 고침이 있었습니다. 베데스다 연못가에 많은 앉은뱅이, 소경, 병든 자가 있었지만 예수님께서 38년 된 환자를 자원하여 찾아가 고쳐주셨습니다. 하나님의 신유의 역사는 모든 사람에게 다 나타나는 것이 아닙니다. 신유의 은사가 강한 사람도 15~20%만 고침 받는다고 합니다. 또한 한 혈루증 앓던 여인이 간절히 사모하여 예수님의 옷 가만 만져도 나을 줄 믿고 손을 대었을 때, 곧 혈루 근원이 말라버렸습니다. 이렇게 간절한 믿음을 가질 때 치유의 역사가 일어납니다. 그때 예수님이 "네 믿음이 너를 낫게 했다"고 했습니다. 치유에는 즉각적인(instant) 치유와 점차적인(gradual) 치유가 있습니다. 누가복음 17장에 열 나병환자들이 예수님의 말씀을 믿고 "가다가 고침 받았다"고 했습니다. 어떤 사람은 목발을 짚고 다녔는데 기도 받고 두 달 후에 나았습니다. 즉시 낫는 것이 오히려 저주일 수도 있습니다. 병 고침을 받고 나서 하나님의 은혜를 잊어버리면 그 병이 다시 재발할 수도 있기 때문입니다. 치유의 역사는 믿음을 통한 신유의 역사입니다.

· 함께 읽어요 : 누가복음 7장 9절
"예수께서 들으시고 그를 놀랍게 여겨 돌이키사 따르는 무리에게 이르시되 내가 너희에게 이르노니 이스라엘 중에서도 이만한 믿음은 만나보지 못하였노라 하시더라."

정리하는 말

성도가 영·육간에 건강한 삶을 살아가는 것이 하나님께서 원하시는 뜻입니다. 하나님께서 건강하게 지키셨기에 봉사와 섬김의 활동을 잘 감당할 수 있는 것입니다. 사랑하는 성도 여러분! 세상에서 살아갈 동안 건강한 육체와 건전한 정신, 그리고 성령으로 충만한 성도들이 되셔서, 즐거운 마음으로 생명력 넘치는 봉사활동을 하면서 기쁘고 복된 삶을 누리시기를 바랍니다.

평가와 결심

1. 영·육간의 치유하심은 첫째 어떻게 이루어집니까?
   (마 8:16~17, 하나님의 기쁘신 뜻대로)
2. 영·육간의 치유하심은 둘째 어떻게 이루어집니까?
   (눅 13:15~17, 성자 예수님이 고쳐주심으로)
3. 영·육간의 치유하심은 셋째 어떻게 이루어집니까?
   (눅 7:1~10, 믿음을 통한 신유의 역사하심으로)
4. 오늘 말씀을 듣고 각자의 결심을 이야기해보자.

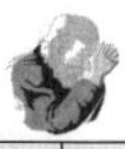

주간 경건의 시간 <33> · 날마다 말씀과 함께

요일 / 내용	월(Mon)	화(Tue)	수(Wed)	목(Thu)	금(Fri)	토(Sat)
찬송	324 / 360	325 / 359	337 / 363	336 / 383	347 / 382	348 / 388
성경	눅 16 :	눅 17 :	눅 18 :	눅 19 :	눅 20 :	눅 21 :
적용	부자와 나사로	겨자씨 한 알	믿음을 보겠느냐	장사하라	산 자의 하나님	일어나 머리 들라

* 건전한 신앙은 몸을 건전케 한다.

<윌리엄 E, 글래드스턴(1809~1898) 영국 정치가>

마음 건강이 육체 건강

찬송 / 423, 357, 412 / 통 213, 397, 469

성경 / 열왕기하 5:8-14

요절 / 잠언 14:30

"마음의 화평은 육신의 생명이나 시기는 뼈의 썩음이니라."

목표 / 건강한 삶의 요소를 알고 실천하는 태도를 가지도록 한다.

시작하는 말

베이컨은 "건강한 몸은 정신의 사랑방이며, 병든 몸은 감옥이다"라고 했습니다. 사람마다 건강과 아름다움을 추구하며 살아갑니다. 그러나 현대인은 육체의 건강을 위해서는 힘쓰지만 마음과 내면적인 건강을 위한 노력이 적습니다. 육체의 건강을 위해 헬스클럽에 다니며, 새벽공기를 마시며 조깅을 하는 것처럼 새벽기도회에 참석해 보십시오. 영혼이 맑아지며 마음도 건강해지고, 육신도 건강해 짐을 느낄 것입니다. 본과에서는 성경이 말하는 바, 건강한 삶에 대하여 살펴보겠습니다.

오늘의 말씀

1. 예수를 만나야 새 생명과 건강을 얻습니다(마 20:29~34).

영동세브란스 병원 암 센터 소장 이희대 소장은 암이 열 번이나 재발하였으면서도 "나는 평안합니다"라고 말합니다. 그는 우리나라에서 손꼽히는 유방암 권위자입니다. 그는 당시 4기 암 환자이면서 대장에서

발병한 암은 간과 뼛속까지 파고들어 12번 치료를 받았고, 10번 재발했습니다. 그러나 그의 영혼까지는 침투하지 못했습니다. 그는 암 4기에 접어들고서야 '새 생명'에 눈을 떴습니다. 그가 말하는 '암 환자 십계명'은 다음과 같습니다. ① 찬양하며 운동한다. ② 욕심을 버린다. ③ 암 5기는 있어도 말기는 없다. ④ 암은 축복이다. ⑤ 꿈을 갖자. ⑥ 암을 전셋집으로 만들자. ⑦ 섬김 받기 보다는 섬김의 삶을 실천하자. ⑧ 새 생명의 소망을 갖자. ⑨ 씨 맺는 채소와 씨 있는 열매를 먹자. ⑩ 감사 기도를 드리며 기쁜 마음을 갖자. 오직 자신의 암을 다스릴 수 있는 길은 '영적인 힘'이라고 말합니다. 성경에 여리고의 두 맹인처럼 예수님께 나아와 더러운 죄악을 멀리하고 죄 사함을 받아 '새 생명'을 얻어 밝고 건강한 삶을 누리시기를 바랍니다.

· 함께 읽어요 : 마태복음 20장 34절

"예수께서 불쌍히 여기사 그들의 눈을 만지시니 곧 보게 되어 그들이 예수를 따르니라."

2. 영혼이 치유 받으면 육체도 치유됩니다(사 53:4~6).

하나님은 영이시므로 하나님의 능력도 성령을 통해서 나타납니다. 그러므로 성령을 등지고 마귀를 받아들일 때 성령이 떠나는 동시에 질병이 다시 생길 수가 있습니다.

요한계시록 3장 11절에 "…네가 가진 것을 굳게 잡아…"라고 말씀하셨습니다. 마귀는 항상 다시 침투해 들어오려고 노리고 있습니다. 두려움과 의심을 물리쳐야 합니다. 신유의 은사는 느낌이 중요하지 않습니다. 열이 나고 쑤시고 아파도 말씀을 붙잡고 나아가야 합니다. 보는 것으로 행치 않고 믿음으로 행해야 합니다.

베드로전서 2장 24절에 "친히 나무에 달려 그 몸으로 우리 죄를 담당하셨으니 이는 우리로 죄에 대하여 죽고 의에 대하여 살게 하려 하심이라 그가 채찍에 맞음으로 너희는 나음을 얻었나니" 하신 말씀과, 마태복음 8장 17절의 "… 우리 연약한 것을 친히 담당하시고 병을 짊어 지셨도다…"라고 하신 말씀을 항상 기억하고 믿어야 합니다. 성경은 의학과 과학적인 치료를 허용합니다. 그래도 낫지 않을 때는 기도하여 하나님의 신유(神癒)로 근본적인 치유를 받을 것을 말씀하고 있습니다.

· 함께 읽어요 : 이사야 53장 5절
"그가 찔림은 우리의 허물 때문이요 그가 상함은 우리의 죄악 때문이라 그가 징계를 받으므로 우리는 평화를 누리고 그가 채찍에 맞으므로 우리는 나음을 입었도다."

3. 주 안에서 안수를 받음으로 치유함을 받습니다(약 5:13~16).

질병을 치유할 때 안수를 합니다. 마가복음 16장 15-18절에 "너희는 온 천하에 다니며 만민에게 복음을 전파하라. 믿고 세례를 받는 사람은 구원을 얻을 것이요. 믿지 않는 사람은 정죄를 받으리라. 믿는 자들에게는 이런 표적이 따르리니 곧 그들이 내 이름으로 귀신을 쫓아내며, 새 방언을 말하며 뱀을 집어올리며, 무슨 독을 마실지라도 해를 받지 아니하며, 병든 사람에게 손을 얹은즉 나으리라"고 했습니다. 안수는 신유의 역사를 나타내는 또 하나의 방편입니다. 크리스천들은 누구나 안수 받을 수 있습니다. 그러나 아무나 안수하려들거나 아무한테나 안수 받으려고 하면 안 됩니다. 너무 안수만 자꾸 받으려고 하면 남을 의지하는 버릇이 생깁니다. 안수는 하나님과의 접촉점(point of contact)을 만들고 믿음이 흘러 들어가게도 합니다. "너희가 기도할 때에 무엇이든지 믿고 구하는 것은 다 받으리라 하시니라"(마 21:22)고 하셨습니다. 믿음으로 받아들이는 것이 중요하다는 사실을 명심하시기 바랍니다.

· 함께 읽어요 : 마가복음 16장 18절
"뱀을 집어올리며 무슨 독을 마실지라도 해를 받지 아니하며 병든 사람에게 손을 얹은즉 나으리라 하시더라."

정리하는 말

여러분! 건강하시기를 원하십니까? 만병의 대 의사되시는 예수께 나오십시오. 예수를 영접하고 '새 생명'을 얻으십시오. 예수 그리스도의 십자가의 보혈로 죄 용서함을 받아 영혼이 치유되면 육신의 건강은 자연히 따라옵니다. 죄를 멀리하고, 말씀을 가까이하며 주님의 종들의 안수함을 받음으로 질병을 치유함 받고 건강하게 살아가시기를 바랍니다.

평가와 결심

1. 마음 건강, 육체 건강의 비결 첫째가 무엇입니까?
   (마 20:29~34, 예수님께 나와 새 생명을 얻어야 함)
2. 마음 건강 육체 건강의 비결 둘째가 무엇입니까?
   (왕하 5:14, 먼저 십자가 보혈로 씻음과 새 생명을 얻어야 함)
3. 마음 건강 육체 건강의 비결 셋째가 무엇입니까?
   (막 16:18, 주님의 종들의 안수를 받음으로 치유 얻음)
4. 오늘 말씀을 듣고 각자의 결심을 이야기해보자.

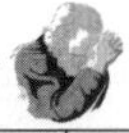

주간 경건의 시간 <34> · 날마다 말씀과 함께

요일 / 내용	월(Mon)	화(Tue)	수(Wed)	목(Thu)	금(Fri)	토(Sat)
찬송	357 / 397	182 / 169	187 / 171	531 / 321	495 / 271	496 / 260
성경	왕하 2 :	왕하 3 :	왕하 4 :	왕하 5 :	왕하 6 :	왕하 7 :
적용	당신의 영감이	가문도 탈 때에	그릇을 빌라	지금이 어찌 은을	아버지여 치리이까	아름다운 소식

* 진실한 사랑은 인격을 높이고 심정을 견실케 하고, 또 생활을 정화한다. <아미루>

건강을 위해 투자하라

찬송 / 382, 357, 546 / 통 432, 397, 399

성경 / 이사야 58:4-11

요절 / 이사야 58:9

"네가 부를 때에는 나 여호와가 응답하겠고 네가 부르짖을 때에는 내가 여기 있다 하리라."

목표 / 건강한 삶을 위해 투자하는 태도를 가지도록 한다.

시작하는 말

홍수가 나면 정작 마실 물을 찾기가 힘듭니다. 지금은 모든 것이 홍수 시대입니다. 지식과 문화의 홍수, 정보와 첨단기술의 홍수, 사상의 홍수, 너무나 많은 것들이 있어서 손만 뻗으면 무엇이든 쉽게 얻을 수 있지만 정작 현대인들은 정신적인 고갈상태에서 목말라 할 뿐, 만족이 없습니다. 그 어느 것으로도 풀 수 없는 이 갈증은 참 진리 되시는 예수님만이 해결하실 수 있습니다. 예수께서는 "내가 주는 물을 먹는 자는 영원히 목마르지 아니하리니 내가 주는 물은 그 속에서 영생하도록 솟아나는 샘물이 되니라"(요한복음 4:14)고 하셨습니다. 갈급한 이 시대에 우리 영혼의 목마름을 해결할 방법이 무엇이겠습니까?

오늘의 말씀

1. 성령이 충만한 성령의 사람이 되어야 합니다(요 7:38~39).

최근의 의학이 발견한 호르몬 중에 '다이돌핀'이라는 것이 있습니다. 엔돌핀이 암을 치료하고 통증을 해소하는 효과가 있다는 것은 이미 알려진 이야기지만 이 다이돌핀의 효과는 엔돌핀의 4,000배라는 사실이 발표되었습니다. 이 다이돌핀은 언제 우리 몸에서 생성될까요? 바로 '감동 받을 때'입니다. 좋은 노래를 들었거나 아름다운 풍경에 압도되었을 때, 전혀 알지 못했던 새로운 진리를 깨달았을 때, 엄청난 사랑에 빠졌을 때 이때 우리 몸에서는 놀라운 변화가 일어납니다. 전혀 반응이 없던 호르몬 유전자가 활성화되어 않나오던 엔돌핀, 도파민, 세로토닌이라는 아주 유익한 호르몬들을 생산하기 시작합니다. 특히 굉장한 감동이 왔을 때 드디어 위에서 말씀드린 '다이돌핀'이 생성됩니다. 이 호르몬들이 우리 몸의 면역체계에 강력한 긍정적 작용을 일으켜 암을 공격합니다. 대단한 효과이지요. 그래서 기적이 일어납니다. 다른 것은 일시적이지만, 감동적인 설교나 기도, 찬양 등 하나님을 경외할 때, 성령 충만하면 이 다이돌핀이 가장 많이 생성 된다고 합니다. 믿음을 허락하신 하나님께 감사하면서 믿음으로 주님을 사모하고 주 하나님께 영광 돌리시기를 바랍니다.

· 함께 읽어요 : 요한복음 7장 38-39절
"[38]나를 믿는 자는 성경에 이름과 같이 그 배에서 생수의 강이 흘러나오리라 하시니 [39]이는 그를 믿는 자들이 받을 성령을 가리켜 말씀하신 것이라."

2. 사랑을 실천하는 사랑의 사람이 되어야 합니다(잠 18:12~15).

현대의학은 하루가 다르게 발전하고 있지만 지나치게 전문화, 기계화, 상업화되어가고 있습니다. 병원에서는 환자의 육체를 치료하지만 마음은 고치지 못합니다. 때문에 질병의 원인인 생활습관과 가치관을 바꾸려 시도하지 않습니다. 어쩌면 오늘날 현대의학은 총체적 위기를 맞고 있는 셈이며 인간 전 영역의 새로운 '통합의학'의 등장이 요구됩니다.

통합의학은 전인(全人, Whole Person)을 뜻합니다. 모든 환자가 육체

뿐만 아니라 정서적, 사회적, 영적으로 치유돼야 함을 뜻합니다. 전의(全醫, Whole Medicine)로서 환자를 위해서라면 서양의학 뿐 아니라 한의학, 대체의학, 그리고 성경에 나타난 다양한 의학을 포용하는 통합의학을 추구해야 합니다. 모든 분야에, 모든 곳에서 병원에서 뿐만 아니라 소외된 우리의 이웃과 장애인들, 그리고 어머니 자궁속의 수정란에서부터 죽음을 앞둔 임종환자까지 전 영역을 책임져야 합니다. 나아가 북한과 중국, 아프리카를 포함하는 전 세계에 십자가 사랑으로 나아가야 합니다. 그리하여 생명을 바쳐 사랑을 실천하는 귀한 사도가 되어야 합니다.

· 함께 읽어요 : 잠언 18장 14절
"사람의 심령은 그의 병을 능히 이기려니와 심령이 상하면 그것을 누가 일으키겠느냐?"

3. 긍정적이고 신앙의 사람이 되어야 합니다(전 7:12~14).

미국의 노인의학연구소장 레너드 푼 박사가 1백세 이상 장수 노인의 건강 비결을 발표했습니다. 그는 10년 동안의 연구를 통해 3대 장수 비결을 찾아냈습니다. 그것은 ① 긍정적인 사고방식, ② 독실한 신앙, ③ 봉사정신이었습니다. 유전이나 특별한 음식은 장수와 무관했습니다. 장수하는 사람들은 현재의 삶에 만족하는 사람들이었습니다. 탁월한 유머감각과 매사를 밝게 생각하는 낙관적 인생관을 소유하고 있었습니다. 낙관주의는 비행기를 만듭니다. 그러나 비관주의자는 낙하산을 만듭니다. 낙관주의자는 올라갈 것을 생각하지만 비관론자는 내려갈 것을 생각합니다. 무슨 일에나 긍정적인 사고를 가지시기를 바랍니다. 매사에 낙관적이고 신앙적인 삶과 봉사하는 삶은 나를 기쁘게 하고 남도 기쁘게 하며 자신도 남도 행복하게 한다는 사실을 명심하시기 바랍니다.

· 함께 읽어요 : 전도서 7장 14절
"형통한 날에는 기뻐하고 곤고한 날에는 되돌아 보아라 이 두 가지를 하나님이 병행하게 하사 사람이 그의 장래 일을 능히 헤아려 알지 못하게 하셨느니라."

정리하는 말

여러분! 건강을 위해 투자하십시오. 성령 충만키 위해 기도하십시오. 무엇보다도 열심히 사랑하는 사랑의 사람이 되십시오. 매사에 긍정적이고, 신앙적인 사람이 되기 위해 말씀과 기도로 열심히 투자하시고, 영혼의 질병을 치유하는 교회를 항상 가까이 하시기를 바랍니다. 그리하여 주의 종들과 함께 치유의 일꾼이 되셔서 하나님께 영광 돌리는 주인공이 되시기 바랍니다. 자신도 치유 받고, 타인도 치유 받게 하시기를 주님의 이름으로 축복합니다.

평가와 결심

1. 건강을 위해 투자해야할 첫째가 무엇입니까?
   (요 7:38, 성령 충만한 사람 되어야 함)
2. 마음 건강 육체 건강의 비결 둘째가 무엇입니까?
   (잠 18:14, 사랑을 실천하는 사랑의 사람이 되어야 함)
3. 마음 건강 육체 건강의 비결 셋째가 무엇입니까?
   (전 6:14, 긍정적이고 신앙적인 사람이 되어야 함)
4. 오늘 말씀을 듣고 각자의 결심을 이야기해보자.

주간 경건의 시간 <35> · 날마다 말씀과 함께

요일 / 내용	월(Mon)	화(Tue)	수(Wed)	목(Thu)	금(Fri)	토(Sat)
찬송	354 / 394	358 / 400	359 / 401	360 / 402	371 / 419	376 / 422
성경	사 58 :	사 59 :	사 60 :	사 61 :	사 62 :	사 63 :
적용	치료가 급속할 것	의의 호심경	빛을 발하라	기름을 부으사	거룩한 백성	주의 성신 근심케 말라

* 천재의 배출은 열심의 결과로 얻어진 것이다. <벤 자민 디스레일러, 1803-1881) 영국 정치가>

영적 감각을 회복하자

찬송 / 428, 492, 491 / 통 488, 544, 543

성경 / 누가복음 7:29-35

요절 / 누가복음 7:32

"비유하건대 아이들이 장터에 앉아 서로 불러 이르되 우리가 너희를 향하여 피리를 불어도 너희가 춤추지 않고 우리가 곡하여도 너희가 울지 아니하였다 함과 같도다."

목표 / 하나님의 자녀로서 영적인 감각을 회복하는 태도를 기른다.

시작하는 말

오늘 우리의 시대를 '감각을 잃어버린 시대'라고 말합니다. 많은 사람을 해쳐도 죄의식을 느끼지 못하고 또 그런 사건을 보고 들어도 아무런 느낌을 갖지 못하며, 모든 감각기능이 마비되어 영적 식물인간처럼 되어버린 우리들의 모습이 아닌가 한번쯤 생각해 보시기 바랍니다. 자녀는 자녀의 자리에서, 부모는 부모의 자리에서 하나님이 기뻐하는 아름다운 영적감각을 회복해서 한 시대를 우리 주님의 영광을 드러내는 능력을 가지고 살아야 하겠습니다. 어쩌면 오늘 이 시대는 피리를 불어도 춤추지 않고 애곡을 하여도 울지 않는 비정상적인 상태입니다. 우리 자신은 어떻게 해야 할까요?

오늘의 말씀

1. 영적 시각을 회복해야 합니다(창 13:14~17).

인생에는 두 가지 길이 있다고 합니다. 하나는 룻의 길이고, 하나는 롯의 길입니다. 룻의 길은 고난과 역경과 문제가 온다고 할지라도 하나님을 바라보고 하나님만 의지하고 끝까지 도전해 나가는 모습이요, 결국에는 인생의 역전을 맛보는 승리의 길입니다. 반면에 롯의 길은 편안하고 편리하고 눈에 보이는 화려함을 좇아가다가 점점 더 하나님과는 멀어져서, 결국에는 세상만 바라보고 나 자신만을 생각하다가 인생의 벼랑길에 서게 되는 그런 길입니다. 사랑하는 성도 여러분! 인생의 영적 시각과 눈을 뜨셔서 예수님의 제자들처럼 옳은 길, 바른 방향으로 충성하시기 바랍니다.

· 함께 읽어요 : 창세기 13장 14~15절

"[14]롯이 아브람을 떠난 후에 여호와께서 아브람에게 이르시되 너는 눈을 들어 너 있는 곳에서 북쪽과 남쪽 그리고 동쪽과 서쪽을 바라보라 [15]보이는 땅을 내가 너와 네 자손에게 주리니 영원히 이르리라."

2. 감사와 찬미의 입술을 회복해야 합니다(히 13:15~17).

"행복은 감사의 문으로 들어왔다가 불평의 문으로 나간다"는 말이 있습니다. 혹시 우리 가정이 행복을 잃어버렸다면 감사를 잃어버렸기 때문이고, 혹시 행복을 얻었다면 내 안에 감사를 회복하고 살기 때문일 것입니다. 여러분은 어느 길을 가고 있습니까? 감사의 입술입니까? 아니면 원망의 입술입니까? 주님이 기뻐하는 아름다운 길, 그 길은 감사와 찬미의 입술을 회복하는 길입니다. 피리를 불어도, 소고를 쳐도, 왜 아무런 느낌을 갖지 못할까요? 영적 식물인간처럼 되어버린 모습이 혹 우리의 모습은 아닐까요? 하나님께 독생자 예수 그리스도를 화목제물로 주시고, 구원과 영생을 주셨으니, 감사와 찬미의 제사를 드리시기를 바랍니다.

· 함께 읽어요 : 히브리서 13장 15절

"그러므로 우리는 예수로 말미암아 항상 찬송의 제사를 하나님께 드리자 이는 그 이름을 증언하는 입술의 열매니라."

3. 영적 은사의 가능성을 항상 열어두어야 합니다(빌 4:13).

일반적인 상식의 사람들은 콩 심은데 콩 나고, 팥 심은데 팥 나는 것이 당연하다고 생각하고 그렇게 믿고 삽니다. 그러나 영적 기업가들은 물고기 뱃속에서 동전을 끄집어내고 하늘에서 만나를 떨어뜨리고, 공중에 메추라기를 날려 보냅니다. 쓴물을 단물로 바꿀 수 있으며, 안 될 때 되게 하는 능력의 주인공이 영적 기업가들의 특징입니다. 많은 사람들이 "안돼", "틀렸어", "이건 불가능해", 이렇게 말할 때, 그 환경을 뚫고 승리를 만들고 기적을 만들어내는 사람들이 있습니다. 우린 그런 사람을 "참 위대했다." "정말 대단했다"라고 말합니다. 우리 주님은 언제나 불가능한 환경을 가능으로 바꾸시는 기적의 주인공이십니다. 이제 모두 "어렵다." "모두 힘들다." "모두 안 된다"라고 말하는 그 환경을 도리어 역전시키는 가정과 교회가 되어야 합니다. 구기경기를 보면 전반전이 끝나고 나면 하프 타임이 있고, 그 하프 타임이 지나고 나면 반드시 후반전이 있습니다. 우리의 전반전이 실패했다고 그냥 무너질 수 없습니다. 마침내 후반전을 승리로 이끄는 역전 드라마를 연출해야 합니다. 여러분의 가정도 우리 교회도 영적 가능성을 회복하셔서 그야말로 세상적인 불가능을 하나님이 주시는 가능함으로 바꾸어나가는 능력의 주인공이 되시기를 바랍니다. 세계적인 발레리나 강수진 양의 발, 모든 발가락이 오랜 연습 때문에 변형되어서 마치 관절염 환자의 발가락처럼 휘어져 있답니다. 그녀의 영광은 연습과 피땀 어린 노력의 결과입니다. 힘들고 어려운 일일지라도 영적 가능성을 열어두고서 최선을 다하는 피땀 어린 노력의 과정이 있기를 바랍니다. 그 길만이 여러분의 삶을 더 풍요롭게 할 것입니다.

· 함께 읽어요 : 빌립보서 4장 13절
"내게 능력 주시는 자 안에서 내가 모든 것을 할 수 있느니라."

정리하는 말

사랑하는 성도 여러분! 우리 성도들이 영적 감각을 회복해서 형제의 아픔과 슬픔, 고통을 느낄 줄 알고, 은혜에 감사하며 찬양할 수 있도록 회복된다면 얼마나 신바람 나고 얼마나 행복할까요? 기쁠 때 기뻐할 줄 알고, 슬플 때 슬퍼할 줄 아는 것은 바로 영적 감각을 회복한 자가 누릴 수 있는 진정한 행복입니다. 우리 구역과 속회가 영적 감각을 회복한, 진정 행복한 교회의 모습이기를 바랍니다. 그래서 속회와 구역, 가정이 세상에서 영적으로 건강한 하나님의 드림팀이 되기를 간절히 소망합니다.

평가와 결심

1. 영적 감각의 회복 첫째 단계가 무엇입니까?
   (창 6:9, 영적 시각을 회복하는 것)
2. 영적 감각의 회복 둘째 단계가 무엇입니까?
   (히 13:15, 감사와 찬미의 입술을 회복해야함)
3. 영적 감각의 회복 셋째 단계가 무엇입니까?
   (빌 4:13, 영적 은사의 가능성을 항상 열어두어야 함)
4. 오늘 말씀을 듣고 각자의 결심을 이야기해보자.

주간 경건의 시간 <36> · 날마다 말씀과 함께

요일 / 내용	월(Mon)	화(Tue)	수(Wed)	목(Thu)	금(Fri)	토(Sat)
찬송	197 / 178	191 / 427	190 / 177	183 / 172	184 / 173	211 / 346
성경	눅 2:	눅 3:	눅 4:	눅 5:	눅 6:	눅 7:
적용	마음에 지키어	성령과불의 세례	성령의 권능으로	깊은 데 그물을	기도하시러 따로	청년아 일어나라

* 말을 많이 한다는 것과 잘한다는 것은 별개의 문제이다.

<소포클래스, B.C. 495~406, 그리스 비극시인>

9단원 영성 회복의 달

언어의 영성을 회복하자

찬송 / 215, 195, 196 / 통 354, 175, 174

성경 / 출애굽기 4:10-13

요절 / 야고보서 3:2

"우리가 다 실수가 많으니 만일 말에 실수가 없는 자라면 곧 온전한 사람이라 능히 온 몸도 굴레 씌우리라."

목표 / 언어의 영성을 회복하는 태도를 기른다.

시작하는 말

성도의 신앙생활 중에 '언어생활'은 대단히 중요합니다. 오늘날 인간 성공학을 연구하는 학자들은 사람마다 입에서 하는 말대로 그의 인생이 만들어져 간다고 합니다. 출애굽할 때 이스라엘의 민족의 지도자 모세도 "나는 본래 말에 능치 못한 자라"(출 4:10)고 고백했습니다. 어떤 사람이나 그 말은 그 사람의 됨됨이를 알 수 있습니다. 이번 공과에서는 영성 치유에서 언어생활의 치유를 다루려고 합니다. 이 과를 통하여 아름다운 언어생활을 추구하시고 위로와 치유의 문을 여시기 바랍니다.

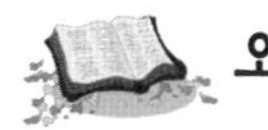

오늘의 말씀

1. 언어의 영성을 여는 3가지 문이 있습니다(눅 11:2~4).

데이 C. 셰퍼드의 '세 가지 황금 문'이란 글을 보면 언어생활에 대해 다음과 같이 충고합니다. "말하기 전에 언제나 세 가지 황금 문을 지나게 하라. 다 좁은 문이다. ① 첫째 문, 그것은 참말인가? ② 둘째 문, 그것은 필요한 말인가? ③ 셋째 문, 그것은 친절한 문인가? 이 세 문을 지나왔거든 그 말의 결과가 어찌 될 것인가 염려하지 말고 크게 외쳐라." 아쉽게도 오늘날 이 사회의 위기는 상당 부분 잘못된 말에 기인합니다. 진실을 확인하지 않고 말해 이웃을 곤경에 빠뜨리곤 합니다. 불필요한 말로 실수가 많습니다. 가깝다는 이유로 거칠고 무례한 말을 내뱉기 일쑤입니다. 그런데 크리스천은 한 가지 문을 더 통과해야 합니다. 곧 '기도의 문'입니다. 말하기 전에 주의 말씀을 상고하며 진심으로 기도하면 진실한 말을 하게 되고, 꼭 필요한 말을 하게 되며, 친절한 말을 하게 됩니다. 우리가 기도하고, 말한 대로 믿음의 역사가 일어나는 것입니다. 영성에서 언어생활은 그 기초입니다. 기도보다 앞서지 마시기 바랍니다.

· 함께 읽어요 : 시편 141편 3절
"여호와여 내 입에 파수꾼을 세우시고 내 입술의 문을 지키소서."

2. 경우에 합당한 말을 해야 합니다(잠언 25:11).

프랑스의 시인인 로제 카이유의 이야기 중에 나오는 말입니다. "저는 태어날 때부터 장님입니다." 그런 팻말을 목에 걸고 프랑스 파리의 미라보 다리 위에서 구걸을 하고 있는 한 장님이 있었습니다. 그런데 그 곁을 지나가던 어떤 사람이 그 걸인에게 당신이 이렇게 해서 구걸하는 액수가 하루에 얼마나 되느냐고 물었습니다. 그러자 그 걸인은 침통한 목소리로 겨우 10프랑 정도밖에 되지 않는다고 대답했습니다. 그 소리를 들은 행인은 고개를 끄덕이면서 걸인의 목에 걸려있는 팻말을 뒤집어 놓으며 다른 어떤 말을 적어놓았습니다. 그로부터 약 한달 후, 그 행인이 그 곳에 다시 나타나 물었을 때 걸인은 행인의 손을 붙잡고 감격해 하며 물었습니다. "참으로 고맙습니다. 선생님께서 다녀가신 뒤 요사이는 50프랑까지 수입이 오르니 대체 어떻게 된 연유인지 모르겠습니다. 도대체 무슨 글을 써놓았기에 이런 놀라운 일이 생기는 겁니까?" 그러자 행인은 이렇게 대답했습니다. "별다른 게 아닙니다. 원래 당신의 팻말에 써 있는 글 '저는 때어날 때부터 장님입니다'라는 말 대신에 '봄이 오건만 저는 그것을 볼 수 없답니다'라고 써 놓았을 뿐이죠." 이 이야기는 우리가 쓰는 말 한마디에 따라 얼마든지 결과가 달라질 수 있다는 사실입니다. 사용하는 말에 좀 더 아름다운 상상의 날개를 달아야 사람들의 마음을 움직이고 호감을 끌 수가 있는 것입니다.

· 함께 읽어요 : 잠언 25장 11절
"경우에 합당한 말은 아로새긴 은쟁반에 금 사과니라."

3. '사랑 한다'는 말은 상한 심령을 치유하는 말입니다(잠 12:18).

'마라스머스'라는 이상한 병은 주로 전쟁고아나 고아원에서 외롭게 자라는 어린이들에게 나타나는 병입니다. 증상은 신체발육이 부진하고 온몸에 힘이 빠지는 것으로 나타납니다. 그리고 환자는 시름시름 앓다가 결국 죽고 맙니다. 이 병은 영양부족이나 병균 때문에 생기는 것이 아닙니다. 마음속의 사랑을 표현하지 못하거나 남들로부터 전혀 사랑을 받지 못하는 사람은 '마라스머스'와 유사한 병에 걸릴 확률이 높습니다. 의사들이 밝히는 이 병의 치료법은 너무도 간단합니다. "매일 사랑을 고백하십시오." 의인의 진실한 입술은 상처받은 사람에게 위로의 말을, 낙심하고 절망한 사람에게 소망의 말을, 환난과 핍박 가운데 있는 사람에게 힘과 용기를 주는 말을, 문제를 당한 사람에게 지혜로운 말을, 나태한 사람에게 권면과 훈계의 말을, 죽어가는 사람에게 생명의 말과, 사랑한다는 말로서 서로의 상한 심령을 위로하고 치유하시기를 바랍니다.

· 함께 읽어요 : 잠언 12장 18절
"칼로 찌름 같이 함부로 말하는 자가 있거니와 지혜로운 자의 혀는 양약과 같으니라."

정리하는 말

사랑하는 성도 여러분! 요즘 세상 어떻게 살아가십니까? 말 많은 세상! 말 때문에 얼마나 상처받고 괴로워하십니까? 참말, 필요한 말, 친절한 말을 서슴지 말고 하십시오. 그리고 경우에 합당한 말을 하시기 바랍니다. 어둡고 힘든 세상이지만 언어의 영성을 살리는 "사랑한다"는 말을 진솔하게 하면서 정말 살맛나는 세상! 주 안에서 주님의 일을 위해 만나고 싶은 시간들을 재창조하면서 살아가시기를 바랍니다.

평가와 결심

1. 언어의 영성을 여는 말의 3가지 문이 무엇입니까?
(시 141:3, ① 참말인가? ② 필요한 말인가? ③ 친절한 말인가?)
2. 언어의 영성을 향상시키는 말이 무슨 말입니까?
(잠 25:11, 경우에 당한 말)
3. 언어의 영성을 살리는 '치유의 말', '생명의 말'은 무엇입니까?
(잠 12:18, 사랑한다는 말)
4. 오늘 말씀을 듣고 각자의 결심을 이야기해보자.

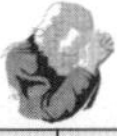

주간 경건의 시간 <37> · 날마다 말씀과 함께

요일 / 내용	월(Mon)	화(Tue)	수(Wed)	목(Thu)	금(Fri)	토(Sat)
찬송	210 / 245	211 / 346	212 / 347	213 / 348	214 / 349	215 / 354
성경	출 2:	출 3:	출 4:	출 5:	출 6:	출 7:
적용	삯을 주리라	여호와라 하라	손에 잇는 것이 뭐냐	감찰하시고	내 백성을 삼고	물이 피로 변하더라

* 세상에서 가장 힘든 일은 모든 사람이 생각하지 않고 말하는 것을 생각하면서 말하는 것이다. <알랭>

9단원 영성 회복의 달

제38과

영적 리듬을 회복하자

찬송 / 354, 347, 325 / 통 394, 382, 359

성경 / 다니엘 6:10-13

요절 / 요한복음 4:24

"하나님은 영이시니 예배하는 자가 영과 진리로 예배할지니라."

목표 / 영적 리듬을 회복하고 섬김을 다하는 태도를 기른다.

시작하는 말

성공적인 사람은 모두 다 바람직한 생활 리듬이 있는 것을 알 수가 있습니다. 리듬이 깨지면 그 사람은 얼마 안 가서 건강도 잃고 사업도 깨지고 맙니다. 생활에 리듬이 없이 생각나는 대로, 충동적으로 그때그때 움직이고 행동하는 사람은 무슨 일에나 성공할 수 없습니다. 영적인 건강도 리듬이 있습니다. 어떤 훌륭한 선배목사님은 기도생활이나, 운동하는 것이나, 꼭 리듬을 맞춰 생활하기 때문에 건강도 유지하고 영력도 배가하면서 교회를 부흥시키고 있는 것을 보았습니다. 여러분의 영적 건강을 위해 하나님이 원하시는 것이 무엇이겠습니까?

오늘의 말씀

1. 기도생활의 리듬을 회복해야 합니다(행 3:1~10).

사도행전 3장에 보면 제9시 기도 시간에 베드로와 요한이 성전에 올라가서 규칙적으로 기도한 것을 볼 수 있습니다. 당시 제자들은 3시, 6시, 9시[1] 등 하루 몇 차례씩 성전에 가서 기도하곤 했습니다. 제 9시 기도 시간에 기도하려고 성전에 올라가다가, 나면서 앉은뱅이 된 자를 보고 "베드로가 이르되 은과 금은 내게 없거니와 내게 있는 이것을 네게 주노니 나사렛 예수 그리스도의 이름으로 일어나 걸으라 하고"(3:6) 명했습니다. 그리고 오른손을 잡아 일으키니 발에 힘을 얻고 일어나 뛰며 서서 걸었습니다. 이같이 기도생활의 리듬이 있어야 기적이 일어납니다.

다니엘 6장에 보면 왕의 총애를 받는 다니엘을 시기하던 총리와 방백들이 다니엘을 모함하여 죽이려고, 앞으로 한 달 동안 왕 외에 어떤 신에게나 기도하는 사람은 사자 굴에 던져 넣기로 한 금령을 알고도 다니엘은 하루 세 번씩 예루살렘 창을 열고 기도했습니다. 결국 다니엘을 사자 굴에 던졌으나 사자들의 입이 봉해져 살아났습니다. 그러나 모함하던 총리와 방백들은 사자 굴에 들어가자마자 맹수들에게 찢기고 참혹하게 먹히고 말았습니다. 기도의 영적 생활의 리듬이 그렇게 중요하다는 사실입니다.

· 함께 읽어요 : 다니엘 6장 10절

"다니엘이 이 조서에 왕의 도장이 찍힌 것을 알고도 자기 집에 돌아가서는 윗방에 올라가 예루살렘으로 향한 창문을 열고 전에 하던 대로 하루 세 번씩 무릎을 꿇고 기도하며 그의 하나님께 감사하였더라."

2. 예배생활의 리듬을 회복해야 합니다(요 4:21~24).

살아있는 신앙생활은 예배가 규칙적으로 반복되어야 합니다. 예배드리는 생활은 중요한 영적 생활의 리듬을 회복시키는 지름길 입니다. 불규칙하게 별로 할 일이 없을 때나 교회에 나와 예배드리는 것은 종교를 가졌다는 위안이 될지는 모르지만, 진정 거듭난 사람의 영적 생활은 아닙니다. 하나님은 지금도 지구상에 있는 그 많은 사람들 중에 '신령(영)과

---

1) 유대인의 시각은 해 뜨는 시각을 0시로 계산하기에 거기에 6시간을 더해야 우리나라 시각과 같아집니다.

진정(진리)으로 예배하는 자'를 찾으시고, 귀중히 여기십니다. 어떤 사람은 비가 온다고 예배 빠지고, 날씨가 좋으면 들로 산으로 놀러 가느라고 예배드리러 오지 않고, 꼭 날씨가 우중충 할 때만 나오는 사람도 있습니다. 이것은 영적 생활의 리듬을 질식시키는 사람입니다. 예배생활에 리듬을 잘 지키는 사람은 자신과 그 후손이 반드시 복을 받을 줄 믿으시기 바랍니다.

· 함께 읽어요 : 요한복음 4장 23절
"아버지께 참되게 예배하는 자들은 영과 진리로 예배할 때가 오나니 곧 이때라 아버지께서는 자기에게 이렇게 예배하는 자들을 찾으시느니라."

3. 헌금 봉사생활의 리듬이 회복되어야 합니다(고후 9:6~7).

어떤 분은 밤새도록 기도했다가 기분이 안 나면 몇 날, 며칠 동안 안 하는 것은 영적 생활의 리듬이 깨진 것입니다. 헌금 봉사생활도 기분 내키면 한 번 하고 한 달 두 달, 하지 않는 것은 영적 생활에 리듬이 깨진 것이기 때문에 성령의 인도함을 받는 생활이 아닙니다. 헌금생활의 리듬은 성경이 제시하고 있습니다. 적든 많든 수입이 생길 때마다 온전한 십일조를 드리는 것입니다. 이것이 영육 간에 축복받는 중요한 비결입니다. 굶어도, 빚을 져도, 잘 지켜나가면 언젠가는 하나님의 기적과 축복이 나타납니다. 감사헌금도 정해 놓고 해야 합니다. 어떤 교인은 교통위반 딱지 뗀 셈 치고, 자동차 사고 나서 수리비 쓴 셈 치고, 매 주일 감사헌금 드립니다. 어떤 분은 다른 보험 드는 대신에 하늘나라 보험 든 셈치고, 규칙적으로 감사헌금 드립니다. 헌금 봉사생활에도 리듬이 있어야 제대로 하는 신앙생활이며 복 받는 생활입니다.

· 함께 읽어요 : 고린도후서 9장 7절
"각각 그 마음에 정한 대로 할 것이요 인색함으로나 억지로 하지 말지니 하나님은 즐겨 내는 자를 사랑하시느니라."

정리하는 말

리듬(rhythm)이란 말은 흔히 음악에서 쓰는 말인데 "규칙적인 반복 운동" 혹은 "일정한 틀에 따라 반복하는 것"을 의미합니다. 하나님의 영적 거성들은 영적 생활에 리듬이 있는 생활을 했던 것을 알 수 있습니다. 그들은 하나님 중심, 말씀 중심, 교회 중심 속에서 기도생활, 예배생활, 봉사생활에 철저했습니다. 여러분도, 하나님의 보호를 받고 축복을 받는 생활을 영위하기 위하여 영적 리듬을 회복하시기를 바랍니다.

평가와 결심

1. 회복해야 될 영적 리듬 첫째가 무엇입니까?
   (단 6:10, 행 3:1, 기도생활의 리듬 회복)
2. 회복해야 될 영적 리듬 둘째가 무엇입니까?
   (요 4:24, 예배생활의 리듬 회복)
3. 회복해야 될 영적 리듬 셋째가 무엇입니까?
   (고후 9:6~7, 헌금 봉사생활의 리듬 회복)
4. 오늘 말씀을 듣고 각자의 결심을 이야기해보자.

주간 경건의 시간 <38> · 날마다 말씀과 함께

요일 / 내용	월(Mon)	화(Tue)	수(Wed)	목(Thu)	금(Fri)	토(Sat)
찬송	324 / 360	325 / 359	330 / 370	329 / 267	327 / 361	297 / 191
성경	단 7:	단 8:	단 9:	단 10:	단 11:	단 12:
적용	환상의 해석	70주간의 비밀	기도를 시작할 때	바사국 군	남방 왕 북방 왕	별과 같이 빛나리라

* 봉사를 주로 한 사업은 흥하고, 이득을 주로 한 사업은 망한다.

<헨리 포드(1863~1947), 미국 자동차 왕>

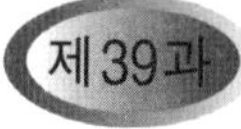

제39과

잃은 영권을 회복하자

찬송 / 356, 357, 352 / 통 396, 397, 390

성경 / 누가복음 10:17-20

요절 / 누가복음 10:19

"내가 너희에게 뱀과 전갈을 밟으며 원수의 모든 능력을 제어할 권세를 주었으니 너희를 해할 자가 결단코 없으리라."

목표 / 그리스도의 증인으로서 사명을 위해 영권을 회복한다.

시작하는 말

존 알렉산더 다위(John Alexander Dawie)라는 목사는 스코틀랜드 출신인데 호주에 부흥회 인도하러 갈 때 종종 풍랑을 만났습니다. 그 때마다 예수님이 바다의 풍랑을 꾸짖듯이 예수의 이름으로 꾸짖으면 잠잠해지곤 했다고 합니다. 사람은 육신과 영혼으로 구성되어 있습니다. 육신을 연마해서 건강을 가진 자가 있고, 지식을 많이 쌓아서 해박한 지식을 가진 사람이 있고, 영적 훈련을 열심히 해서 영적 권위인 영권을 소유한 자가 있습니다. 사탄 마귀가 삼킬 자를 찾아다니는 이 세상에서 우리 성도들은 영적 권세를 소유하고 이를 충분히 활용할 줄 알아야 합니다.

오늘의 말씀

1. 하나님의 자녀로서의 영권(靈權)이 있어야 합니다(눅 10:17~19).

먼저 예수 그리스도를 영접하고 확실히 거듭난 신자로서의 확신을 가져야 합니다. 요한복음 1장 12절에 "영접하는 자 곧 그 이름을 믿는 자들에게는 하나님의 자녀가 되는 권세를 주셨으니 이는 혈통으로나 육정으로나 사람의 뜻으로 나지 아니하고 오직 하나님께로서 난 자들이니라"고 했습니다. 아무리 마귀가 사자같이 무섭고 독사같이 지독해도 하나님의 자녀들에게는 이빨 빠진 사자에 불과합니다. 사탄이 엄습하여 모든 불안과 근심과 고난으로 공격해도 하나의 공갈이요, 위협이요, 거짓에 불과합니다. 주 안에서 대적하고 물리치면 안개처럼 다 사라지고 맙니다. 담대한 믿음으로 유혹을 이기고 대적하여 어떤 공격도 물리쳐야 합니다.

· 함께 읽어요 : 누가복음 10:19절
"내가 너희에게 뱀과 전갈을 밟으며 원수의 모든 능력을 제어할 권능을 주었으니 너희를 해칠 자가 결코 없으리라."

2. 하나님의 뜻과 방법을 아는 자녀에게 영권을 주십니다(요 5:19).

영권의 능력을 소유하려면, 먼저 거듭나서 하나님의 자녀가 되어야 합니다. 그리고 하나님의 뜻과 방법을 알아야 합니다. 하나님의 뜻을 어느 정도 아느냐에 따라 영적 권위가 결정됩니다. 하나님의 뜻을 모르고 하나님의 방법도 모르고 함부로 날뛰는 자에게는 하나님이 영권을 허락할 수가 없는 것입니다. 그런 사람에게 영권을 주면 어린아이에게 큰칼을 맡기는 것과 같기 때문입니다. 가장 큰 영권을 가진 자, 즉 하늘과 땅의 모든 권세를 가지신 예수님께서 요한복음 5장 19절에 말씀하시기를 "아버지의 하시는 일을 보지 않고는 아무 것도 할 수 없나니"라고 하셨습니다. "나는 나의 원대로 하지 않고 나를 보내신 이의 원대로 하는 고로 내 심판은 의로우니라"고 말씀하셨습니다. 여러분이 가령 큰 재산과 많은 회사와 기구를 가지고 있다면, 여러분의 뜻을 잘 받들어 일 할 사람에게 재산도 맡기고 귀한 직책도 맡길 것입니다. 하나님께서도 하나님의 뜻과 방법을 잘 아는 성도들에게 영권을 맡기는 것입니다. 귀한 영권의 소유자가 되시기 바랍니다.

· 함께 읽어요 : 요한복음 5장 19절

"그러므로 예수께서 그들에게 이르시되 내가 진실로 진실로 너희에게 이르노니 아들이 아버지께서 하시는 일을 보지 않고는 아무 것도 스스로 할 수 없나니 아버지께서 행하시는 그것을 아들도 그와 같이 행하느니라."

3. 권위에 순종하는 자에게 영권을 주십니다(롬 13:1).

하나님이 맡기신 영권의 소유자에게 순종하는 것은, 귀한 영권 소유의 지름길이요, 비결입니다. 다윗은 사울 왕이 자기를 잡아 죽이려고 쫓아다니는데도 죽이지 않았습니다. 그 이유는 다윗이 하나님께서 사울 왕에게 기름 부어 권세(authority)를 주신 것을 알고 보았기 때문입니다. 그러므로 권세를 주셨던 하나님이 그를 처리하실 때까지 손을 대지 않았습니다. 한번은 엔게디 굴속에 깊이 숨어 있는데, 사울과 그 부하들이 그 굴속에 들어와 시원한데서 잠이 들었습니다. 그 때 아비새 장군이 창을 들어 단번에 찌르려 했지만 다윗은 "하나님이 기름 부어 권위자로 세운 자를 해치지 말라"고 명하고 사울의 옷자락만 베어 가지고 나왔습니다. 한번은 사울 왕의 부하들이 밤에 들판에서 잠이 들었는데 다윗의 부하들이 그를 죽일 수 있었지만 창과 물병만 가지고 왔습니다. 다윗은 사울의 권세를 존중히 여겼습니다. 하나님은 이런 다윗을 보시고 사울은 전쟁에서 전사하게 하고, 다윗은 죽을 때까지 그의 권세를 보장해 주셨습니다. 그리하여 원수들이 공격에도 백전백승하게 해주셨습니다. 다윗이 범죄 할 때 괴롭히는 무리들이 있었으나 그를 징계한 다음에는 원수를 다 멸해 주셨습니다. 권세에 순종한 만큼, 큰 권세를 받게 된다는 사실을 명심하시기 바랍니다.

· 함께 읽어요 : 로마서 13장 1절

"각 사람은 위에 있는 권세들에게 복종하라 권세는 하나님으로부터 나지 않음이 없나니 모든 권세는 다 하나님께서 정하신 바라."

정리하는 말

사랑하는 성도 여러분! 여러분에게도 특별한 영권(靈權)을 주셨습니다. 성도에게 하나님의 자녀의 권세, 죄와 마귀를 물리치는 권세, 세상을 이기는 권세를 주셨습니다. 하나님의 뜻을 알고, 주신 권세들에게 복종함으로 하나님께서 주신 권세와 큰 능력을 나타내시고, 삶의 현장에서 적용하고, 체험하는 기회로 삼으시기를 주님의 이름으로 축원합니다.

평가와 결심

1. 예수 그리스도를 영접하는 자에게 주신 권세가 무엇입니까?
   (요 1:12, 하나님의 자녀가 되는 권세를 주심)
2. 하나님의 권세를 누구에게 첫째 누구에게 주십니까?
   (요 5:19, 하나님의 뜻을 알고 순종하는 자에게 주심)
3. 하나님의 권세를 누구에게 둘째 누구에게 주십니까?
   (롬 13:1, 주신 권세에 순종하는 자에게 주심)
4. 오늘 말씀을 듣고 각자의 결심을 이야기해보자.

주간 경건의 시간 <39> · 날마다 말씀과 함께

요일 / 내용	월(Mon)	화(Tue)	수(Wed)	목(Thu)	금(Fri)	토(Sat)
찬송	353 / 391	354 / 394	355 / 386	350 / 393	351 / 389	347 / 382
성경	눅 9:	눅 10:	눅 11:	눅 12:	눅 13:	눅 14:
적용	예수만 보이더라	추수할 일꾼	구제하라	까마귀를 생각하라	안수하시매	내 집을 채우라

* 무심코 던진 말 한 마디가 상대방의 가슴에 못을 박는다.

<유관지, 목사, 수필가, 교수, 극동방송전도국장>

사람은 말씀으로 산다

찬송 / 198, 199, 200 / 통 284, 234, 235

성경 / 마태복음 4:1-11

요절 / 마태복음 4:4

"예수께서 대답하여 이르시되 기록되었으되 사람이 떡으로만 살 것이 아니요 하나님의 입으로부터 나오는 모든 말씀으로 살 것이라 하였느니라 하시니."

목표 / 사람은 하나님의 말씀으로 살아가는 것을 알게 한다.

시작하는 말

사람은 육신적인 생명과 영적인 생명이 있습니다. 생명은 같지만 먹고사는 양식이 다릅니다. 육신적인 생명이 물질적인 음식을 날마다 먹어야 살아가는 것처럼 영적인 생명도 영적인 말씀을 날마다 먹으며 살아가야 합니다. 그렇다면 여러분들은 과연 매일 육신의 양식처럼 영적인 양식을 섭취하고 있습니까? 이것이 우리의 과제입니다. 그리고 당신의 영혼이 잘되고 강건하기 위해서, 여러분의 영성을 치유하기 위해서 어떻게 살아야 하겠습니까?

오늘의 말씀

1. 신령한 말씀을 사모하십시오(벧전 2:2~3).

건강한 아이는 젖을 사모하듯 건강한 심령은 말씀을 사모합니다. 사도 베드로는 "갓난아이들 같이 순전하고 신령한 젖을 사모하라 이는 이로 말미암아 너희로 구원에 이르도록 자라게 하려 함이라 주의 인자하심을 맛보았으면 그리하라"(벧전 2:2~3)고 했습니다. 여기 '순전하고 신령한 젖'은 '하나님의 말씀'을 가리킵니다. '하나님의 말씀'은 영적인 모유입니다. 하나님의 말씀을 먹어야 영적인 생명이 보존되고 장성하게 자라갑니다. 갓난아이가 모유를 먹으면서 어머니의 사랑의 맛을 보는 것처럼 우리는 하나님의 말씀을 먹으면서 인자하신 주님의 맛을 보며 살아가야 합니다. 우리는 주님의 말씀 속에서 인자하신 주님을 만나고 감동 감화되어 주님을 닮아 가야하는 것입니다. 이 목적을 이끄는 삶은 성경 말씀이 양식이며 보약입니다.

· 함께 읽어요 : 이사야 55장 1절
"너희 모든 목마른 자들아 물로 나아오라 돈 없는 자도 오라 너희는 와서 사 먹되 돈 없이, 값 없이 와서 포도주와 젖을 사라."

2. 말씀의 정상을 정복 하십시오(시편 19:8~10).

우리가 영적 건강을 유지하려면 영적 입맛을 회복해야 합니다. 그래서 양식을 맛있게 정한 시간에 가리지 않고 잘 먹어야 건강한 것입니다. 그런데 우리는 영적 육신의 생명을 위해서는 온갖 좋은 것을 다 섭취하면서, 영적인 생명을 위해서 하나님의 말씀을 얼마나 섭취하고 있습니까? 육신적인 양식은 한 끼라도 거르면 죽을 것처럼 찾아 먹으면서 영적인 양식은 몇 주, 몇 개월, 몇 년 걸러도 아무런 느낌이 없지 않습니까? 여기에 우리의 영적 건강에 비상이 걸린 것입니다. 영적인 양식을 섭취하지 않고 영적으로 살아있는 것처럼 착각하는 데, 이것은 심각한 문제가 있습니다. 여러분, 하나님의 말씀인 성경을 꿀보다 더 달게 느끼면서 읽고 묵상하며, 시간을 정해 놓고 매일 매일, 그리고 신약·구약을 균형 있게 읽고 들으면서 영적 건강을 회복하시기를 바랍니다. 그리하여 영적 건강을 정복하고 정상에 거하시기를 바랍니다.

· 함께 읽어요 : 시편 19장 8~10절
"[8]여호와의 교훈은 정직하여 마음을 기쁘게 하고 여호와의 계명은 순결하여 눈을 밝게 하시도다. [9]여호와를 경외하는 도는 정결하여 영원까지 이르고 여호와의 법도 진실하여 다 의로우니 [10]금 곧 많은 순금보다 더 사모할 것이며 꿀과 송이 꿀보다 더 달도다."

3. 하나님의 말씀이 영적 생명을 풍요롭게 합니다(신 8:1~3).

예수님은 "사람이 떡으로만 살 것이 아니요 하나님의 입으로 나오는 모든 말씀으로 살 것이라"(마 4:4)고 말씀하셨습니다. 예수님은 떡으로 사는 것을 부인하신 것이 아니라 '떡으로만' 사는 것을 인정하시지 않았습니다. 사람은 떡이 필요하지만 떡으로만 사는 것은 바람직하지 않습니다. 이것은 육신적인 생명이기 때문입니다. 영적인 생명은 영적인 음식이 필요합니다. 성경 '하나님으로부터 나오는 모든 말씀'이 영적인 음식입니다. 예수님은 40일 동안 금식을 하신 후에 육적인 양식이 극도로 필요한 형편에 처하셨습니다. 예수님은 그런 극한 상황에서 사단으로부터 "이 돌들을 떡덩이가 되게 하라"는 유혹을 받았습니다. 예수님은 돌로 떡을 만들 능력이 있었지만 "사람이 떡으로만 살 것이 아니요 하나님의 입으로 나오는 모든 말씀으로 살 것이라"고 강조하신 것입니다. 육신적인 생명을 유지하기 위한 떡보다, 영적인 생명을 주고 소생케 하는 하나님의 말씀이 훨씬 더 귀하다는 것입니다. 하나님의 말씀인 성경은 영 · 육간에 양식이요 보약임을 명심하고, 끊임없는 섭취로 영·육간에 건강을 회복하시기를 바랍니다.

· 함께 읽어요 : 신명기 8장 3절
"너를 낮추시며 너를 주리게 하시며 또 너도 알지 못하며 네 조상들도 알지 못하던 만나를 네게 먹이신 것은 사람이 떡으로만 사는 것이 아니요 여호와의 입에서 나오는 모든 말씀으로 사는 줄을 네가 알게 하려 하심이니라."

정리하는 말

사랑하는 성도 여러분! 성경은 하나님께서 우리에게 주신 말씀인 영의 양식인 것입니다. 하나님의 말씀은 우리 삶을 푸른 초장으로 안내해 주는 이정표요, 나침반 입니다. 때문에 우리를 바른 길로 인도하십니다. 우리는 말씀을 듣고 깨닫는 대로 행하며 실천해야 합니다. 여러분, 이제부터 하나님의 말씀에 귀를 기울여 듣고, 주님의 뜻대로 살아가는 복된 삶의 주인공들이 되시기를 바랍니다. 하나님의 말씀에 붙잡혀 굳게 서서 평강을 누리고 아름답고 멋진 생애를 펼쳐 가시기를 바랍니다.

평가와 결심

1. 말씀으로 치유를 위해 첫째 우리가 어떻게 살아야 합니까?
   (벧전 2:2~3, 신령한 젖을 사모해야 함)
2. 말씀으로 치유를 위해 둘째 우리가 어떻게 해야 합니까?
   (시편 19:8~10, 말씀을 제때에 맛있게 먹어야함)
3. 말씀으로 치유를 위해 셋째 우리가 어떻게 살아야 합니까?
   (신 8:3, 말씀대로 실천하며 살아야 함)
4. 오늘 말씀을 듣고 각자의 결심을 이야기해보자.

주간 경건의 시간 <40> · 날마다 말씀과 함께

요일 / 내용	월(Mon)	화(Tue)	수(Wed)	목(Thu)	금(Fri)	토(Sat)
찬송	88 / 88	199 / 234	200 / 235	207 / 243	209 / 247	184 / 173
성경	마 2:	마 3:	마 4:	마 5:	마 6:	마 7:
적용	별을 보고	성령과 불	성령에게 이끌리어	예물 제단 앞에 두고	이렇게 기도하라	문을 두드리라

* 진정한 회개는 죄악 된 행동을 그만 두는 것이다. <성 암부로스(340-87) 주교>

제41과

말씀은 순결하게 합니다

찬송 / 184, 183, 182 / 통 173, 172, 169

성경 / 시편 119:9-16

요절 / 시편 119:9

"청년이 무엇으로 그의 행실을 깨끗하게 하리이까? 주의 말씀만 지킬 따름이니이다."

목표 / 성도로서 말씀으로 순결하게 살아가는 태도를 기른다.

시작하는 말

우리가 바르게 산다는 것은 거룩함으로 살아가는 것입니다. 하나님께서 기뻐하시는 삶이란 하나님 앞에서 거룩하고 온전하며 순결하게 사는 것입니다. 우리가 죄의 유혹에서 이기고, 죄악 세상에서 순결하게 살아갈 수 있는 방법은 하나님의 말씀을 따라 사는 것입니다. 죄와 더러움, 욕망에서 자신을 지켜낼 수 있는 것은 하나님의 말씀입니다. 성경은 하나님을 떠나 우상을 섬기는 생활을 남편을 떠나 외도하는 부정한 여인의 모습으로 비유하셨습니다. 여러분, 말씀으로 경건하고 순결하게 살아가려면 어떻게 해야 하겠습니까?

오늘의 말씀

1. 우리는 말씀을 따라 행해야 합니다(시편 119:9).

본문 9절에 "청년이 무엇으로 그 행실을 깨끗하게 하리이까? 주의 말씀만 지킬 따름이니이다"라고 권하고 있습니다. 더럽고 추한 죄인이 깨끗해지고 정결케 할 수 있는 것은 주님의 말씀에 따라 행동하는 것입니다. 시편 기자가 권고하듯이 어린이로부터 노인까지 모든 사람들이 죄악에서 벗어나야 합니다. 죄의 유혹에 밀려 넘어질 때, 죄의 파도에 휩쓸릴 때, 죄의 구렁텅이에 빠지게 될 때 말씀을 붙들고 나아가십시오. 하나님의 말씀이 우리를 죄에서 구원해 주시고 승리케 하실 것입니다. 하나님의 말씀은 어떤 길이라도 명확하게 안내해 주는 지도와 같기 때문입니다. 사랑하는 성도 여러분! 하나님의 말씀을 기억하고 말씀이 뜻하는 대로 실천하셔서 죄악의 권세를 물리치고 성공의 주인공이 되시기 바랍니다.

· 함께 읽어요 : 시편 119편 9절
"청년이 무엇으로 그의 행실을 깨끗하게 하리이까 주의 말씀만 지킬 따름이니이다."

2. 하나님 말씀에서 떠나지 말아야 합니다(시편 119:10).

시편 기자는 전심으로 여호와를 구하는 자는 주님의 계명에서 떠나지 않는다고 말합니다. 하나님의 말씀에서 떠나지 않는 것이 전심으로 주님을 찾고 구하는 일입니다. 세상의 광야에서 하나님의 말씀으로 우리의 인생을 지켜야 합니다. 그러기 위해서 간절한 마음으로 하나님을 찾고 사모해야 합니다. 하나님을 만나겠다는 믿음과 하나님의 말씀으로 자신의 삶을 돌이켜 순결한 마음으로 교회에 출석해야 합니다. 여러분, 얼마나 열심히 하나님을 찾으십니까? 얼마나 간절히 만나기를 원하십니까? 하나님을 간절히 찾는 자에게 하나님은 만나주시고 역사하십니다. 신앙이란 온 마음과 정성을 다해 하나님을 찾는 것입니다. 우리가 전심으로 하나님을 찾고 하나님의 말씀에서 떠나지 않을 때, 죄악에서 자신을 지켜가고 거룩하게 구별될 수 있습니다. 그러나 우리가 전적으로 하나님을 바라보지 못하도록 하는 것이 있습니다. 바로 '염려'와 '불신앙' 입니다. 우리 안에 있는 염려는 하나님을 찾지 못하게 만듭니다. 또 '불신앙'은 우리를 하나님께 향하지 못하도록 합니다. 이것이야말로 하나님을 향한 의심이요, 배반입니다. 이런 염려, 불신앙, 의심을 다 떨쳐버리고, 믿음으로 온전한 신앙을 소유하시기 바랍니다.

· 함께 읽어요 : 시편 119편 10절
"내가 전심으로 주를 찾았사오니 주의 계명에서 떠나지 말게 하소서."

3. 말씀을 마음에 두어야 합니다(시편 119:11).

이 세상에서 가장 귀한 것은 하나님의 말씀입니다. 그리고 그 말씀이 살아 역사하는 가장 적합한 장소는 바로 우리의 '마음'입니다. 우리의 '마음'은 생각과 긴밀한 관계가 있습니다. 건전한 사고를 위해 나의 생각에 주님의 말씀이 거하고 있어야 합니다. 그것은 주님의 자녀로서 주님께 범죄치 아니하려는 이유에서입니다. 고린도후서 4장 7절에서 바울은 "우리가 이 보배를 질그릇에 가졌으니 이는 심히 큰 능력은 하나님께 있고 우리에게 있지 아니함을 알게 하려 함이라"고 했습니다. 우리가 질그릇에 보배를 담고 있다고 말씀합니다. 그 보배는 바로 '예수 그리스도'입니다. 귀하신 주님을 질그릇에 담고 있다는 뜻입니다. 예수 그리스도는 완전하시고 순결하시며 흠이 없으신 분이십니다. 주님의 말씀을 담는 우리의 마음은 실상 흠이 많습니다. 상처투성이, 연약함, 부족함이 있는 우리의 마음이지만, 그 안에 보배이신 예수 그리스도를 담아둘 때 우리에게 크신 능력이 나타나는 것입니다. 연약하고 부족하지만 우리 안에 하나님의 말씀을 담아둘 때, 우리의 능력은 곧 말씀의 능력으로 변화 받아 죄에서 승리할 수 있는 것입니다.

· 함께 읽어요 : 시편 119편 11절
"내가 주께 범죄하지 아니하려 하여 주의 말씀을 내 마음에 두었나이다."

정리하는 말

하나님의 말씀이 우리를 죄에서 구원해 주십니다. 말씀은 우리 인생의 안내자요, 나침반입니다. 죄악으로 더러워진 우리가 거룩함과 순결함으로 나아가는 길은 '오직 말씀!' 뿐입니다. 말씀의 지시대로 따를 때, 인생의 목적지에 안전하게 도달할 수 있는 줄 믿고, 경건의 훈련을 열심히 하셔서 순결한 믿음을 소유하고 승리하시기를 축복합니다.

평가와 결심

1. 순결하게 살아가는 방법 첫째가 무엇입니까?
   (시 119:9, 하나님의 말씀을 따라 행해야 함)
2. 순결하게 살아가는 방법 둘째가 무엇입니까?
   (시 119:10, 하나님의 말씀에서 떠나지 말아야 함)
3. 순결하게 살아가는 방법 셋째가 무엇입니까?
   (시 119:11, 하나님의 말씀을 마음에 두어야 함)
4. 오늘 말씀을 듣고 각자의 결심을 이야기해보자.

주간 경건의 시간 <41> · 날마다 말씀과 함께

요일 / 내용	월(Mon)	화(Tue)	수(Wed)	목(Thu)	금(Fri)	토(Sat)
찬송	159 / 149	237 / 226	241 / 232	242 / 233	257 / 189	258 / 190
성경	시119:41-80	시119:81-120	시119:121-160	시119:161-176	시120:1-7	시121:1-8
적용	내 소유	종일 묵상	여호와의 일하실 때	하루 일곱 번 찬양	로뎀나무 숯불	나의 도움

* 하나님이 영혼을 구원하시기 위하여 어떤 때는 우리 육신에 병을 준다.
<성 프랜시스, 1567~1622, 프랑스 주교, 작가>

10단원 말씀 실천의 달

빛의 자녀처럼 행하라

찬송 / 423, 424, 425 / 통 213, 216, 217

성경 / 에베소서 5:1-14

요절 / 에베소서 5:8

"너희가 전에는 어둠이더니 이제는 주 안에서 빛이라 빛의 자녀들처럼 행하라."

목표 / 성도로서 빛의 자녀들처럼 행하는 태도를 기른다.

시작하는 말

바울은 불신 상태와 예수를 믿은 이후의 변화의 상태를 어둠과 빛으로 이야기합니다. 불신앙 상태는 어둠이요, 예수를 믿은 이후의 상태는 빛이라는 것입니다. 신자가 된다는 것은 어둠의 자녀에서 빛의 자녀가 되는 것입니다. 예수 그리스도를 영접함으로써 빛 되신 주님을 우리의 마음속에 받아, 그 빛을 반사하기에 우리는 빛의 자녀가 되는 것입니다. 그러나 빛 된 우리가 빛의 제 기능을 제대로 하지 못하고 있기 때문에 어둠에 묻혀 살기도 합니다. 말씀을 통해서 빛이라는 우리 자신의 신분과 빛으로서의 사명과 그 역할을 다하며 살아가시기를 바랍니다.

오늘의 말씀

1. 빛의 자녀는 빛 되신 하나님을 본받아야 합니다(엡 5:1~2).

하나님을 본받는다는 것은 하나님을 닮아가는 삶을 의미합니다. 하나님을 닮아간다는 것은 하나님의 성품을 닮아가는 것입니다. 성경은 주님과 주님의 사랑을 닮아가야 할 것을 말씀하고 있습니다. 주님이 너희를 사랑하고 희생하셨듯이 '너희도 사랑을 실천하라'고 권고하신 것입니다. 우리는 세상에서 주님을 닮아가야 합니다. 특별히 주님께서 자신을 희생하며 우리를 사랑하신 것처럼 우리도 주님을 사랑하고 이웃을 사랑해야 합니다. 그것이 우리의 도리요, 사명인 것입니다.

· 함께 읽어요 : 에베소서 5장 1~2절

"[1]그러므로 사랑을 받는 자녀 같이 너희는 하나님을 본받는 자가 되고 [2]그리스도께서 너희를 사랑하신 것 같이 너희도 사랑 가운데서 행하라 그는 우리를 위하여 자신을 버리사 향기로운 제물과 희생제물로 하나님께 드리셨느니라."

2. 빛의 자녀들은 어둠의 일을 버려야 합니다(엡 5:3~7).

빛과 어둠은 공존할 수 없습니다. 우리가 그리스도 밖에 있을 때는 어둠의 세력이었으나 빛이 들어왔으므로 어둠의 일을 버려야 합니다. 어둠의 일이 무엇입니까? 첫째는 부도덕한 삶입니다. 즉, 음행과 더러움과 탐욕의 삶입니다. 둘째는 부적절한 언어생활입니다. 누추한 말, 어리석은 말, 인격 모독의 말입니다. 이런 것들이 이제 빛의 자녀로서 빛이 들어왔으므로 다 사라져야 합니다. 예수 그리스도를 진실하게 믿는 자로서 부도덕한 생활이나 더럽고 추한 말들이 사라져야 합니다. 그런데 우리의 문제는 아직까지도 이런 어둠의 일들을 버리지 못한다는 데 있습니다. 만일 우리가 빛 되신 예수 그리스도를 영접했다면 우리는 과거 어둠을 다 버려야 합니다. 이 사회가 어두운 것은 우리가 빛의 역할을 제대로 감당하지 못했기 때문입니다. 진정 우리는 예수 그리스도를 믿어 모든 어둠의 일을 다 물리쳐야겠다는 결심으로 살아야 합니다. 그것이 우리 빛의 자녀들의 자세임을 명심하시기 바랍니다.

· 함께 읽어요 : 에베소서 5장 3절
"음행과 온갖 더러운 것과 탐욕은 너희 중에서 그 이름조차도 부르지 말라 이는 성도에게 마땅한 바니라."

3. 빛의 자녀는 빛의 열매를 맺어야 합니다(엡 5:8~14).

본문에서는 빛의 열매를 세 가지로 말하고 있습니다. 그것은 '착함'과 '의로움'과 '진실함'입니다. 여기서 '착함'은 너그러움, 관용을 의미합니다. 세상은 너무나 각박하여 자기만 알고 이기적입니다. 그리스도인은 자기밖에 모르는 세상 속에서 이웃을 향한 선행과 너그러움을 드러내야 합니다. '의로움'은 도덕적으로 악이나 부정에 반대되는 개념입니다. 우리는 의롭지 못하며, 불법이 성행하며, 도덕적 부패가 극에 달한 세상에 살고 있습니다. 우리는 이러한 세상에서 세상 사람들과 무엇인가 다르게 살아야 합니다. '진실'은 허위와 위선의 반대 개념입니다. 우리는 허위와 위선이 가득 찬 세상에서 참됨과 진실함을 보여주어야 합니다. 불신이 팽배한 세상에서 그리스도인이기에 신뢰성과 진실성을 소유해야 합니다. 우리는 빛의 자녀입니다. 따라서 주님을 닮아가야 합니다. 혹시 우리는 꺼진 등이 아닌지, 우리가 진정 빛을 밝히 비추고 있는지, 살피시고 빛의 자녀처럼 살아갈 것을 다짐하시고 실천하시기 바랍니다.

· 함께 읽어요 : 에베소서 5장 8~9절
"8 너희가 전에는 어둠이더니 이제는 주 안에서 빛이라 빛의 자녀들처럼 행하라 9 빛의 열매는 모든 착함과 의로움과 진실함에 있느니라."

사랑하는 성도 여러분! 우리 크리스천들이 주님의 빛 된 삶을 따르지 못하며, 그런 용기가 없음을 반성해야 합니다. 우리의 삶이 선한 행실로

세상의 구석구석을 밝히는 희망의 등불이 되시기를 바랍니다. 우리의 영혼을 주님의 빛으로 밝게 비추시고 어두움의 세력을 물리치시기를 바랍니다. 주님, 성령님의 불이 우리의 몸과 마음에 임하여 주를 향한 열정으로 승화되어 타오르게 하시고, 아름다운 결실을 맺어 이 빛으로 온 세상을 밝히 비추시기를 주님의 이름으로 축원합니다.

평가와 결심

1. 빛의 자녀들은 세상에서 첫째 어떻게 살아야 합니까?
   (엡 5:1~2, 하나님을 본받아 살아야 함)
2. 빛의 자녀들은 세상에서 둘째 어떻게 살아야 합니까?
   (엡 5:3~7, 어둠의 일을 버려야 함)
3. 빛의 자녀들은 세상에서 셋째 어떻게 살아야 합니까?
   (엡 5:8~14, 빛의 열매 즉 착함, 의로움, 진실함의 열매를 맺어야 함)
4. 오늘 말씀을 듣고 각자의 결심을 이야기해보자.

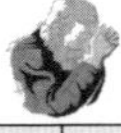

주간 경건의 시간 <42> · 날마다 말씀과 함께

요일 / 내용	월(Mon)	화(Tue)	수(Wed)	목(Thu)	금(Fri)	토(Sat)
찬송	546 / 399	333 / 381	347 / 382	351 / 389	381 / 425	411 / 473
성경	엡 5:	엡 6:	빌 1:	빌 2:	빌 3:	빌 4:
적용	빛의 자녀	단 마음으로	영광과 찬송	마음을 같이하여	성령으로 봉사	향기로운 제물

* 찬양은 기도보다 더 거룩하다. 기도는 우리의 길을 하늘로 향하게 하지만 찬양은 이미 그곳에 있다. <에드워드 영, 1683~1765, 영국 시인>

성장 법칙을 지키며 살자

찬송 / 426, 427, 428 / 통 215, 516, 488

성경 / 빌립보서 4:4-9

요절 / 빌립보서 4:9

"너희는 내게 배우고 받고 듣고 본 바를 행하라 그리하면 평강의 하나님이 너희와 함께 계시리라."

목표 / 크리스천은 성장의 법칙을 지켜 살아가는 태도를 기른다.

시작하는 말

성장은 생명체의 기본적인 법칙입니다. 그러므로 성장하지 않는 것은 병이 들었거나 죽어가고 있는 것입니다. 영성 치유란 왕성한 성장을 기본으로 하고 있습니다. 성경에는 영·육간의 성장의 법칙을 제시해 주고 있습니다. 치유의 영성을 펼칠 수 있는 하나님의 나라는 '왕의 공동체'(The Community of the King)로서 성장해 가야 합니다. 모두 왕이신 하나님의 백성이며 일꾼으로 성장되기를 바랍니다. 그리하면 평강의 하나님이 함께하실 것입니다. 그러면 그 성장의 법칙이 무엇입니까?

오늘의 말씀

1. 기뻐하고 관용을 베풀어야 합니다(빌 4:4~5).

성장의 제 1법칙은 기뻐하는 것입니다. 바울 사도는 말씀합니다. "주 안에서 항상 기뻐하라"(빌 4:4)고 말입니다. 하나님의 성장 계획은 삶의 태도로부터 시작됩니다. 그 태도의 기본이 기뻐하는 것입니다. 식물에게도 기쁜 목소리로 계속 말하면 식물도 더 잘 자란다는 보고가 있는데 하물며 자기 영혼을 기쁨으로 채우는 사람에게 영혼의 성장이 없겠습니까? 그래서 사도 바울은 4절 후반부에서 다시 한번 "항상 기뻐하라 내가 다시 말하노니 기뻐하라"고 권면합니다. 기쁨은 성장의 가장 기본적인 요소입니다.

성장의 제 2법칙은 관용을 베푸는 것입니다. 빌립보서 4장 5절에는 "너희 관용을 모든 사람에게 알게 하라"고 했습니다. 진정한 회개를 통해서 하나님과의 관계가 회복된 사람에게 '관용'이 나타납니다. 그처럼 관용을 베푸는 마음을 통해서 어렵고 힘든 일 중에서도 살아갈 힘과 용기가 솟아나고, 문제 해결의 능력이 생길 뿐 아니라, 영혼의 성숙함을 얻게 됩니다. 이와 같이 성장법칙에 따라 기도와 간구로 준비하여 전도사역에 성공할 수 있기를 바랍니다.

· 함께 읽어요 : 빌립보서 4장 4~5절
"[4]주 안에서 항상 기뻐하라 내가 다시 말하노니 기뻐하라 [5]너희 관용을 모든 사람에게 알게 하라 주께서 가까우시니라."

2. 염려하지 말고 감사하며 기도하는 것입니다(빌 4:6~7).

성장의 제 3법칙은 염려하지 않는 것입니다(빌 4:6). "아무 것도 염려하지 말고", 염려는 영혼과 육신을 동시에 죽이는 것입니다. 의학적으로도 염려는 점차 혈압을 높이고, 위궤양과 심장병의 중요한 원인이 된다고 합니다. 미국 건강협회 보고서에 의하면 병원에 있는 60%의 사람들이 직접 또는 간접으로 염려로부터 그 병이 초래되었다고 합니다.

성장의 제 4법칙은 '감사하며 기도하는 것'입니다. "오직 모든 일에 기도와 간구로, 너희 구할 것을 감사함으로 하나님께 아뢰라." 감사기도는 내 영혼의 집에 맑은 영적 공기가 들어오도록 하는 영적 통풍 장치와 같은 것입니다. 감사의 기도는 절망을 이기는 힘의 원천이고, 성장을 견인해주는 가장 소중한 영적 도구입니다. 감사의 기도는 위기를 기회로 만들고, 영적 난쟁이를 성장시켜 영적 거인으로 만들어 주는 것입니다. 염려하지 말고 감사하시기 바랍니다.

· 함께 읽어요 : 빌립보서 4장 6~7절

"6 아무 것도 염려하지 말고 다만 모든 일에 기도와 간구로, 너희 구할 것을 감사함으로 하나님께 아뢰라 7 그리하면 모든 지각에 뛰어난 하나님의 평강이 그리스도 예수 안에서 너희 마음과 생각을 지키시리라."

3. 생각을 통제하는 것입니다(빌 4:8).

영적 성장의 제 5법칙은 생각을 통제하는 것입니다. 빌립보서 4장 8절에 "끝으로 형제들아 무엇에든지 참되며 무엇에든지 경건하며 무엇에든지 옳으며 무엇에든지 정결하며 무엇에든지 사랑 받을 만하며 무엇에든지 칭찬 받을 만하며 무슨 덕이 있든지 무슨 기림이 있든지 이것들을 생각하라"고 말씀합니다. 만약 사람이 자신의 생각을 잘 통제하는 훈련을 한다면 자신의 마음, 자신의 혀, 자신의 행동도 통제할 수 있을 것입니다. 항상 좋은 생각을 하고, 좋지 않은 생각은 생각하지 말아야 합니다. 좋은 생각은 반드시 좋은 결실을 맺고, 좋지 않은 생각은 반드시 좋지 않은 결과를 낳습니다. 주 안에서 자신의 생각을 통제함으로 영성 성장과 영적 바른 성숙이 있으시기를 바랍니다.

· 함께 읽어요 : 빌립보서 4장 8절

"끝으로 형제들아 무엇에든지 참되며 무엇에든지 경건하며 무엇에든지 옳으며 무엇에든지 정결하며 무엇에든지 사랑 받을 만하며 무엇에든지 칭찬 받을 만하며 무슨 덕이 있든지 무슨 기림이 있든지 이것들을 생각하라."

정리하는 말

사랑하는 성도 여러분! 성숙한 사람은 결코 늙지 않습니다. 카를 로저스는 "인생이야말로 한 인간이 성숙되어가는 과정이라"고 정의를 내렸습니다. 가정과 교회는 성숙으로 이끌어내기 위한 하나님의 훈련학교입니다. 영적 성장의 법칙을 잘 지켜서 건강하게 성장하여 성숙한 성도와 성장한 크리스천이 되시기를 주님의 이름으로 기원합니다.

평가와 결심

1. 성장의 제1, 2법칙은 무엇입니까?
   (빌 4:4~5, ① 기뻐하는 것 ② 관용하는 것)
2. 성장의 제3, 4법칙은 무엇입니까?
   (빌 4:6~7, ③ 염려하지 말고 ④ 감사 기도하는 것)
3. 성장의 제 5법칙은 무엇입니까?
   (빌 4:8, ⑤ 생각을 통제하는 것)
4. 오늘 말씀을 듣고 각자의 결심을 이야기해보자.

주간 경건의 시간 <43> · 날마다 말씀과 함께

요일 / 내용	월(Mon)	화(Tue)	수(Wed)	목(Thu)	금(Fri)	토(Sat)
찬송	397 / 454	401 / 457	400 / 463	405 / 458	406 / 464	407 / 465
성경	히 2:	히 3:	히 4:	히 5:	히 6:	히 7:
적용	교회 중에 찬송	깊이 생각하라	하나님의 말씀	구원의 근원	안수와 부활과	영원한 제사장

* 십자가 없는 신앙은 결빙 되리라. <루사후 오도>

제44과 영적 결핍을 치유받자

찬송 / 210, 220, 227 / 통 245, 278, 283

성경 / 고린도전서 16:13~18

요절 / 고린도전서 16:13

"깨어 믿음에 굳게 서서 남자답게 강건하라."

목표 / 성도의 삶에서 정신적 결핍을 치유 받아 건강한 삶의 태도를 기른다.

시작하는 말

우리가 건강하다가도 빈혈증세가 생기면 어지럽고, 생활하기에 불편을 느낍니다. 그리스도인들이 조심해야 할 것은 영적 빈혈 증세입니다. 영적빈혈은 정신적으로 멍해지고 어지럽고 신앙생활에 쉽게 싫증이 나고 피곤을 느낍니다. 빈혈은 의학적으로 볼 때 심한 출혈, 소화불량, 지라에 염증이 생기거나, 비타민 B12의 부족 등으로 생긴다고 합니다. 영적빈혈 증세에는 순종을 통한 '정신 강화훈련'이 필요합니다. 철저하게 '말씀순종'을 훈련하되 서로 중첩 되지 않고 균형 있는 영적 식단을 마련하여 실천함으로 정신적 빈혈증을 치유해야 합니다. 정신적 결핍증을 치유하려면 어떻게 해야 하겠습니까?

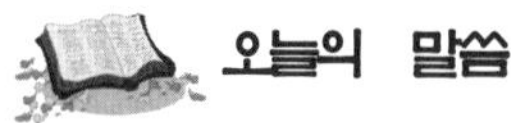

오늘의 말씀

1. 먼저 영적 출혈과 결핍을 막아야 합니다(왕상 19:1~8).

기계가 일을 제대로 수행하려면 가끔 기계에 기름칠을 해주어야 합니다. 또한 기계의 조작 기술을 익혀야 합니다. 기계의 목적에 맞도록 사용해야 합니다. 영적으로 빈혈증이 보이십니까? 인생의 목적과 방향을 꼼꼼하게 점검해 보시기 바랍니다. 사람의 제일 되는 목적은 "하나님을 영화롭게 하고 영원토록 그를 즐거워하는 것이니라"고 소 요리문답 제1문에 가르치고 있습니다. 아무리 힘센 장수라도 심한 출혈을 당하고 보면 힘이 떨어지는 것입니다. 엘리야는 이세벨의 칼날을 두려워하여 로뎀나무 아래 기진해 쓰러져 자고 있었습니다. 천사가 어루만지며 '일어나서 먹으라'고 했습니다. 사랑하는 성도 여러분! 영적으로 심한충격을 받았거든 성령의 능력으로 영적 출혈과 결핍을 막으시기 바랍니다.

· 함께 읽어요 : 열왕기상 19장 4절

"자기 자신은 광야로 들어가 하룻길쯤 가서 한 로뎀 나무 아래에 앉아서 자기가 죽기를 원하여 이르되 여호와여 넉넉하오니 지금 내 생명을 거두시옵소서. 나는 내 조상들보다 낫지 못하니이다 하고."

2. 영적 편식과 소화불량의 요소를 치유 받아야 합니다(롬 13:7).

개인적인 생활에서 편식과 소화불량을 그대로 방치하면 건강에 위협을 줍니다. 음식을 먹을 때 무엇이나 가리지 말고 골고루 맛있게 먹어야 합니다. 성경은 영적인 편식을 막으려면 기도생활, 성경연구, 봉사생활 등 신앙생활을 조화 있게 할 것을 권고합니다. 우리가 성경을 연구할 때도 신약과 구약 성경 66권을 편식하지 말고, 조화 있게 읽고 묵상해야 합니다. 바울은 순종에 대하여 실제적인 삶 속에서 남편(고전 14:34), 관원들(롬 13:3~4), 국가(롬 13:1~3), 업주들(골 3:22, 엡 6:5), 그리고 교회 지도자들(히 13:7) 누구에게나 진리 안에서 폭넓게 순종하라고 가르칩니다. 바울은 말세의 세태를 경계할 것을 권고합니다. "자기사랑, 돈사랑, 자긍함, 교만, 훼방, 부모거역, 감사치 않음, 조급함, 쾌락사랑, 경건의 능력부인" 등의 소화불량증을 사랑의 언어와 말씀으로 치유 받으시고, 하나님의 말씀의 만나, 그리스도의 십자가의 보혈로 영적 빈혈증과 불

균형의 결핍을 완치하시기 바랍니다.

· 함께 읽어요 : 요한복음 6장 55~56절
"[55]내 살은 참된 양식이요 내 피는 참된 음료로다 [56]내 살을 먹고 내 피를 마시는 자는 내 안에 거하고 나도 그의 안에 거하나니."

3. 믿음과 사랑으로 정신 불량성 빈혈을 치유 받아야 합니다(마 6:10).

우리의 육신에 염증이 생긴 것을 영적으로 비유한다면, 정신적으로 삐뚤어지고, 사고방식이 왜곡되고, 아집이 세고, 불평이 가득 찬 사람입니다. 그런데 정신적 빈혈 가운데 가장 무서운 것은 '정신적 재생 불량성 빈혈'입니다. 이 병은 한마디로 피가 만들어지지 않는 병입니다. 영적으로 피가 만들어지지 않는다면 그 사람은 영적으로 죽어가는 것입니다. 참으로 깊은 회개와 함께 주님께 대수술을 받지 않는다면 전혀 소생할 가망성이 없습니다. 사도 바울은 다메섹 도상에서 주님으로부터 영적 대수술 받아 치유함을 받았습니다. 그는 '정신적 재생 불량 성 빈혈증세' 인생에서 180도 바뀐 '예수 충만' 인생으로 변화되었습니다.

성경에 종말에는 사람들에게 사랑이 식어진다고 했습니다. 그러나 예수꾼은 날마다 예수의 피가 생수의 강처럼 흘러 자신이 먼저 정신적 빈혈증에 치유 받고, '사랑의 헌혈'로 다른 사람까지도 살려낼 수 있는 것입니다. 예수 그리스도의 십자가의 보혈은 사랑의 능력이 있어 영적으로 못 고칠 질병이 없습니다. 인간의 암세포는 두려움에서 기하급수적으로 불어난다고 합니다. 그러나 그리스도를 향한 담대한 믿음과 사랑이면, 정신적으로 다 죽어가는 생명도 치유됩니다. 이 사실을 믿으시기 바랍니다.

· 함께 읽어요 : 요한1서 4장 18절
"사랑 안에 두려움이 없고 온전한 사랑이 두려움을 내쫓나니 두려움에는 형벌이 있음이라 두려워하는 자는 사랑 안에서 온전히 이루지 못하였느니라."

정리하는 말

예수님은 "내가 세상의 빛이라"고 하셨습니다. 예수님은 우리의 믿음의 대상이요, 소망이요, 생명입니다. 이 빛에 대한 어둠의 영은 오늘도 복음 전파자를 공격하고 있습니다. 어둠의 영은 자기 수중의 인간들에게 물질, 명예, 권세, 쾌락, 같은 것들이 최고의 행복을 주는 것처럼 그릇된 가치관을 심어줍니다. 하지만 오직 예수 그리스도 복음만이 행복을 주며 진정한 사랑과 기쁨과 소망을 줍니다. 그리스도 안에서 산 소망을 가지시고, 십자가 보혈로 영적 결핍을 치유 받아 하나님의 일꾼, 십자가의 정병으로 자신과 죄악의 세상을 이기고 승리하시를 바랍니다.

평가와 결심

1. 정신적 빈혈에서 치유 받는 첫째 방법이 무엇입니까?
   (왕상 19:18, 성령의 기름으로 빈혈치유 받아야 함)
2. 정신적 빈혈에서 치유 받는 둘째 방법이 무엇입니까?
   (롬 13:7, 영적 편식과 소화불량에서 치유 받아야 함)
3. 정신적 빈혈에서 치유 받는 셋째 방법이 무엇입니까?
   (요 6:55, 예수님의 살과 피를 먹고 마심)
4. 오늘 말씀을 듣고 각자의 결심을 이야기해보자.

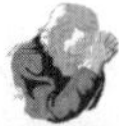

주간 경건의 시간 <44> · 날마다 말씀과 함께

요일 / 내용	월(Mon)	화(Tue)	수(Wed)	목(Thu)	금(Fri)	토(Sat)
찬송	283 / 183	284 / 206	285 / 209	286 / 218	287 / 205	288 / 204
성경	렘 16:	렘 17:	렘 18:	렘 19:	렘 20:	렘 21:
적용	나의 힘 나의 보장	주는 나의 찬송	토기장이의 집	토기장이의 그릇	노래하라 찬양하라	여호와께 간구하라

* 말이 생각보다 앞서지 않도록 하라. <킬론 디오게네스, B.C. 412~323>

감사는 건강 회복제다

찬송 / 587, 588, 383 / 통 306, 307, 433

성경 / 하박국 3:17-19

요절 / 하박국 3:18

"나는 여호와로 말미암아 즐거워하며 나의 구원의 하나님으로 말미암아 기뻐하리로다."

목표 / 건강 회복제인 감사를 실천하는 태도를 가지게 한다.

시작하는 말

현대인은 불평과 원망의 바이러스로 인해 사회 전체가 구름 낀 날처럼 암울합니다. 사탄은 이런 분위기 속에서 술과 마약, 성욕과 쾌락을 동원해 인간을 유혹하고, 농락합니다. 더욱 무서운 것은 이단과 향락문화를 통해 사로잡으려고 합니다. 이런 상황에서 승리할 수 있는 것은 감사생활의 회복 외에는 없습니다. 본래 '감사'란 어떤 외적인 조건에서 생기는 것이 아니라 내적인 요인에서 오는 것입니다. 바울은 데살로니가 교회에 보내는 편지에서 "범사에 감사하라. 이는 그리스도 예수 안에서 너희를 향하신 하나님의 뜻이니라"(살전 5:18)고 권고했습니다. 감사가 하나님의 뜻이라는 것입니다. 그렇다면 여러분! 우리가 잃어진 감사를 회복하려면 어떻게 해야 하겠습니까?

오늘의 말씀

1. 감사의 영적 분위기를 회복해야 합니다(합 3:17~18).

당시 하박국 선지자는 주변의 고난과 불의의 모습을 보면서 '하나님께서 의로우시고 권능이 있다면 어떻게 이럴 수 있습니까?'라고 절규하다가 마침내 깨달았습니다. 그는 '비록 없을지라도' 조건 없이 감사한다고 했습니다. 비록 무화과, 포도, 감람열매, 식물이나, 양이나 소가 없을지라도 감사한다는 것입니다. 그렇다면 그가 감사하는 이유는 무엇입니까? 여호와로 인해, 구원의 하나님으로 인해 감사한다고 고백했습니다. 이것이 바로 우리가 본받아 회복해야 할 신앙적 자세인 것입니다. 사탄은 최근 세상교회를 통해서 '번영의 신학'과 '기복신앙'을 전파해 혼란스럽게 하고 있습니다. 그러나 예수님께서 마태복음 5장 '팔복'에서 말씀하신 것처럼, 우리가 추구하는 복은 영적인 것에 중심을 두어야 한다는 것을 잊지 말아야 합니다.

· 함께 읽어요 : 하박국 3장 17~18절

"[17] 비록 무화과나무가 무성하지 못하며 포도나무에 열매가 없으며 감람나무에 소출이 없으며 밭에 먹을 것이 없으며 우리에 양이 없으며 외양간에 소가 없을지라도 [18] 나는 여호와로 말미암아 즐거워하며 나의 구원의 하나님으로 말미암아 기뻐하리로다."

2. 하나님을 기쁘시게 하려면 감사해야 합니다(시편 69:30~31).

미국의 세인트루이스를 여행 중이던 한 변호사가 주일 아침에 거리에서 교통정리를 하는 경찰에게 다가가 한 교회를 소개해 달라고 말했습니다. 그런데 그가 소개한 교회를 찾아가는 도중에도 몇 개의 교회가 더 있음을 발견하게 되었습니다. 이 변호사는 예배를 마치고 돌아가는 길에 그 경찰관에게 다가가 가까운 교회가 여럿 있는데도 불구하고 왜 굳이 그 교회를 소개했는지 그 이유가 매우 궁금하여 물어보았습니다. 그러자 그가 대답하기를 "이 지역에 어느 교회가 참 교회인지, 좋은 교회인지 제가 직접 가보지 못해서 잘 알지 못합니다. 그러나 주일 아침마다 교통정리를 하면서 보니 그 교회에 다니는 교인들의 표정이 가장 밝고 기뻐보였습니다. 그래서 제가 그 교회를 자신 있게 소개한 것입니다"라고 말했습니다. 그렇습니다! 이 교회는 감사가 넘치는 교회였습니다. 사랑이 넘치고 기쁨이 넘치는 교회였습니다. 이와 같이 성도들이 감사와 나눠주기를 좋아하고, 베풀기를 좋아하며 대접하기를 좋아하는 교회를 만들어야 합니다. 그래야 믿지 않는 자들까지도 감동시킬 수 있고, 복음의 문을 활짝 열수 있는 것입니다.

· 함께 읽어요 : 시편 69편 30~31절
"[30]내가 노래로 하나님의 이름을 찬송하며 감사함으로 하나님을 위대하시다 하리니 [31]이것이 소 곧 뿔과 굽이 있는 황소를 드림보다 여호와를 더욱 기쁘시게 함이 될 것이라."

3. 감사의 마음은 하나님이 주십니다(눅 10:21~23).

영국 트렌취 감독의 시에 다음과 같은 것이 있습니다. "어떤 사람은 자기의 가는 평탄한 길에 조그마한 구렁텅이만 있어도 벌써 하나님을 원망하고 사람을 원망한다. 또 어떤 사람은 자기의 가는 험하고 캄캄한 길에 조그마한 빛만 비추어도 하나님이 주시는 자비로우신 빛이라 하여 감사의 기도를 올린다." 이 시 속에서 우리에게 교훈하는 것은 감사는 현재의 은혜를 깨닫는 것이 감사의 출발점임을 강조하고 있습니다. 일본의 내촌감삼 선생은 "하나님께서 만일 인간을 저주하신다면 질병이나 실패, 그리고 배신이나 죽음으로 저주하시는 것이 아니고, 하나님이 계신 것을 믿지 못하는 불신앙으로, 그리고 성경을 읽어도 귀에 들어오지 않는 막힌 귀로, 또한 감사하는 마음이 전혀 생기지 않도록 메마른 마음으로 저주하실 것이다"라고 말했습니다. 이 사실을 볼 때 하나님은 우리를 벌하지 않고 은혜를 베푸사 분명히 사랑하심을 알 수 있습니다. 여러분, 진정으로 하나님의 은혜를 감사하시기 바랍니다. '감사'라는 말은 우리의 삶을 풍요롭게 만들고 행복하게 만들어주는 최상의 언어입니다. 우리가 감사하는 마음까지도 하나님께서 허락하심을 깨닫고 바른 감사생활을 추구하며 하나님께 영광과 감사 돌리시기 바랍니다.

· 함께 읽어요 : 누가복음 10장 21절
"그 때에 예수께서 성령으로 기뻐하시며 이르시되 천지의 주재이신 아버지여 이것을 지혜롭고 슬기 있는 자들에게는 숨기시고 어린 아이들에게는 나타내심을 감사하나이다 옳소이다 이렇게 된 것이 아버지의 뜻이니이다."

정리하는 말

사랑하는 성도 여러분! 인생의 목적은 하나님을 영화롭게 하는데 있습니다. 그런데 그의 영화와 영광은 우리들이 감사할 때 가장 잘 나타납니다. 사실 우리의 불평과 원망은 우리의 건망증에 기초를 두고 있습니다. 사탄은 불평하는 곳에 안주해 그의 왕국을 넓혀갑니다. 때문에 우리는 하나님의 왕국을 확장해 나가야 합니다. 그 비결은 감사뿐입니다. 따라서, 하나님의 무한한 사랑과 은혜에 감사하는 감사생활을 회복하시기를 주님의 이름으로 축복합니다.

평가와 결심

1. 잃어진 감사를 회복하려면 어떻게 해야 합니까?
   (합 3:17~18, 감사의 분위기를 회복해야 함)
2. 하나님을 기쁘시게 하려면 어떻게 해야 합니까?
   (요일 4:10, 감사를 회복해야 함)
3. 감사의 마음은 누가 주십니까?
   (눅 10:21, 하나님께서 성령을 통해 감사를 주심)
4. 오늘 말씀을 듣고 각자의 결심을 이야기해보자.

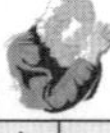

주간 경건의 시간 <44> · 날마다 말씀과 함께

요일 / 내용	월(Mon)	화(Tue)	수(Wed)	목(Thu)	금(Fri)	토(Sat)
찬송	370 / 455	430 / 456	441 / 498	375 / 421	382 / 432	369 / 487
성경	합 1:	합 2:	합 3:	습 1:	습 2:	습 3:
적용	힘으로 자기 신을	여호와의 영광 인정	비록 무화과	여호와의 날	공의와 겸손을	잠잠히 사랑

* 감사할줄 모르는 자들을 벌하는 법을 따로 세우지 않은 까닭은 감사할 줄 모르는 자들은 하나님께서 벌하시기 때문이다 <라이피곱스, 헬라 입법자>

평화와 화해는 치유제다

찬송 / 456, 419, 407 / 통 509, 478, 465

성경 / 이사야 9:6-7

요절 / 이사야 9:6

"이는 한 아기가 우리에게 났고 한 아들을 우리에게 주신 바 되었는데 그 어깨에는 정사를 메었고 그의 이름은 기묘자라, 모사라, 전능하신 하나님이라, 영존하시는 아버지라, 평강의 왕이라 할 것임이라."

목표 / 평화와 화해로 치유하시는 예수님께 감사하는 태도를 기른다.

시작하는 말

예수님이 하시는 중요한 일은 평화를 이루시는 일입니다. 예수님은 '평화의 왕자'로 세상에 오셨습니다. 평화를 이루시기 위해서 세상에 오신 것입니다. 본문 6절에 '평강의 왕'을 영어 성경은 'Prince of Peace' 즉 '평화의 왕자'라고 번역했습니다. 하나님의 아들이 '평화의 왕자'로 세상에 오셨다는 말씀입니다. 그래서 성탄절 아침에 천군 천사는 이렇게 찬양을 했습니다. "땅에서는 사람들 중에 평화로다"(눅2:14).라고 말입니다.

오늘의 말씀

1. 하나님과 평화를 이루어야 합니다(사 9:6).

막달라 마리아는 '평화의 왕자' 메시야와 평화를 이루게 되었고, 하나님과 평화를 이루게 되었습니다. 예수님을 떠나서는 살 수가 없게 되었습니다. 하나님과 완전한 평화를 이루었습니다. 수가성 여인도 세상으로부터 버림받은 불행한 여자였습니다. 다섯 명의 남편들로부터 버림받았고, 수가성 이웃들로부터 따돌림을 받았고, 성전에 가까이 가서도 예배드릴 수 없었으며, 하나님과 사람들로부터 버림 받았던 여자였습니다. 예수께서는 수가성 여자를 찾아가 만나주셨고, 그녀와 친절한 대화를 나누셨습니다. 그 여자는 그리스도를 만나 이제 하나님께 가까이 나아가 신령과 진정으로 예배드릴 수 있게 되었고, 하나님과 평화를 이루게 되었습니다. 하나님과 담이 없는 완전한 평화를 이루게 되었습니다.

· 함께 읽어요 : 이사야 9장 6절
"한 아들을 우리에게 주신 바 되었는데 그의 어깨에는 정사를 메었고 그의 이름은 기묘자라, 모사라, 전능하신 하나님이라, 영존하시는 아버지라, 평강의 왕이라 할 것임이니라."

2. 사람들과 평화와 화해를 이루어야 합니다(눅 8:1~3, 마 22:39~40).

막달라 마리아는 누가복음 8장 1-3절에서 예수님과 평화를 이룬 후, 자기를 멸시하고 꺼리고 거부하던 예수님의 제자들과도 평화를 이루었습니다. 예수님을 따르던 경건한 다른 여자들과도 평화를 이루었습니다. 주님께서 그렇게 해주셨습니다. 그리하여 함께 어울리게 되었고, 저들을 따라 다니면서 저희를 섬겼다고 했습니다. 그것은 놀라운 변화였습니다. "이 후에 예수께서 각 성과 촌에 두루 다니시며, 복음을 전하실쌔 열 두 제자가 함께 하였고 막달라인이라 하는 마리아와 구사의 아내 요안나와 수산나와 다른 여러 여자가 함께 하여 자기들의 소유로 저희를 섬기니라"고 한 것처럼, 그 다음부터 막달라 마리아는 초대교회 성도들이 모이는 곳이면 언제나 그곳에 있었을 것입니다. 이것이 하나님의 기적적인 은혜와 사랑이 아니고 무엇입니까?

· 함께 읽어요 : 마태복음 22장 39~40절

"[39]둘째도 그와 같으니 네 이웃을 네 자신 같이 사랑하라 하셨으니 [40]이 두 계명이 온 율법과 선지자의 강령이니라."

3. 평화와 화해의 직책까지 주셨습니다(고후 5:18~19).

주님은 우리에게 평화 하는 사명과 직책을 맡기셨습니다. 사도 바울은 평화의 왕자가 세상에 오셔서 십자가의 피로 이룬 평화의 이야기를 하다가 이렇게 결론을 지었습니다. "전에 멀리 있던 너희가 그리스도 예수 안에서 그리스도의 피로 가까워졌느니라. 그는 우리의 화평이신지라"(엡 2:12, 13). 여기서 사도 바울은 하나님께서 자기에게 맡기신 사명과 직책이 세상과 모든 사람을 하나님과 화목 시키는 일이라고 선언했습니다. 사도 바울은 그리스도인의 삶의 대헌장인 로마서 12장에서 "할 수 있거든 너희로서는 모든 사람과 더불어 화목하라"(롬12:18)고 권고했습니다. 바울은 이 화목과 평화의 사명을 수행하기위해 1차, 2차, 3차 선교여행을 하면서 그의 생애를 송두리째 바쳤습니다. 이 사명과 직책은 오늘 구원 받은 우리 성도에게 주님께서 맡겨 주시는 사명과 직책입니다. "모든 사람과 화목하라"는 사명은 수행하기 힘든 사명이지만 가장 고귀한 사명입니다. 천사도 흠모하는 사명입니다. 그것이 바로 예수님께서 십자가상에서 이루신 일이기 때문입니다. 그 사명을 우리들에게 맡기신 것은 우리들을 너무 사랑하시고 인정하시기 때문입니다. 우리들을 가장 행복하게 만드시기 위해서 입니다. 여러분, 평화와 화해의 직책을 잘 수행하셔서 영·육간에 큰 축복의 주인공이 되시기를 바랍니다.

· 함께 읽어요 : 고린도후서 5:18~19절

"[18]그리스도로 말미암아 우리를 자기와 화목하게 하시고 또 우리에게 화목하게 하는 직분을 주셨으니 [19]곧 하나님께서 그리스도 안에 계시사 세상을 자기와 화목하게 하시며 그들의 죄를 그들에게 돌리지 아니하시고 화목하게 하는 말씀을 우리에게 부탁하셨느니라."

정리하는 말

크리스천의 은혜와 사명 중 하나는 이 땅에 평화와 화해를 이루는 일입니다. 서로가 미워하고 비판하던 사람들과 화목하고 평화를 이뤄야 합니다. 우리가 싫어하는 일본 사람과 일본교회와 그리고 중국, 동족인 북한 사람들과도 화해와 평화를 이루어야 합니다. 세계 다민족 사람들과 여러 국가의 조선족들에 대해서 사랑과 관심을 주고받을 수 있어야 합니다. 이것이 복음의 본질입니다. 사랑과 평화, 화해의 삶은 곧 당신의 모든 질병의 치유제(治癒劑) 임을 명심하고 살아가시기 바랍니다.

평가와 결심

1. 치유를 위한 평화와 화해는 첫째는 누구와 해야 합니까?
   (사 9:6, 하나님과 평화하고 화해해야 함)
2. 치유를 위한 평화와 화해는 둘째는 누구와 해야 합니까?
   (고후 5:18~19, 사람들 곧 이웃과 화해해야 함)
3. 치유를 위해 셋째는 무슨 직책을 주셨습니까?
   (고후 5:18~19, 평화와 화해의 사명과 직책을 맡기심)
4. 오늘 말씀을 듣고 각자의 결심을 이야기해보자.

주간 경건의 시간 <46> · 날마다 말씀과 함께

요일 / 내용	월(Mon)	화(Tue)	수(Wed)	목(Thu)	금(Fri)	토(Sat)
찬송	393 / 447	386 / 439	388 / 441	380 / 424	358 / 400	293 / 414
성경	사 4:	사 5:	사 6:	사 7:	사 8:	사 9:
적용	여호와의 싹	포도원 노래	거룩한 씨	임마누엘	우리와 함께	평강의 왕

* 감사는 위대한 교양의 결실이며 조야(粗野)한 사람 중에서는 얻기 어려운 것이다.
<사무엘 존슨, 1709-1784, 영국 저술가, 담화가>

제47과

침묵의 선행은 치유의 뿌리

찬송 / 293, 263, 259 / 통 414, 197, 193

성경 / 누가복음 10:30-37

요절 / 누가복음 10:37

"이르되 자비를 베푼 자니이다 예수께서 이르시되 가서 너도 이와 같이 하라 하시니라."

목표 / 침묵의 선행은 치유 제임을 알고 실천하는 태도를 기른다.

시작하는 말

예수님이 말씀하신 선한 사마리아 사람의 교훈은 바로 우리 현실 문제의 핵심을 찌르고 있습니다. 강도를 만나서 거의 죽어가는 나그네를 보면서 피해가는 사람들과 도우며 보살펴 살려주는 사마리아인의 이야기는 한국 사회와 교회를 새롭게 깨우치는 바가 큽니다. 이웃을 관심 갖고 살펴보시기 바랍니다. 불쌍한 이웃을 방치하는 행위는 바로 간접살인이 될 수도 있습니다. 행하지 않는 선행은 범죄라고 할 수도 있습니다. 따라서 선행은 죄악을 예방하는 최선의 치유제인 것입니다.

오늘의 말씀

1. 선행의 좋은 결실은 습관이 중요 합니다(살전 5:15).

제 2차 세계 대전 중 프랑스의 람파보네라는 조그만 동네에 나치스 군대가 들어 왔습니다. 그들은 이 동네에 숨어있는 유태인들을 잡아내기 시작했습니다. 동네 사람들은 많은 희생을 당하면서도 선한 양심에 의해서 유태인들의 생명을 끝까지 보호하고 지켰습니다. 마침내 전쟁이 끝나고 많은 유태인들이 그 작은 동네에서 살아 나왔습니다. 그 때 기자들이 그 동네 사람들을 찾아가 '어떻게 그렇게 영웅적인 일을 해 낼 수 있었느냐?'고 물었을 때 소박한 그 동네 교인들은 이렇게 이야기 했습니다. 우리는 아무런 영웅심도 없는 그저 소박한 농부들입니다. 우리는 주일 마다 성전에 가서 '선한 결실을 맺어야 된다'는 목사님의 설교를 듣고 그것이 습관화 되었습니다. 우리는 하나님의 말씀대로 습관화된 것을 그대로 행한 것뿐입니다. 여러분! 선한 습관을 가진 성도들이 되어야 합니다. 선한 씨앗을 심고 선한 결실을 맺는 성도들이 될 때에 명예로운 크리스천의 대접을 받게 될 것입니다. 오늘도 온유와 겸손과 존경과 선한 양심을 가진 인격자, 선한 결실을 맺는 명예로운 크리스천의 삶이 계속되시기를 간절히 기원합니다.

· 함께 읽어요 : 데살로니가전서 5장 15절
"삼가 누가 누구에게든지 악으로 악을 갚지 말게 하고 서로 대하든지 모든 사람을 대하든지 항상 선을 좇으라."

2. 사랑의 가교(架橋)는 치유의 다리입니다(잠 25:21~22).

오래 전에 '영세민 5세 아이가 굶어서 숨졌다'는 기사가 보도되어 많은 사람의 마음을 아프게 했습니다. 불황 때문에 막노동 일자리를 잃은 부모와 함께 사는 두 어린아이 가운데 중장애를 가진 5세 아이가 영양실조와 굶주림으로 죽어 시신을 장롱 속에 보관했고, 남은 2세 아이는 아사직전 발견돼 병원으로 이송됐으나 난치질병으로 병사했습니다. 이웃의 무관심과 방치로 일어난 불행한 사건입니다. 그러나 세상은 한쪽에는 너무 많이 먹고 살이 쪄 체중감량 운동에 시간과 돈을 쏟고, 다른 쪽에서는 가난한 집 어린아이가 무관심 속에 죽어가고 있으니, 지금 이 세상은 사랑의 가교(架橋)가 없기 때문입니다. 여러분, 주님처럼 사랑의 가교가 되십시오. 주님처럼 영·육간에 헐벗고 굶주린 자들을 풍요로운 아버지 집으로 인도하시기 바랍니다.

· 함께 읽어요 : 잠언 25장 21절
"네 원수가 배고파하거든 음식을 먹이고 목말라하거든 물을 마시게 하라."

3. 사랑과 '침묵의 선행'은 치유의 뿌리입니다. (시편 91:14~15, 갈 5:22~23)

사람은 남을 높일 때 평안해지고, 남을 낮출 때 불안해집니다. 남의 허물과 약점을 지배의 기회로 생각할 때 마음은 병들고, 사랑의 기회로 생각할 때 마음은 치유됩니다. 비천한 사람과 장애인, 고아와 노숙자, 그리고 낯선 이방인들의 몸과 마음을 어루만지면 내게 있는 정신의 불구가 극복됩니다. '조용한 선행'이야말로 '치유의 뿌리'입니다. 위대한 선행보다 '조용한 선행'이 어렵습니다. 물질과 시간을 드리려고 마음먹는 것보다 이름을 드러내지 않으려고 마음먹는 것이 더 힘듭니다. 때문에 보상을 기대하지 않는 선행이 진짜 선행입니다. 그처럼 내 선행에 보상할 길이 없는 사회적 약자를 내 인생의 귀한 손님으로 맞이하고, 그의 곁에 머물기를 기뻐하고, 그를 위해 내 손을 내밀 때가 하나님의 역사의 때요, 마음의 치유가 일어날 때입니다. 선행을 동반한 사랑의 원자탄은 다른 사람을 치유할 뿐만 아니라, 사랑을 베푼 자신에게도 강력한 치유의 역사가 일어나는 것입니다. 여러분도 선행을 베풀면서 자신의 영적 고질병에서 고침 받고, 인생의 여정에서 평강이 임하시기를 주님의 이름으로 기원합니다.

· 함께 읽어요 : 시편 91편 14~15절, 갈라디아서 5장 22~23절
"[14] 하나님이 이르시되 그가 나를 사랑한즉 내가 그를 건지리라 그가 내 이름을 안즉 내가 그를 높이리라 [15] 그가 내게 간구하리니 내가 그에게 응답하리라 그들이 환난 당할 때에 내가 그와 함께하여 그를 건지고 영화롭게 하리라."
"[22] 오직 성령의 열매는 사랑과 희락과 화평과 오래 참음과 자비와 양선과 충성과 [23] 온유와 절제니 이같은 것을 금지할 법이 없느니라."

정리하는 말

의학박사로 디트로이트에서 병원을 하는 원종수 권사가 하루는 교회에서 간증을 해달라고 부탁을 받았습니다. 기도 중에 하나님께서는 자신이 어릴 때에 어머니와 함께 거지와 불쌍한 사람들을 도왔던 일들을 생각나게 하셨습니다. 바로 주님을 대접한 것이었습니다. 주위를 돌아보면 고아나 독거노인, 장애자나 소년소녀가장들이 많습니다. 우리의 사랑과 선행, 도움이 필요한 사람들입니다. 주저하지 말고 '침묵의 선행'을 베푸세요. 주님께서 치유로 갚아주실 것입니다. "우리가 사랑함은 그가 먼저 우리를 사랑하셨음이라"(요일4:19)고 했습니다. 이 말씀이 우리의 신앙고백이 되어 세상에서 그 능력이 발휘 될 수 있기를 바랍니다.

평가와 결심

1. 성도가 첫째 어떻게 사랑과 선행을 베풀 수 있습니까?
   (살전 5:15, 사랑과 선행을 습관화해야 함)
2. 성도가 둘째 어떻게 사랑과 선행을 베풀어야 합니까?
   (잠 25:21~22, 사랑의 가교 노릇을 해야 함)
3. 성도가 셋째 어떻게 사랑과 선행을 베풀어야 합니까?
   (시편 91:14~15, 갈 5:22~23, 침묵의 선행을 베풀어야 함)
4. 오늘 말씀을 듣고 각자의 결심을 이야기해보자.

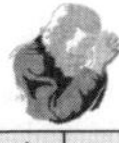

주간 경건의 시간 <47> · 날마다 말씀과 함께

요일 / 내용	월(Mon)	화(Tue)	수(Wed)	목(Thu)	금(Fri)	토(Sat)
찬송	451 / 504	450 / 376	449 / 377	457 / 510	456 / 509	90 / 98
성경	잠언 26 :	잠언 27 :	잠언 28 :	잠언 29 :	잠언 30 :	잠언 31 :
적용	온유한 입술	타인으로 칭찬케	기도도 가증	자식을 징계	양 떼의 형	현숙한 여인

* 감사는 기적을 창조한다. <미상>

제48과

건강의 리듬을 회복하라

찬송 / 95, 218, 217 / 통 82, 369, 362
성경 / 에베소서 1:1-6
요절 / 에베소서 1:12
"이는 그리스도 안에서 전부터 바라던 그의 영광의 찬송이 되게 하려 하심이라."
목표 / 찬송과 감사로 건강의 리듬을 회복하는 태도를 가진다.

시작하는 말

우리가 섬기는 하나님은 천지 만물을 지으신 창조주이십니다. 모든 만물의 주인이신 하나님은 생명의 건강을 위해 삶의 리듬을 주셨습니다. 사람의 육체는 하나님의 최고의 걸작품입니다. 그러므로 감사와 찬송으로 생체의 리듬을 회복하도록 하셨습니다. 이사야 선지자는 "이 백성은 내가 나를 위하여 지었나니 나를 찬송하게 하려 함이니라"(사 43:21)고 말씀했습니다. 찬송과 감사야말로 삶의 청정제 역할을 합니다. 어떻게 하면 건강의 리듬을 생동감 있게 회복하여 건강한 정신, 건강한 육체로 하나님께 영광을 돌릴 수 있을 까요?

오늘의 말씀

1. 창조 세계에서 찬양의 오케스트라에 참여하십시오(시편 19:1).

창조주에 대한 찬양이 충만하여 창조의 거대한 영역에 넘치고, 하나님의 경이로운 음성과 손길은 만물의 작고 세밀한 부분에서도 발견됩니다. 창조주의 경이로움은, 경청할 준비가 되어 있는 이들에게는 하나님의 영광을 선포하는 피조물의 오케스트라가 도처에서 들려옵니다. 알리스터 맥그래스는 "우리가 우주의 음악을 듣고서 그 아름다운 하모니를 통해 그 음악의 작곡자를 사랑하게 되는 것, 이 또한 창조자가 계획하신 목적의 일부다"라고 했습니다. 피조의 세계는 눈송이 하나, 별 하나, 모두 하나님의 영광을 나타내고, 노래하고 있습니다. 그분은 웅장한 찬양의 오케스트라를 세상 곳곳에 두셨으며, 동시에 이 웅장한 찬양을 받으시는 분이십니다. 태양, 달, 별들, 언덕과 들판, 나무들, 바다와 대양, 천사들, 장로들, 살아 있는 모든 피조물들이 이 웅대한 오케스트라에 참가하고 있으며, 전능자의 영광과 영원한 송가에 참여하고 있는 것입니다.

· 함께 읽어요 : 시편 19편 1절
"하늘이 하나님의 영광을 선포하고 궁창이 그의 손으로 하신 일을 나타내는도다."

2. 건강의 리듬은 바로 감사와 찬송입니다(엡 5:19).

바하(Bach)는 수많은 사람의 영혼을 완전히 사로잡을 만큼 웅장하고 장엄한 찬양과 경배와 감사의 노래들, 그야말로 불후의 명작들을 만들어내었습니다. 그는 독실한 신자였습니다. 그는 늘 말하기를 "모든 음악의 유일한 목적은 하나님께 영광을 돌려보내고 사람에게 즐거운 감정을 솟아나게 하는 것이라"고 했습니다. 그는 음악의 근원은 하나님께 있다고 믿었고, 음악을 그의 영광을 위해 쓰지 않으면 안 된다고 생각했습니다. 그는 자신이 작곡한 칸타타나 오라토리오의 마지막 부분에 항상 S. D. G.라는 글자를 적어 놓았다고 합니다. 이것은 '오직 하나님의 영광만을 위하여'라는 뜻을 지닌 라틴어의 첫 번째 글자들입니다. 그리고 오르간 연주만을 위한 작품들의 첫 부분에는 I. N. J. 즉, '예수 이름으로'라고 적어 놓았다고 합니다. 신앙의 힘이 아름다운 리듬과 찬송을 만들게 했습니다. 현대 음악의 아버지인 바하의 가문에서는 약 200년 동안에 걸쳐 저명한 음악가 50여명이 나왔습니다. 그리스도께서 함께 하시면 황무지 같은 육체에도 건강의 꽃이 핍니다. 건강의 리듬은 감사와 찬송임을 기억하시고 이에 동참하시기 바랍니다.

· 함께 읽어요 : 에베소서 5장 19절
"시와 찬송과 신령한 노래들로 서로 화답하며 너희의 마음으로 주께 노래하며 찬송하며."

3. 강건한 삶의 리듬은 찬송과 감사로 회복됩니다(시 71:23).

하나님께서는 사랑하는 자녀들에게 고난을 당하도록 허용하십니다. 성숙한 성도들일수록 고난을 통하여 노래하게 하시고, 찬송하게 하십니다. 바울과 실라는 빌립보 감옥에 갇힌 죄수의 몸이 되었음에도 슬퍼하거나 실망치 않고 오히려 하나님을 찬송할 때 기적이 일어났습니다. 이들은 어둡고 캄캄한 옥중의 열악한 환경에서도 찬송을 드렸습니다. '찬송으로 하나님께 감사'를 드렸습니다. 그들은 인생의 앞길에 펼쳐진 고난의 기회를 놓치지 않고, '감사와 찬송의 물줄기'로 바꾸었습니다. 신앙의 위대한 인물들은 모두 고난의 터널을 슬기롭게 잘 통과했습니다. 우리 성도들도 고난 앞에 좌절하거나 피하거나 비겁하게 도망치지 말고, 하나님의 은혜를 생각하며 더욱 더 감사드리시기 바랍니다. 지금 당하는 고난을 찬송과 감사의 통로로 바꾸시고 축복의 통로로 삼으시기 바랍니다.

· 함께 읽어요 : 시편 71편 23절
"내가 주를 찬양할 때에 나의 입술이 기뻐 외치며 주께서 속량하신 내 영혼이 즐거워 하리이다."

정리하는 말

사랑하는 성도 여러분! 세상에 태어난 순간부터 지금껏 여러분의 삶은 어떤 인생의 음악을 만들어 가고 있습니까? 하나님을 만난 후의 삶의 악보는 그 이전과 어떻게 달라졌습니까? 인생의 악보를 주신 분이 하나님이라면 그 악보를 채워가는 것은 여러분 각자의 몫입니다. 여러분들의 삶이 다하는 날까지, 하루하루 신선한 리듬으로 채워진 악보를 통하여 영적 건강의 리듬을 회복시키기 바랍니다. 영・육간에 건강한 삶으로 여러분 자신이 하나님께 영광과 찬송이 되시기를 바랍니다.

평가와 결심

1. 첫째로 하나님의 창조의 세계에 어떤 음악이 흐르고 있습니까?
   (시 19:1, 하나님의 웅장한 오케스트라)
2. 둘째로 건강의 리듬은 어디서 생겨납니까?
   (엡 5:19, 찬송과 감사로부터)
3. 셋째로 건강한 삶은 어디에서 얻어집니까?
   (대하 20:22, 건강의 리듬 회복으로)
4. 오늘 말씀을 듣고 각자의 결심을 이야기해보자.

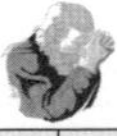

주간 경건의 시간 <48> · 날마다 말씀과 함께

요일 / 내용	월(Mon)	화(Tue)	수(Wed)	목(Thu)	금(Fri)	토(Sat)
찬송	519 / 251	520 / 257	545 / 344	86 / 86	87 / 87	94 / 102
성경	시 30 :	시 31 :	시 32 :	시 33 :	시 34 :	시 35 :
적용	노염은 잠간	나의 영을 주의 손에	만날 기회 기도	찬송은 마땅히	혀를 악에서	가난한 자

* 감사는 예의 중에 가장 아름다운 형태이다. <쟈크 마리탱, 1882~ ? 프랑스 철학자>

12단원 지식 함양의 달

다른 복음을 경계하자

찬송 / 520, 502, 501 / 통 257, 259, 255

성경 / 갈라디아서 1:6-10

요절 / 갈라디아서 1:7

"다른 복음은 없나니 다만 어떤 사람들이 너희를 교란하여 그리스도의 복음을 변하게 하려 함이라."

목표 / 복음의 성경적 의미를 알고 다른 복음을 경계하는 태도를 기른다.

시작하는 말

이 단원에서는 기독교의 핵심이라고 할 수 있는 '복음'에 대한 올바른 지식을 갖도록 하게 하기 위하여 '지식의 치유'를 다루고 있습니다. 성경에 나오는 '복음'을 뜻하는 헬라어는 유앙겔리온(*εὐαγγελίον*)이며, 영어로 God-spell(신의 말씀), 즉 Gospel을 '복음'이라고 부릅니다. 일반적으로 '복음'이란 '좋은 소식' 또는 '기쁜 소식'을 뜻합니다(눅 2: 10, 롬 10:15). 오늘 공과에서는 사도 바울이 강력하게 경계한 다른 복음의 의미와 그에 대한 교회와 성도들의 대책을 살펴보도록 하겠습니다.

오늘의 말씀

1. '다른 복음'은 성경적 주장을 갖지 못했습니다(갈 1:6, 고전 15:3).

'복음'이란 구약에서는 이스라엘 백성에게, 신약에서는 성도들에게만 해당하는 기쁜 소식입니다. 그런데 요사이 성경에도 없는 이상한 직통계시라면서 그것을 전하고 거짓 선전을 합니다. '복음'이란 신약의 용어로 생각하기 쉽지만 사실은 구약의 용어입니다. 특히 이 말은 하나님 나라의 도래와 깊은 관련이 있습니다(사 52:7). 신약시대 당시 로마의 압제와 죄의 지배 아래 있던 신약의 이스라엘 백성에게도 그대로 사용되었습니다(마 3:1~2, 4:17). 그런데도 주님의 사도들에 의해 전해진 '천국 복음'(마 4:23, 9:35)이 아닌 자신들의 생각이나 생각의 산물을 '복음'이라고 전하고 있으니, 이런 다른 복음을 경계해야 합니다. 사도적인 전통이 없으며, 성경에도 없는 꾸며낸 건 '복음'이 아닙니다.

· 함께 읽어요 : 고린도전서 15장 3절
"내가 받은 것을 먼저 너희에게 전하였노니, 이는 성경대로 그리스도께서 우리 죄를 위하여 죽으시고,"

2. 다른 복음의 내용이 무엇입니까?(갈 1:6).

그러면 다른 복음이란(딤전 6:3) 무엇입니까? 첫째, 예수 그리스도의 말씀 아닌 것이 다른 복음입니다(고전 3:10~11, 딤전 6:3~5, 갈 1:6~7). 둘째, 자신을 가리켜 예수 그리스도라 가장한 교훈을 말합니다(고전3:10~11, 벧후 2:1, 마 24:4~5, 살후 1:8~9). 셋째, 진리의 말씀이 아닌 것이 다른 복음입니다(요 17:17, 요 8:31~32, 살후 2:13~15). 이렇게 다른 복음을 전하는 자는 저주 받을(갈 1:8) 것입니다. 넷째, 예수가 하나님의 독생자 됨을 부인하는 자(요일 4:1~3, 요이 1:7, 고전 12:3, 마 12:31~32)입니다. 다섯째, 성경을 가감하는 자(마 5:18, 벧후 3:16~17, 계 22:18~19), 위와 같은 자는 저주를 받을 것(갈 1:8~9, 고전 16:22)입니다. 사랑하는 성도 여러분! 오직 그리스도의 바른 복음만 믿고 담대하게 전파하시기를 바랍니다(롬1:16).

· 함께 읽어요 : 갈라디아서 1장 8절
"그러나 우리나 혹은 하늘로부터 온 천사라도 우리가 너희에게 전한 복음 외에 다른 복음을 전하면 저주를 받을지어다."

3. 복음의 중심은 십자가입니다(고전 1:18).

바울은 당시 최고의 지성인이었습니다. 그런데도 자신의 출신이나 지식 등 이 모든 것들을 다 배설물로 여기고, '예수 그리스도께서 십자가에 못 박힌 것 이외에는 아무것도 알지 아니하기로 했다'고 강조했습니다. 십자가와 십자가에 달리신 구주가 나의 구주이심을 믿고, 늘 십자가를 자랑하고 높이며, 감사하고 의지하며 십자가와 함께 살아가는 것이 복음의 핵심이며, 성도들의 삶입니다. 우리는 한 순간도 십자가를 떠나서는 아무것도 할 수 없습니다. 성도의 능력, 교회의 능력이 십자가에 있습니다. 성경 66권은 모두 하나님의 말씀이지만 십자가 하나에 모두가 연결되어 있습니다. 십자가 하나만 들면 성경 66권이 모두 들려집니다. 그래서 성경은 많은 것 가운데 이 십자가가 클라이맥스입니다. 십자가를 알면 모든 것을 알 수 있습니다. 복음의 중심인 예수 그리스도의 십자가를 믿으면 우리는 승리할 수 있습니다.

· 함께 읽어요 : 고린도전서 1장 18절
"십자가의 도가 멸망하는 자들에게는 미련한 것이요 구원을 받는 우리에게는 하나님의 능력이라."

정리하는 말

올림픽의 꽃이라고 일컬어지는 마라톤의 유래가 있습니다. 그것은 1만 기병의 헬라군대와 11만 대군의 페르시아의 군대와의 전쟁이 있었는데 마라톤 벌판에서 헬라의 용사들이 페르시아 군대를 격파하자 이 기쁜 소식을 전하려 이디 피데스가 25마일을 달려 아테네 시민에게 전하고 쓰러져 숨진 데서 유래되었습니다. 세상 나라의 승리의 소식도 이렇게 기쁜데, 하물며 하나님 나라의 '복음'은 어떻겠습니까? 세상의 기쁨과 어떻게 비교합니까? 우리의 복음은 사망 권세를 깨뜨리신 승리의 쾌거였습니다. 이 귀중한 '복음'을 전하는데 생명을 바쳐야 합니다. 기쁨으로 감당해야 합니다. 세상 끝까지 널리 자랑하시기를 바랍니다.

성도들은 항상 이단에 노출되어 있습니다. 우리가 이단을 대처하지 못하면 이단들은 더욱 흥왕하게 됩니다. 이단의 역사를 보면 사회적인 혼란기나 가치관이 오도되고, 흔들릴 때에 많은 사람들이 이단에 현혹당하고 이단에 빠지게 됨을 봅니다. 이단을 철저하게 경계하는 것이 복음 전파만큼이나 소중하다는 사실을 명심하시고 실천하시기 바랍니다.

평가와 결심

1. 성도들이 먼저 무엇을 경계해야 합니까? (갈 1:6, 다른 복음)
2. 다른 복음이 무엇입니까?(앞에 공과 내용 2대지 참조)
   (갈 1:6~7, 그리스도의 말씀이 아닌 것, 자신을 그리스도라 함)
3. 복음의 중심이 과연 무엇입니까?
   (고전 1:18, 예수 그리스도의 십자가)
4. 오늘 말씀을 듣고 각자의 결심을 이야기해보자.

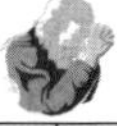

주간 경건의 시간 <49> · 날마다 말씀과 함께

요일 / 내용	월(Mon)	화(Tue)	수(Wed)	목(Thu)	금(Fri)	토(Sat)
찬송	95 / 82	94 / 102	191 / 427	214 / 349	250 / 182	254 / 186
성경	갈 1:	갈 2:	갈 3:	갈 4:	갈 5:	갈 6:
적용	다른 복음	기둥같이 여기는	성령으로 시작	때가 차매	그리스도는 자유케	좋은 것 함께하라

* 내가 철학을 전파하였더니, 사람들은 칭찬하였다. 그러나 내가 그리스도를 전파하였더니 사람들은 회개하였다. <A. P. 깁스>

복음을 자랑하며 전하자

찬송 / 257, 259, 268 / 새 520, 502, 505

성경 / 로마서 10:13-27

요절 / 디모데후서 4:2

"너는 말씀을 전파하라 때를 얻든지 못 얻든지 항상 힘쓰라 범사에 오래 참음과 가르침으로 경책하며 경계하며 권하라."

목표 / 성도의 의무인 복음을 자랑하고 전하는 태도를 기른다.

시작하는 말

유명한 선교사 한 분이 인도에 갔을 때 요가를 통해 자신의 육체에 못을 박으며 고행하는 어느 구도자에게 전도를 했답니다. "그렇게 몸을 괴롭힐 필요가 없습니다. 그리스도의 대속의 은혜를 믿으면 영원한 천국을 얻을 수 있습니다"라고 복음 진리를 전한 것입니다. 그 말을 다 듣고는 그 고행자는 "지금 당신이 전한 내용을 당신은 확신합니까? 만일 그 복음이 사실이라면 나 같으면 온 세상에 못이 깔려 있을지라도 나는 사람들에게 전도하러 다니겠습니다"라고 했답니다. 복음을 믿고 구원받은 성도라면 지상명령인 복음을 자랑하고 전해야 할 것입니다.

오늘의 말씀

1. 복음을 확신하기에 자랑하고 전해야 합니다(롬 1:16~17).

빌링즈라는 신학자는 "누구나 어떤 종교를 믿든지 그 종교가 진리라고 믿는다면 타인에게 전해야 할 것이다"라고 했습니다. 그렇습니다. 전도는 목사나 전도사나 선교사만이 하는 전유물이 아닙니다. 이는 모든 신자가 실천해야 될 사명입니다. 복음은 그 내용을 순종하고 믿는 자를 능히 구원할 수 있습니다. 우리는 이 사실을 확신하기에 전파해야 합니다. 구원의 기쁨으로 복음을 자랑하는 여러분이 되시기 바랍니다.

· 함께 읽어요 : 로마서 1장 16~17절

"[16]내가 복음을 부끄러워하지 아니하노니 이 복음은 모든 믿는 자에게 구원을 주시는 하나님의 능력이 됨이라 첫째는 유대인에게요 또한 헬라인에게로다 [17]복음에는 하나님의 의가 나타나서 믿음으로 믿음에 이르게 하나니 기록된바 오직 의인은 믿음으로 말미암아 살리라 함과 같으니라."

2. 영혼을 사랑하기에 자랑하고 전해야 합니다(엡 3:6).

인간은 사랑하는 대상을 위해 모든 것을 바치고 희생합니다. 오늘날 물질적으로는 풍요로운 듯하나 부익부, 빈익빈 현상이 나타나고 있어 삶에 의욕을 떨어드릴 때가 많습니다. 그러나 인생은 물질이 전부가 아닙니다. 정신과 영혼의 깊은 내면의 문제가 더 중요합니다. 그러므로 전도에 있어서도 급한 불을 먼저 꺼야하는 법입니다.

첫째, 무지와 위기에 처한 자들을 구원해야 합니다. 복음 진리를 모르고 사망의 골짜기에서 헤매는 영혼들을 위해 전해야 합니다.

둘째, 복음전파야말로 이웃 사랑의 첩경이기에 전해야 합니다.

전도에서 가장 중요한 것은 한 사람의 영혼을 사랑하는 마음으로 전해야 하는 것입니다.

예수께서는 상한 심령을 위로하시고, 절망한 영혼에게 소망을 주셨습니다. 인간의 몸을 입고 오셔서 인간의 아픔을 체휼하셨으며, 치유해 주시기를 원하셨습니다. 예수께서는 우리 인간의 허물로 인하여 찔리시고, 죄악을 인하여 상하시며, 평화를 누리시게 하기 위해 징계를 받으셨습니다(사 53:5). 사랑하는 성도 여러분! 지금 사망의 음침한 골짜기에서 들려오는 영혼들의 울부짖음이 들려오지 않습니까? 복음의 나팔을 크게 불어 복음을 자랑하고 전파하시기를 바랍니다.

· 함께 읽어요 : 요나 4장 10~11절
"[10]여호와께서 가라사대 네가 수고도 아니하였고 배양도 아니하였고 하룻밤에 났다가 하룻밤에 망한 이 박 넝쿨을 네가 아꼈거든 [11]하물며 이 큰 성읍, 니느웨에는 좌우를 분변치 못하는 자가 십 이만 여명이요 육축도 많이 있나니 내가 아끼는 것이 어찌 합당치 아니하냐."

3. 하나님의 나라에 대한 충성심으로 전해야 합니다(행 20:24).

세상 나라는 그 나라를 위해 충성을 요구합니다. 그래서 충성을 다하기 위해 목숨을 바친 숭고한 충정들이 있습니다. 성도들에게도 충성된 종으로서의 삶이 있습니다. 그것은 하나님 나라 백성으로서 예배, 기도, 봉사, 구제, 선행 등 많이 있습니다. 그러나 진실로 바쳐야 될 충성은 결국 전도로 나타나야 합니다. 이웃 사랑의 실천은 전도로 그들을 하나님의 백성으로 만들어 가는 것입니다. 뿐만 아니라 그리스도의 제자가 되도록 가르치고 양육해야 한다는 것입니다. 전도는 가장 값진 사랑이며 신앙의 열매입니다. 전도는 하나님 나라의 완성을 돕는 최선의 길인 것입니다. 복음을 자랑하며 전도하면서 충성심으로 하나님 나라를 세워 가시기를 바랍니다. 할렐루야!

· 함께 읽어요 : 사도행전 20장 24절
"나의 달려갈 길과 주 예수께 받은 사명 곧 하나님의 은혜의 복음 증거하는 일을 마치려 함에는 나의 생명을 조금도 귀한 것으로 여기지 아니하노라."

정리하는 말

사랑하는 성도 여러분! 전도는 복음에 대한 확신이 우선입니다. 그리고 영혼을 사랑하는 마음으로 접근해야 합니다. 전도야말로 하나님께 충성하는 최선의 방법입니다. 이 사실을 명심하고 하나님을 경외하는 마음으로 뭇 영혼을 뜨겁게 사랑하고, 복음의 빚진자로서 사명을 감당해야 할 것입니다. 여러분, 여러분도 주님의 발자취를 따라 믿고 확신한 복음을 자랑스럽게 전파하시기 바랍니다.

평가와 결심

1. 복음 전도자의 자세 첫째는 무엇입니까?
   (롬 1:16~17, 복음을 확신하고 전해야 함)
2. 복음 전도자의 자세 둘째는 무엇입니까?
   (엡 3:6, 영혼을 사랑하는 마음으로 전해야 함)
3. 복음 전도자의 자세 셋째는 무엇입니까?
   (행 20:24, 하나님께 대한 충성심으로 자랑하고 전해야 함)
4. 오늘 말씀을 듣고 각자의 결심을 이야기해보자.

주간 경건의 시간 <50> · 날마다 말씀과 함께

요일 / 내용	월(Mon)	화(Tue)	수(Wed)	목(Thu)	금(Fri)	토(Sat)
찬송	176 / 163	313 / 352	380 / 424	401 / 457	453 / 506	405 / 458
성경	행 16 :	행 17 :	행 18 :	행 19 :	행 20 :	행 21 :
적용	우리를 도우라	날마다 성경을	두려워말고 전하라	말씀이 흥왕함	겸손과 눈물	죽을 것도 각오

* 그가 징계를 받음으로 우리가 평화를 누리고, 그가 채찍에 맞으므로 우리는 나음을 입었도다. <이사야 53장 5절 하반절>

제51과

지혜로운 선택을 하자

찬송 / 552, 546, 545 / 통 358, 399, 344

성경 / 골로새서 4:2-6

요절 / 에베소서 5:16

"세월을 아끼라 때가 악하니라."

목표 / 성도로서 지혜로운 선택을 하며 살아가는 태도를 기른다.

시작하는 말

사람의 모든 행위와 행동은 마음에서부터 나옵니다. 그러므로 게으르고 악한 생각을 버리고 치유 받아야 부지런하고 건강한 삶을 살아갈 수 있는 것입니다. 많은 지식을 추구하기보다는 지혜로운 마음을 먼저 품어야 하는 것입니다. 그래서 이번 공과에서는 성도가 '지혜로운 선택'을 하게 함으로써 올바르게 삶을 살아가도록 하는데 목적이 있는 것입니다. 성경 곳곳에 세상에서는 찾아볼 수 없는 지혜로운 분들의 삶이 있습니다. 이처럼 그들의 진솔한 고백과 선택을 통해 지혜의 중요성을 깨닫고, 삶의 기로에 설 때마다 지혜와 명철로 승리하시기 바랍니다.

오늘의 말씀

1. 지혜로운 선택위해 시간관리를 잘 해야 합니다(에베소서 5:15~16).

시간관리를 잘하기 위해서는 지혜로운 선택을 해야 합니다. 지혜로운 시간관리는 먼저, 우선순위를 세우십시오. 우리가 이미 알고 있는 것처럼 '긴급'이 '매우 중요한 것'은 아닙니다. 미국의 통계를 보면 평균적으로 아버지가 자녀와 일대일(1:1) 대화를 하는 것은 주당 평균 17분, 아내와는 27분이라고 합니다. 가족 간의 대화는 중요하긴 하지만 긴급한 일은 아니기에 우선순위에서 밀려났기 때문입니다. 또한 지혜로운 선택은, 내가 관리 할 수 있는 일에 집중하는 것입니다. 여러분이 관리 할 수 있는 일들은 어떤 것입니까? 그것이 중요합니다. 바로 거기에 집중하십시오. 필요성이 극대화 될 때 우리는 평소에는 불가능하다고 믿던 것들을 관리 할 수 있습니다. 시간과 일도 소중함을 알 때 제대로 관리를 하게 되는 것입니다.

· 함께 읽어요 : 에베소서 5장 15~16절
"[15]그런즉 너희가 어떻게 행할지를 자세히 주의하여 지혜 없는 자 같이 하지 말고 오직 지혜 있는 자 같이 하여 [16]세월을 아끼라 때가 악하니라."

2. 시간 관리의 지혜를 가로막는 것을 제거해야 합니다(롬 12:2).

시간 관리의 지혜는 한번 가면 돌아올 수 없는 시간의 화살을 잡는 방법이요, 지혜 중에 지혜입니다. 시간을 잘 관리 하려면 시간 도둑을 막아야 합니다. 시간 도둑은 첫째, 방해에 의한 중단입니다. 여건이 변화무상하기 때문입니다. 둘째, 뒤로 미루기입니다. 이것은 가장 흔히 일어나는 일입니다. 그러나 일을 미루면 사건이 우리를 끌고 갑니다. 그러므로 스스로 마감일을 정하십시오. 일이 너무 커 보인다면 헨리 포드의 말처럼 "일을 잘게 나누면 특별히 어려운 일이란 없다"는 것을 기억하십시오. 셋째, 우선순위의 변경입니다. 넷째, 엉성한 계획입니다. 옛날 격언에 "계획에 실패하면 실패를 계획하는 것이다"라고 말했습니다. 주어진 시간을 효과적으로 사용할 수 있도록 노력해야 합니다.

그러므로 좋은 습관을 가지십시오. 좋은 습관은 수많은 과중한 일들을 정신적 큰 부담 없이 처리할 수 있게 도와줍니다. 좋은 습관은 제2의 천성이라고 했습니다. 그러나 좋은 습관을 가질 것인지 나쁜 습관을 가질 것인지는 여러분의 선택에 달려있음을 명심하시기 바랍니다.

· 함께 읽어요 : 로마서 12장 2절
"너희는 이 세대를 본받지 말고 오직 마음을 새롭게 함으로 변화를 받아 하나님의 선하시고 기뻐하시고 온전하신 뜻이 무엇인지 분별하도록 하라."

3. 지혜로운 선택을 위해 시간을 선용해야 합니다(시 90:12).

창조주 하나님께서는 인간에게 부자나 가난한 사람이나 어른이나 아이들이나 막론하고 누구에게나 하루 24시간을 주셨습니다. 로스앤젤레스에 있는 한 고등학교 선생님은 학생들의 사고력을 증진시키는 독특한 방법을 한 가지 알고 있었습니다. 그녀는 때때로 칠판에 그날의 학습과는 관계없는 몇 마디 말들을 쓰곤 했습니다. 어느 날 아침 학생들은 25,550이라는 숫자가 칠판에 적혀 있는 것을 보았습니다. 한 학생이 그 숫자를 왜 써놓았느냐고 물었습니다. 선생님은 25,550이란 70년을 산다면 수명을 날짜로 바꾼 것이라고 설명하면서 "인생은 짧고 하루하루가 소중하다"는 것을 강조했습니다. 어렸을 때는 세월이 천천히 가는 것만 같습니다. 나이가 들면 세월이 빨리 가는 것을 느낍니다.

야고보 사도의 말을 생각하고 묵상해 봅시다. "너희는 잠깐 보이다가 없어지는 안개니라."(약 4:14) 그러므로 우리 성도들은 하나님을 공경하고, 남을 섬기고, 그리스도를 선포하는 일에 최선을 다하는 것이 매우 중요합니다. 우리에게 주어진 날들 속에서 허송세월 하지 말고 헛됨 없이 지혜로운 선택을 할 수 있도록 노력하시기 바랍니다.

· 함께 읽어요 : 시편 90편 12절
"우리에게 우리 날 계수함을 가르치사 지혜로운 마음을 얻게 하소서."

정리하는 말

여러분! 지혜로운 선택의 비결은 역사를 주관하시고, 생명을 주관하시는 하나님의 뜻을 이해하고 그 뜻을 전적으로 찾는 것입니다. 하나님의 뜻을 찾으면 시간을 가장 효과적으로 사용할 수 있습니다. “그런즉 너희가 어떻게 행할지을 자세히 주의하여 지혜 없는 자 같이 하지 말고 오직 지혜 있는 자같이 하여 세월을 아끼라 때가 악하니라. 그러므로 어리석은 자가 되지 말고 오직 주의 뜻이 무엇인가 이해하라”(엡 5:15- 17) 고 합니다. 우리는 이 말씀을 묵상하면서 주님의 뜻대로 지혜로운 선택을 하고 인생에서 한 번 뿐인 유일한 시간을 잘 선용하시기 바랍니다.

평가와 결심

1. 지혜로운 선택을 위해 무엇을 해야 합니까?
   (엡 5:15~16, 시간관리의 지혜를 얻어야 함)
2. 시간 관리의 지혜를 막는 시간 도둑들이 무엇입니까?
   (롬 12:2, ① 방해에 의한 중단 ② 미룸 ③ 우선순위 변경 ④ 엉성한 계획)
3. 지혜로운 선택의 방법이 무엇입니까?
   (시 90:12, 주어진 시간을 선용해야 함)
4. 오늘 말씀을 듣고 각자의 결심을 이야기해보자.

주간 경건의 시간 <51> · 날마다 말씀과 함께

요일 / 내용	월(Mon)	화(Tue)	수(Wed)	목(Thu)	금(Fri)	토(Sat)
찬송	532 / 323	531 / 321	534 / 324	540 / 219	539 / 483	544 / 343
성경	골 2:	골 3:	골 4:	살전 1:	살전 2:	살전 3:
적용	열매를 맺어	사랑을 더하라	신실한 일꾼	성령의 기쁨	자랑의 면류관	하나님의 일꾼

* 당신이 만일 하나님의 복음 가운데서 좋아하는 것만을 믿고 싫어하는 것을 거절 한다면 당신이 믿는 것은 복음이 아니라 당신 자신이다. <어거스틴>

바른 복음을 간직하자

찬송 / 520, 518, 502 / 통 257, 252, 259

성경 / 고린도후서 4:1-12

요절 / 고린도후서 4:7

"우리가 이 보배를 질그릇에 가졌으니 이는 심히 큰 능력은 하나님께 있고 우리에게 있지 아니함을 알게 하려 함이라."

목표 / 보배인 바른 복음을 간직하고 전하는 태도를 기른다.

시작하는 말

모든 사람은 누구나 귀한 보배를 간직하고 싶어 합니다. 세상에서는 금, 은, 지혜 등을 보배라고 합니다. 베드로 사도는 예수님을 '보배로운 산돌'이라 했고, 믿음을 '보배로운 믿음'이라고 했습니다. 또한 그리스도의 피를 '보배로운 피'라 말씀했습니다. 신학자들은 본문에서 밝히 말씀하고 있는 '복음'이 바로 '보배'라고 했습니다. 사람들마다 아끼고 간직하고픈 보배가 있습니다. 우리는 이 귀한 보배를 하찮을 것 없는 것으로 여기고 질그릇에 간직한 것입니다. 사랑하는 성도 여러분! 그리스도께서 주신 이 복음을 왜 귀하게 간직해야 하겠습니까?

오늘의 말씀

1. 복음은 구원의 빛이기 때문에 잘 간직해야 합니다(롬 1:16).

선교사들에 의해 기독교가 소개된 지 얼마 되지 않은 시기에 복음은 무지와 가난, 질병에 고통 받고 있던 자들에게는 물론, 여성들에게 진정 '구원의 빛'이었습니다. 그들이 복음을 받아들일 때의 기쁨과 성령 충만함은 어느 것과도 바꿀 수 없는 귀한 것이었습니다. 예수를 믿는다는 이유로 무수한 매질을 당하고 시집에서 쫓겨나기가 일쑤였지만 예수님의 사랑을 깨달은 이들은 좌절하지 않고 담대하게 자신의 믿음을 고백하고 전도했습니다. 한 여인은 자신의 놀라운 변모를 이렇게 고백했습니다.

"난 죄인이라고 하면 도둑과 강도처럼 나쁜 일을 하거나 남을 해치는 사람이라고 생각했기에 결코 죄인이 아니라고 생각했습니다. 그러나 성경을 읽고서 내가 죄인임을 깨달았습니다. 주님이 저의 죄를 사해 주셨고, 믿음생활을 하는 것이 곧 천국에 가는 길임을 알았습니다." 그렇습니다. 이 고백은 기독교의 본질을 깨달은 것입니다. 이 구원의 빛인 복음을 보배인 줄 아시고 소중히 잘 간직하시기를 바랍니다.

· 함께 읽어요 : 로마서 1장 16절

"내가 복음을 부끄러워하지 아니하노니 이 복음은 모든 믿는 자에게 구원을 주시는 하나님의 능력이 됨이라 먼저는 유대인에게요 그리고 헬라인에게로다."

2. 복음에는 위력이 있기 때문에 간직해야 합니다(고후 4:7).

한국 기독교인은 해방당시 30만 명이었는데 1955년 60만, 1965년 120만, 1975년 350만, 1985년 800만, 1995년 1,000만으로 늘어났고, 지금은 1,200만이라고 합니다. 기독교는 한국 땅에 지대한 공헌을 했습니다. 일제의 수난시대에 복음을 받은 지도자들이 민족지도자가 되어 신사참배를 거부하고, 학교와 병원, 교회를 세워 민족운동을 일으켰습니다. 정신적 근대화, 윤리가치의 고양, 인권과 민주적 가치를 귀히 여겼습니다. 기독교인 가운데 이승만, 김구 등 당시 유명한 민족지도자들이 기독교인이었습니다. 이들 대부분이 목사, 장로였습니다. 1955년 4월 태국에 선교사를 파송하고, 1961년에는 파키스탄에 선교사를 파송, 1988년 선교사가 1,000명에 불과했으나 지금은 27,436명(2017년 통계)으로 선교단체가 188개가 넘고 선교 대상국이 170개국을 넘어섰습니다. 우리나라가 해외에 파송한 선교사가 세계에서 두 번째의 선교 대국이 되었습니다. 복음이야말로 온 세상을 변화시키는 능력입니다. 그 능력이 위력이 있어 불과 같이 일어납니다.

· 함께 읽어요 : 고린도후서 4장 7절
"우리가 이 보배를 질그릇에 가졌으니 이는 심히 큰 능력은 하나님께 있고 우리에게 있지 아니함을 알게 하려 함이라."

3. 생명의 복음이기 때문에 보배입니다(행 20:24).

기독교 방송 '새롭게 하소서'를 통해서 널리 알려진 김진규 목사님이 계십니다. 그는 17년 동안이나 불교에서 스님 생활을 하다가 목사가 되었습니다. 그 분은 원래, 경북 영양군 일월사 주지의 아들이었는데 스님이 되었답니다. 하루는 시주를 받기 위해 이집 저집 가정방문을 하던 중, 어느 집에 들어갔더니, 한 청년이 책을 한 권 가지고 나오면서, "내가 당신에게 줄 것은 이것 밖에 없으니, 하나님 말씀을 읽고, 예수나 믿으세요." 하더랍니다. 마음속으로 '당신이나 평생 예수 믿고 사시오'라고 중얼거리며, 그 집을 나왔는데, 손에 들려 준 성경책을 내버릴까 하다가, 갑자기 호기심이 생기더랍니다. 그래서 성경책을 들고 산으로 올라갔습니다. 단숨에 읽기를 시작해서 다섯 번이나 성경을 읽고 나니 불경의 가르침과 전혀 달랐습니다. 불교는 죄를 지으면 지은만큼 대가를 지불해야 속죄를 받지만, 성경은 예수 믿는 자마다 무조건 사함 받는다는 속죄의 가르침이 달랐습니다. 예수 그리스도는 부활 영생하사 천국에 계시나, 불교의 가르침에는 죽은 석가가 부활했다는 이야기가 전혀 없었습니다. 기독교야말로 생명의 복음이요, 소망의 복음이요, 승리의 복음입니다. 이 보배를 잘 간직하여 세계 만방에 전파해야 할 것입니다.

· 함께 읽어요 : 사도행전 20장 24절

"나의 달려갈 길과 주 예수께 받은 사명 곧 하나님의 은혜의 복음을 증언하는 일을 마치려 함에는 나의 생명조차 조금도 귀한 것으로 여기지 아니하노라."

정리하는 말

사랑하는 성도 여러분! '복음'이야말로 보배 중에 보배입니다. 아무리 힘들고 어렵더라도 이 보배를 간직하시기 바랍니다. 이것으로 지식에까지 새롭게 하심을 받아 구원의 빛이요, 능력의 복음인, 생명의 복음을 심령에 간직하시기를 바랍니다. 그리하여 복음을 널리널리 전파하며 자랑하시기를 바랍니다.

평가와 결심

1. 바른 복음을 간직해야 할 이유 첫째는 무엇입니까?
(롬 1:16~17, 복음이 구원의 빛이기 때문임)
2. 바른 복음을 간직해야 할 이유 둘째는 무엇입니까?
(고후 4:7, 능력의 복음이기 때문임)
3. 바른 복음을 간직해야 할 이유 셋째는 무엇입니까?
(행 20:24, 생명의 복음이기 때문에)
4. 오늘 말씀을 듣고 각자의 결심을 이야기해보자.

주간 경건의 시간 <52> · 날마다 말씀과 함께

요일 / 내용	월(Mon)	화(Tue)	수(Wed)	목(Thu)	금(Fri)	토(Sat)
찬송	176 / 163	313 / 352	325 / 359	333 / 381	357 / 397	482 / 49
성경	고후 2 :	고후 3 :	고후 4 :	고후 5 :	고후 6 :	고후 7 :
적용	그리스도의 향기	주의 영이 계신 곳	보배를 질그릇에	화목하게 하는 말씀	마음을 넓혀라	하나님의 뜻대로

* 하나님은 창조로 솜씨를, 구원으로 자신의 마음을 보여 주신다. <성경>

13단원 교회 절기

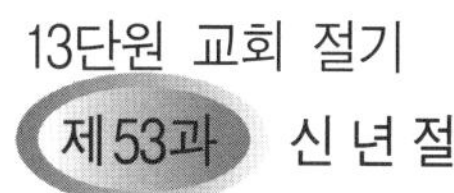

신 년 절

믿음으로 승리하는 한 해

찬송 / 550, 551, 552 / 통 248, 296, 358

성경 / 요한복음 16:16-33

요절 / 요한복음 16:33

"이것을 너희에게 이르는 것은 너희로 내 안에서 평안을 누리게 하려함이라 세상에서는 너희가 환난을 당하나 담대하라 내가 세상을 이기었노라."

목표 / 새해에는 믿음으로 담대하여 승리하는 한 해로 살아간다.

시작하는 말

본문은 예수 그리스도의 부활과 영광스러운 성경 구절 중 하나입니다. 이 말씀은 인간의 상상을 초월하는 승리의 말씀입니다. 예수님은 여기서 부활과 그 사건이 세상에 미칠 결과에 대해 확실하게 말씀해 주셨습니다. 예수님의 부활에 대해 무신론자들은 단호히 거부하고, 불가지론자들은 과학적으로 증명할 수도 없으며, 사실 여부를 알 길이 없다고 합니다. 어떤 이들은 부활은 있을 수 있으므로 예수님도 아마 부활하셨을 터이지만, 그것은 오늘날에는 무의미한 수수께끼일 뿐이라고 말합니다. 과연 여러분들은 어느 부류에 속합니까? 여러분은 새해에 어떤 마음과 생각을 가지고 살아가시겠습니까?(요 16:16-19절) 부활의 신앙으로 승리하는 한 해가 되시길 주님의 이름으로 축복합니다.

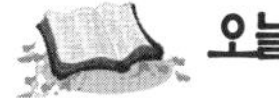

오늘의 말씀

1. 그리스도의 부활은 기도의 응답과 기쁨을 줍니다(요 16:20~24).

예수님께서 세상은 하나님의 아들 구세주의 죽음을 비웃고 기뻐할 것이라고 했습니다. 그를 따르던 자, 제자들조차 믿지 못해 흩어졌지만, 결국 부활하셔서 구원과 영생! 그리고 삶의 기쁨을 주셨습니다.

흩어진 제자들과 추종자들의 기쁨의 근원은 영광스러운 부활의 소식에 있었습니다. 그리스도께서 부활하셨다는 것은 믿음의 확증이요 우리 소망의 완성이 될 것입니다. 세상은 일시적으로 기쁨을 줄 수는 있겠지만 영원한 생명과 기쁨을 줄 수 없을 것입니다. 부활의 주님께서는 살아계신 자신을 보여주시면서 "무엇이든지 아버지께 구하는 것을 내(예수) 이름으로 주시리라 ~너희 기쁨이 충만하리라"(23절)고 하셨습니다. 확신한 믿음에 거하여 간절히 부르짖어 응답 받으시기 바랍니다.

· 함께 읽어요 : 요한복음 16장 24절
"지금까지는 너희가 내 이름으로 아무 것도 구하지 아니하였으나 구하라 그리하면 받으리니 너희 기쁨이 충만하리라."

2. 그리스도의 부활은 성부 하나님의 뜻을 계시합니다(요 16:25~27).

세례 요한은 요단강에서 물로 세례를 베풀면서 성령으로 세례를 베푸는 이인 예수 그리스도를 뵈옵고 "내가 보고 그가 하나님의 아들이심을 증언 하였노라"(요 1:34)고 했습니다. 마가는 증언하기를 "하늘이 갈라짐과 성령이 비둘기 같이 자기에게 내려오심을 보시더니 하늘로부터 소리가 나기를 너는 내 사랑하는 아들이라 내가 너를 기뻐하노라 하시니라" 라고 했습니다(막 1:9-11). 친히 베드로 사도는 변화산상에서 "크신 위엄을 친히 본 자라"면서 지극히 큰 영광 중에서 이러한 소리가 그에게 나기를 "이는 내 사랑하는 아들이요 내 기뻐하는 자라"하실 때에 하늘로부터 난 것을 들은 것이라고 확실히 증언하고 있습니다.

사도 바울은 '부활 장'인 고린도 전서 15장에서 "이는 성경대로 그리스도께서 우리 죄를 위하여 죽으시고 장사 지낸 바 되셨다가 성경대로 사흘 만에 다시 살아나사 게바에게 보이시고, 후에 열두 제자에게와 그 후에 오백여 형제에게 일시에 보이셨나니, 그 중에 지금까지 대다수는 살아있고"라고 증언하고 있습니다. 예수 그리스도의 부활은 예수님의 메시야 되심을 확증합니다.

· 함께 읽어요 : 요한복음 17장 3절
"영생은 곧 유일하신 참 하나님과 그가 보내신 자 예수 그리스도를 아는 것이니이다."

3. 그리스도의 부활은 참 평화와 승리를 선포합니다(요 16:28).

요한복음 14장 27절에 "평안을 너희에게 끼치노니 곧 나의 평안을 너희에게 주노라"라고 했습니다. 세상에도 평안은 있습니다. 이것은 도피적 평안이요. 곧 비실제적인 유토피아를 꿈꿉니다. 그러나 그리스도와 하나님의 평안은 마음속에 내재된 평안, 내면 깊은 곳의 평안입니다. 이것은 조건과 환경과 관계없는 평안입니다. 그 어떤 슬픔과 위험과 어려움과 경험도 빼앗아 갈 수 없는 평안입니다.

"우리가 알거니와 하나님을 사랑하는 자 곧 그 뜻대로 부르심을 입은 자들에게는 모든 것이 합력하여 선을 이루느니라"(롬 8:28)고 하신 것은 확신의 평안입니다. 빌립보서 4장 7절에 나오는 평강은 하나님과의 친밀함에서 오는 평안입니다. 예수 안에서 이런 기쁨과 평안이 임하고 참 승리를 주실 것입니다.

· 함께 읽어요 : 빌립보서 4장 6~7절
"[6]이무 것도 염려하지 말고 다만 모든 일에 기도와 간구로, 너희 구할 것을 감사함으로 하나님께 아뢰라 [7]그리하면 모든 지각에 뛰어난 하나님의 평강이 그리스도 예수 안에서 너희 마음과 생각을 지키시리라."

정리하는 말

신년을 맞이하여 새해의 결심과 희망을 담은 기도와 찬송이 여러분들의 마음에 담겨져야 합니다. 하나님의 독생자 예수 그리스도는 자신의 부활을 통하여 불안에 잠겨있는 제자들에게 희망과 기쁨을 주셨습니다. 그리스도께서 부활하심으로 성부 하나님의 뜻을 계시하셨고, 확증하셨습니다. 부활의 믿음으로 승리하시기를 바랍니다. 여러분께 참된 평화와 영원한 구원과 영생과 내재된 기쁨과 산 소망을 주시기를 축원합니다.

평가와 결심

1. 새해 예수 그리스도의 부활로 인해 무엇을 주십니까?
   (요 16:20~24, 기도 응답과 기쁨을 주심)
2. 예수 그리스도의 부활로 인해 누구를 계시하십니까?
   (요 16:25~27, 성부 하나님을 계시해 주심)
3. 예수 그리스도의 부활로 인해 최종적으로 무엇을 주십니까?
   (요 16:28, 참된 평화, 곧 승리의 평화를 주심)
4. 오늘 말씀을 듣고 각자의 결심을 이야기해보자.

주간 경건의 시간 <53> · 날마다 말씀과 함께

요일 / 내용	월(Mon)	화(Tue)	수(Wed)	목(Thu)	금(Fri)	토(Sat)
찬송	211 / 346	143 / 141	27 / 27	90 / 98	196 / 174	309 / 409
성경	요 12 :	요 13 :	요 14 :	요 15 :	요 16 :	요 17 :
적용	마리아의 헌신	나를 팔리라	길 진리 생명	참 포도나무 농부	진리의 성령	영생은?

* 신앙이 명령에 의하여 된 것이라면 그것은 신앙이 아니다.

<임마누엘 칸트, 1724~1804, 독일 철학자>

3단원 교회 절기

제54과 고 난 절

그리스도의 고난에 동참하라

찬송 / 144, 143, 146 / 통 144, 141, 146

성경 / 골로새서 1:14-24

요절 / 골로새서 1:24절

"나는 이제 너희를 위하여 받는 괴로움을 기뻐하고 그리스도의 남은 고난을 그의 몸 된 교회를 위하여 내 육체에 채우노라."

목표 / 고난절에 그리스도의 남은 고난을 육체에 채워가도록 한다.

시작하는 말

하나님께서는 우리의 허물과 죄를 용서해 주셨습니다. 그리스도는 보이지 않는 하나님의 형상으로 하나님과 동일한 분이십니다. 하나님의 독생자, 만물보다 뛰어난 분이 십자가를 지시고 만민을 위해 대속의 죽음을 당하셨습니다. 그리스도의 고난은 바로 저와 우리 모두를 위한 것이었습니다. 본문에서 바울은 "그리스도의 남은 고난을 그의 몸 된 교회를 위하여 자기 육체에 채우노라"라고 고백했습니다. 우리가 그리스도의 남은 고난을 내 육체에 채워가려면 어떻게 해야 하겠습니까?

오늘의 말씀

1. 삼위 중 2격이신 성자 그리스도가 고난을 자초 自招하셨습니다. (골 1:14~17; 마 26:42~46)

하나님의 독생자이신 예수님은 십자가 고난과 죽음을 당하셨습니다.

그가 지신 십자가 위에 표를 달았습니다. 마태복음 27장 37절에는 "그 머리 위에 이는 유대인의 왕 예수라 쓴 죄 패를 붙였더라"고 했습니다. 4복음서에 모두 고난과 극형의 도구로서의 십자가를 사실적으로 기록하고 있습니다. 마가의 다락방에서 최후의 만찬을 마치시고 겟세마네 동산으로 기도하러 올라가셨습니다. 겟세마네 동산의 기도는 십자가를 피하기 위한 기도가 아니라, 궁극적으로 십자가를 지시기 위해 영육 간에 준비를 위한 마지막 결단의 기도였습니다. "아빠 아버지여 아버지께서는 모든 것이 가능하오니 이 잔을 내게서 옮기시옵소서"(막 14:36)라고 기도했습니다. 기도 후에 '일어나 함께 가자 보라 나를 파는 자가 가까이 왔느니라'(마 26:46). 하시며 십자가를 향하여 결연히 나아가셨습니다. 여러분! 그리스도께서는 하나님의 뜻을 이루기 위해 스스로 십자가 고난과 영광의 길道로 나아가신 것입니다. 이 길은 치욕의 길이 아니라 만민을 구속으로 이끄는 영광의 길인 것입니다.

· 함께 읽어요 : 마태복음 26장 42~46절

"[42]다시 두 번째 나아가 기도하여 이르시되 내 아버지여 만일 내가 마시지 않고는 이 잔이 내게서 지나갈 수 없거든 아버지의 원대로 되기를 원하나이다하시고 [43]다시 오사 보신즉 그들이 자니 이는 그들의 눈이 피곤함일러라. [44]또 그들을 두시고 나아가 세 번째 같은 말씀으로 기도하신 후 [45]이에 제자들에게 오사 이르시되 이제는 자고 쉬라 보라 때가 가까이 왔으니 인자가 죄인의 손에 팔리느니라. [46]일어나라 함께 가자 보라 나를 파는 자가 가까이 왔느니라."

2. 그리스도의 남은 고난이란 자기를 부인하고 구원을 위한 십자가의 사명을 감당하는 것입니다(눅 9:23).

성부 하나님의 뜻대로 이루어진 독생자 예수님의 속죄의 고난은 완전합니다. 대속에서 중세기의 고행자들처럼 해야 하는 것이 아닙니다. 바울이 말한 그리스도의 남은 고난이란 속죄의 고난이 아니라 하나님 나라를 선포하기 위한 구령운동입니다. 이것이 계속적인 지상명령을 이룩하게 하는 몸 된 교회의 고난이요, 바울에게 주어진 제 십자가의 사명 감당을 위한 고난인 것입니다.

인간이란 하나님의 특별한 목적과 사명 때문에 세상에 보냄을 받은 것입니다. 이 사명 감당하기 위해서 솔선하여 제 몫의 십자가를 져야 합니다. 우리가 십자가를 지고 고난 받는 길이 주신 사명을 완수하는 방법입니다. 하늘에서 뜻이 이루어진 것같이 이 땅에서도 이루어지게 하려면 우리가 십자가를 지는 방법 외에 다른 방법은 없음을 알아야 합니다. 오늘날 이 땅에서 하나님의 뜻이 실현되지 않는 가장 큰 근본적인 이유는 우리가 십자가를 지지 않고 피하고 있기 때문입니다. 이 사실을 명심하시여 자신을 부인하고 주님의 십자가 복음 선포에 동참하시기 바랍니다.

· 함께 읽어요 : 골로새서 1장 23절

"만일 너희가 믿음에 거하고 터 위에 굳게 서서 너희 들은 바 복음의 소망에서 흔들리지 아니하면 그리하리라 이 복음은 천하 만민에게 전파된 바요 나 바울은 이 복음의 일꾼이 되었노라."

3. 그리스도의 남은 고난을 각자 자기 육체에 채워야 합니다(골 1:24).

십자가와 고난이란 마음으로 지는 것도, 말로 지는 것도 아니며, 오직 육적인 수고가 뒤따라야 합니다. 십자가를 지지 않고 안전하게 예수를 따르고자 하는 자들는 예수를 가까이 따라갈 수 없습니다. 십자가를 등지고서 주님과 동행하지 못하며, 멸망을 향해 갈 수밖에 없습니다. 오늘날 교회 안에서 자기에게 지워진 사명이 힘들다고 십자가를 벗어버리고 주님의 길을 가고자 하는 자들이여! 자기 십자가를 지고 주님을 따르십시오. 그러면 그 십자의 고난이 우리 인생에 면류관이 되어 올 것입니다.

· 함께 읽어요 : 누가복음 14장 27절

"누구든지 자기 십자가를 지고 나를 따르지 않는 자도 능히 내 제자가 되지 못하리라."

정리하는 말

고난 주간은 종려주일과 부활주일 사이에 위치하여 한 주간 동안 그리스도의 십자가 고난을 묵상하면서, 때로는 금식기도하면서, 경건하게 보내는 것입니다. 그리스도의 남은 고난의 의미들을 새겨보면서 영적으로 재무장하는 한 주간 되시기 바랍니다. 주님의 간절한 기도는 하나님의 보좌를 움직이셨습니다. 온 인류에게 구원과 생명을 주신 기도였습니다. 성도 여러분! 주님의 고난절의 기도를 깊이 묵상하여 마음에 새기고 일생 동안 견고한 신앙으로 행복한 삶을 살아가시기를 바랍니다.

평가와 결심

1. 삼위 중 2위이신 그리스도는 무엇을 자초하셨습니까?
   (골 1:14~17; 마 26:42~46, 고난을 자초하심)
2. 그리스도의 남은 고난이란 무엇을 뜻합니까?
   (눅 9:23; 골 1:23, 구원을 위한 후속사업)
3. 그리스도의 남은 고난을 어디에 채워야 합니까?
   (골 1:24, 자기 육체에 채워야 함)
4. 오늘 말씀을 듣고 각자의 결심을 이야기해보자.

주간 경건의 시간 <54> · 날마다 말씀과 함께

요일 / 내용	월(Mon)	화(Tue)	수(Wed)	목(Thu)	금(Fri)	토(Sat)
찬송	495 / 271	501 / 255	505 / 268	211 / 346	216 / 356	218 / 369
성경	빌 1:1-30	빌 2:1-30	빌 3:1-21	빌 4:1-23	골 1:1-29	골 2:1-23
적용	의의 열매	기쁘신 뜻	시민권	향기로운 제물	그리스도의 남은 고난	믿음에 굳게 서서

* 참고 순종하며 십자가를 져라. 그리하면 마지막에는 그 십자가가 너를 져줄 것이다. <토마스 아 캠피스>

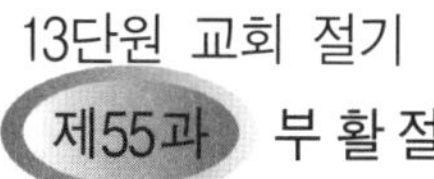

부활절

주님 부활과 지상명령

찬송 / 165, 159, 161 / 통 155, 149, 159
성경 / **마가복음 16:1-20**
요절 / **마가복음 16:16**
"또 이르시되 너희는 온 천하에 다니며 만민에게 복음을 전파하라."
목표 / 기독교의 특징이요 생명의 부활신앙을 가지고 세상에 전파한다.

시작하는 말

마가복음 16장 말씀 속에는 부활에 관한 열한 가지의 증거(사건)들이 있습니다. 이슬람교도들은 그들의 성지 메카에 으리으리한 마호멧의 묘지가 있다고 자랑합니다. 그러면서 "예수의 무덤은 어디 있어?" 되묻습니다. 그러나 기독교인들은 "미안하지만 예수 무덤은 없소. 예루살렘에 있긴 하지만 그것은 빈 무덤이라오." 그것이 차이점이요. 마호멧은 죽어 무덤을 남겼지만 예수님은 부활하셨기에 빈 무덤을 남겼습니다. 한 종교의 교주, 성인군자, 영웅호걸도 한번은 꼭 죽습니다. 석가도 공자도 죽었습니다. 신앙의 핵심인 부활은 기독교의 특징이요, 생명의 구심점이요, 예언의 성취이기에, 이 부활 복음을 전하는 사명을 잘 감당하시기 바랍니다.

오늘의 말씀

1. 그리스도의 부활사건을 증거하는 증인들이 있습니다(막 16:1~6).

① 슬픔과 절망 속의 여인들(1~3절)이 있었습니다. 이 여인들은 예수

의 죽음과 묻히심을 목격한 여인들입니다. ② 이미 굴려진 돌(4절)입니다. 안식일 지난 이른 새벽 예수 무덤을 찾았던 여인들은 군인들이 인봉해 막아놓았던 돌문이 벌써 굴려져 있었습니다. ③ 흰 옷을 입은 한 청년(5-6절)이 오른쪽에 앉아 있었는데. "놀라지 말라 너희가 십자가에 못 박히신 나사렛 예수를 찾는구나, 그가 살아나셨고 여기 계시지 아니 하니라 보라 그를 두었던 곳이니라"고 했습니다. 부활의 네 번째 증거는 ④ 예수님의 시체가 없어졌습니다(6절). 청년이 가르쳐준 대로 그를 두었던 곳은 그분이 계시지 않아 텅 비어 있을 뿐이었습니다. 한 청년은 계속해서 사실대로 되어 지고 되어 질 일들을 차분하게 설명했습니다.

· 함께 읽어요 : 마가복음 16장 6절
"청년이 이르되 놀라지 말라 너희가 십자가에 못 박히신 나사렛 예수를 찾는구나, 그가 살아나셨고 여기 계시지 아니하니라. 보라 그를 두었던 곳이니라."

2. 그리스도의 약속 성취인 부활을 불신앙했습니다(막 16:7~13).

⑤ 베드로에게 따뜻하게 용기를 북돋아 주시는 말씀이 있었습니다. 7절에 "가서 그의 제자들과 베드로에게 이르기를 예수께서 너희보다 먼저 갈릴리로 가시나니 전에 너희에게 말씀하신 대로 너희가 거기서 뵈오리라 하라 하는지라." 이 소식은 제자들에게 가슴이 고동치게 하는 소식이었습니다. 예수께서 살아나신 후 갈릴리에서 뵙게 되리라는 엄청난 것입니다. 이것은 ⑥ 주의 약속 성취입니다(7절). 계속해서 갈릴리에서 주님을 만나리라는 명령은 예수님의 부활하심의 확실성과 소망을 가지게 되었습니다. 그리고 약속의 확실한 성취를 보여주고 있습니다.

부활의 일곱 번째 증거는 ⑦ 여인들은 이러한 사실이 믿겨지지 않아서 놀라 말문이 막혀버렸습니다(8절). 두려워 떨었던 자신들이 지금 반신반의하면서도 새로운 소망을 가지고 천사의 말대로 달려가서 제자들에게만 소식을 전하고 놀라 떨며 두려워하는 여자들의 감정과 감응은 바로 예수님의 부활의 신실한 증거이기도 합니다. 먼저 ⑧ 막달라 마리아에게 나타나셨습니다(9~10절).

⑨ 제자들은 부활 소식을 듣고도 불신앙을 들어냅니다(11절)

⑩ 엠마오로 가던 두 제자에게 나타나셨습니다(12절; 눅 24:13~35)

⑪ 다른 제자들도 마찬가지로 불신앙은 여전했습니다(13절)

· 함께 읽어요 : 마가복음 16장 11절
"그들은 예수께서 살아나셨다는 것과 마리아에게 보이셨다는 것을 듣고도 믿지 아니하니라."

3. 부활의 주님께서 주신 대 위임 명령이 있었습니다(막 16:14~20).

부활하신 예수께서 모든 제자들에게 당신의 부활하신 자신을 보여 주시며 새로운 사명을 주시기 위해서 바쁘게 움직이셨습니다.

① 막달라 마리아에게 나타나셨습니다(16:9~11)

② 빈 무덤에 관해 제자들에게 말하려고 달려온 여자들에게 나타나셨습니다(마 28:9)

③ 베드로에게 나타나셨는데, 이는 아마도 몇 시간 동안이나 지속되었을 것입니다(눅 24:34).

④ 엠마오 도상의 두 제자들에게 나타나셨습니다(막 16:12~13).

⑤ 이 구절에서 언급된 제자들에게 나타나셨습니다(막 16:14).

부활의 주님께서 나타나셔서 온 천하에 다니며 만민에게 복음을 전파할 것을 말씀하셨습니다. 이는 대 위임 명령이요, 지상명령이었습니다.

· 함께 읽어요 : 마가복음 16장 14~15절
"[14]그 후에 열한 제자가 음식 먹을 때에 예수께서 그들에게 나타나사 그들의 믿음 없는 것과 마음이 완악한 것을 꾸짖으시니 이는 자기가 살아난 것을 본 자들의 말을 믿지 아니함 일러라. [15]또 이르시되 너희는 온 천하에 다니며 만민에게 복음을 전파하라."

정리하는 말

예수 그리스도의 부활 사건은 기독교의 핵심 진리입니다. 바울 사도의 증언대로 "그리스도께서 만일 다시 살아나지 못하셨으면 우리가 전파하는 것도 헛것이요 또 너희 믿음도 헛것이" 됩니다. 부활의 주님께서 주신대 위임 명령, 만민에게 복음을 전파하시기를 소원합니다. 이 위임 명령은 주님의 마지막 유언과도 같은 지상명령의 완성을 이룩해야 합니다.

평가와 결심

1. 그리스도의 부활 사건의 증인들은 누구였습니까?
   (막 16:1~6, 막달라 마리아, 야고보 어머니 마리아, 살로메)
2. 그리스도의 약속 성취인 부활에 대한 반응은 어떠했습니까?
   (막 16:7~13, 부활 목격자들의 증언과 빔 무덤을 보고도 불신함)
3. 그리스도의 부활 사건과 우리 사명은 무엇입니까?
   (막 16:14~20, 우리도 부활의 복음을 만민에게 전파해야 함)
4. 오늘 말씀을 듣고 각자의 결심을 이야기해보자.

주간 경건의 시간 <55> · 날마다 말씀과 함께

요일 / 내용	월(Mon)	화(Tue)	수(Wed)	목(Thu)	금(Fri)	토(Sat)
찬송	232 / 282	457 / 510	461 / 519	494 / 188	532 / 323	160 / 150
성경	막 14:1-26	막 14:27-42	막 14:43-52	막 14:53-72	막 15:1-47	막 16:1-20
적용	마지막 만찬	겟세마네 기도	예수 잡히심	세 번 부인	유대인의 왕	부활하신 그리스도

* 복음 서신들이 부활을 설명하는 게 아니다. 부활이 복음 서신들을 설명한다.
<죤 S. 웨일>

13단원 교회 절기

제56과 감 사 절

다윗의 감사 찬송

찬송 / 588, 590, 591 / 통 307, 309, 310

성경 / 사무엘하 22:38-51

요절 / 사무엘하 22:50

"이러므로 여호와께서 내가 모든 민족 중에서 주께 감사하며 주의 이름을 찬양 하리이다."

목표 / 살아가기 힘든 세상이지만 감사 찬송하는 태도를 가지도록 한다.

시작하는 말

요즈음처럼 살아가기 힘든 세상에 감사는 무슨 감사냐? 감사 찬송을 하기는커녕 불평 불만하기도 입이 모자란다고 말하실 것입니다. 그러나 생각해 보세요. 불평불만을 해서 일이 잘 해결될 수만 있다면 불평만 해 보세요. 진짜 성경말씀대로 살았다가 망한 사람이 있는가를 찾아보십시오. 그리고 날마다 불평불만을 하고서도 행복하다면 그렇게 해 보십시오. 다윗은 기쁠 때에도 슬플 때에도 감사 찬송을 불렀고, 형통할 때도 환난 날에도 감사 찬송하기를 즐겨했습니다. 그러면 그가 어떻게 감사 찬송했으며, 감사 찬송의 결과는 무엇이었습니까?

오늘의 말씀

1. 다윗의 감사 찬송의 내용은 무엇입니까?(삼하 22:38~44).

첫째로, 하나님께서 적을 멸하시는 모습을 생생하게 보여줍니다(삼하

22:38-39). 다윗은 하나님의 도우심으로 대적들을 진멸하기까지 자신의 공격을 멈추지 않을 수 있었음을 고백하고 있습니다.

둘째로, 하나님의 심판의 철저성, 즉 사특한 자에게 하나님의 징계의 무서움을 보여주기 위하여 그들을 철저하게 공격한 것입니다(40절).

셋째로, 주의 능력으로 수많은 전쟁에서 이기고 여호와의 승리를 노래합니다(41절). 다윗은 백성의 다툼에서 건지시고 나를 보전하사 모든 민족의 으뜸으로 삼으셨으니 알지 못하는 백성이 섬길 것이라 했습니다.

· 함께 읽어요 : 사무엘하 22장 44절

"주께서 또 나를 내 백성의 다툼에서 건지시고 나를 보전하사 모든 민족의 으뜸으로 삼으셨으니 내가 알지 못하는 백성이 나를 섬기리이다."

2. 다윗의 감사 찬송 하는 이유가 무엇입니까?(삼하 22:45~49).

첫째로, 강대국들이 다윗이 이끄는 이스라엘 앞에 하나님의 도우심과 은혜로 무릎을 꿇게 된 것을 감사 찬송합니다(45절). 계속해서 이방인들이 쇠약하여 그들의 견고한 곳에서 떨며 나오리라고 말합니다.

둘째로, 여호와의 사심을 두고 나의 반석을 찬송하며 구원의 반석 하나님을 높일 지로다(47절).

셋째로, 다윗을 위하여 보복하시고 민족들이 복종하게 하셨습니다(48절). 다윗을 원수들에게서 이끌어 내시며 대적하는 자 위에 다윗을 높이시고 강포한 자에게서 건지셨습니다(48-49절).

한 마디로 다윗에게 함께 하시고 도우신 분이 여호와 하나님이심을 분명하게 보여주고 있습니다. 사랑하는 성도 여러분! 어려울 때일수록 여호와 하나님께서 함께 하시며 가까이 하심이 모든 축복으로 돌아온다는 사실입니다. 다윗은 평생 사울에게 쫓기며 전쟁으로 일관되는 극난의 삶 속에서도 하나님을 품고 기도하며 감사 찬송하는 삶을 살았던 것입니다.

· 함께 읽어요 : 시편 62장 1~2절
"[1]나의 영혼이 잠잠히 하나님만 바람이여 나의 구원이 그에게서 나오는 도다. [2]오직 그만이 나의 반석이요 나의 구원이시요 나의 요새이시니 내가 크게 흔들리지 아니하리로다."

3. 다윗의 감사 찬송의 결과는 무엇입니까?(삼하 22:50~51).

'감사'가 무엇입니까? 감사란 주신 것에 대한 수용입니다. 감사란 미래에도 이와 같이 주실 것이라는 보장입니다. 여러분! 선진국 사람들은 말끝마다 늘 '감사합니다(Thank you).'라고 먼저 '감사'라는 말이 자연스럽게 나옵니다. 선진국 사람들은 먼저 베풀면서 '감사하다'고 고백을 합니다. 선진국 사람들은 자신이 발을 밟히고도 먼저 감사하다고 말을 합니다. 감사 찬송의 결과는 무엇입니까?

첫째로, 원수에게서 건지시고 높여주십니다(시편 56:9).

둘째로, '구원의 바위'이신 여호와 하나님께서 구원하시고, 승리케 하셨습니다. 다윗은 베풀어 주신 구원과 승리를 감사 · 찬양합니다. 역사의 주인이시며 살아계신 여호와 하나님께서 사울의 권세를 무너뜨리시고 다윗을 세우셔서 하나님의 영원한 왕국을 세우셨습니다. 왕으로 오신 분을 증언하신 마태의 기록인 마태복음 1장 1절에 "아브라함과 다윗의 자손 예수 그리스도의 계보라"고 말씀합니다. 그렇습니다. 다윗의 자손 예수 그리스도는 바로 구원과 생명과 승리의 표상이십니다. 다윗의 감사 찬송이 여러분의 감사 찬송이 되시기를 바랍니다. 그리하여 구원과 생명을 얻는 승리의 주인공이 되시기를 주님의 이름으로 축원합니다.

· 함께 읽어요 : 시편 56편 9절
"내가 아뢰는 날에 내 원수들이 물러가리니 이것으로 하나님이 내 편이심을 내가 아나이다."

정리하는 말

성숙한 성도들의 모습은 항상 주신 은혜에 대한 '감사함'이 살아있습니다. 감사는 인간의 질병을 치료하는 특효약이기도 합니다. '행복은 감사의 문으로 들어와서 불평의 문으로 나간다'고 했습니다. 예수 그리스도의 은혜로 구속받은 성도들에게는 모든 것이 감사할 따름입니다. 감사는 하나님의 숨겨진 비밀 병기입니다. 사랑하는 성도 여러분! 일이 잘되나 잘 못되나, 기쁘나 슬프나, 성공이나 실패나 무슨 일을 당하든지 구원과 생명을 얻었으므로 '범사에 감사'하며 항상 승리하시기를 소망합니다.

평가와 결심

1. 다윗의 감사 찬송의 내용이 무엇입니까?
   (삼하 22:38~44, 대적을 전멸시키며, 철저한 심판, 승리케 하심)
2. 다윗의 감사 찬송하는 이유가 무엇입니까?
   (삼하 22:45~49, 적에게 보복, 패배케 하신 구원의 반석 감사 · 찬양)
3. 다윗의 감사 찬송의 결과가 무엇입니까?
   (삼하 22:50~51, 원수에게서 건지시고, 구원과 승리 주셨음)
4. 오늘 말씀을 듣고 각자의 결심을 이야기해보자.

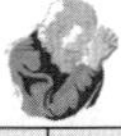

주간 경건의 시간 <56> · 날마다 말씀과 함께

요일 / 내용	월(Mon)	화(Tue)	수(Wed)	목(Thu)	금(Fri)	토(Sat)
찬송	563 / 411	351 / 389	293 / 414	336 / 383	218 / 369	204 / 379
성경	삼하21:1-14	삼하21:15-22	삼하22:1-	삼하22:24-	삼하23:1-37	삼하24:
적용	기브온 인 탄원	다윗의 용사들	나의 반석	다윗승전가	다윗의 마지막 말	안구 조사

* 양심은 어둠 속에서 많은 채찍을 악인에게 가한다.

<토마스 보스턴, 1676~1732, 스코틀랜드 성직자, 신학자>

13단원 교회 절기

제57과 성탄절 I

첫 성탄절의 기쁜 소식

찬송 / 108, 123, 122 / 통 113, 123, 122

성경 / 누가복음 2:1-20

요절 / 누가복음 2:15

"천사들이 떠나 하늘로 올라가니 목자가 서로 말하되 이제 베들레헴으로 가서 주께서 우리에게 알리신 바 이 이루어진 일을 보자하고."

목표 / 기독교의 복음인 성탄의 소식을 전하는 신앙을 가지도록 한다.

시작하는 말

성탄절은 온 인류가 함께 기뻐해야 할 온 인류가 화평을 누려야 할 큰 날입니다. 전쟁을 하던 나라들도 총을 놓고 평화를 위해 기도해야 할 날이기도 합니다. 평강의 왕이 나신 날이기 때문입니다. 그보다도 오늘은 그리스도께서 기뻐하셔야만 할 날이요, 하나님께서 기뻐하실 날이기도 합니다. 그러기에 양을 치던 목자들은 양을 놓아두고 아기 예수께 찾아가서 경배를 해야 했습니다. 천군천사들은 찬양으로 영광을 돌려야 했습니다. 동방 박사들은 귀한 예물을 가지고 찾아가서 나신 예수님을 경배해야만 했던 것입니다. 첫 번째 성탄의 특징은 천사들의 메시지가 가장 눈에 띄며, 가슴을 울려주는 소식이었습니다. 그것은 무엇입니까?

오늘의 말씀

1. 무서워 말라는 위로의 소식이었습니다(눅 2:1~10상).

아담의 범죄 이후에 인생은 두려움을 갖게 되었습니다. 이 두려워하는 인류에게 주시는 말씀이 두려워 말라는 말씀입니다. 미개한 시대나 문명시대 까지도 두려움의 질병은 심화되어가고 있습니다. 예수 그리스도의 탄생은 인류의 두려움에서 해방시키려고 오신 것입니다. 인간은 세 가지 이유로 두려움이 옵니다. ① 죽음 때문에 오는 두려움 ② 죄 때문에 오는 두려움 ③ 믿음이 없기 때문에 오는 두려움이 있습니다. 히브리서 2장 15절에 "또 죽기를 무서워하므로 한평생 매여 종노릇 하는 모든 자들을 놓아 주려하심이니"라고 했습니다. 그리스도께서 탄생하신 것과 부활하신 목적도 공포에 떨고 있는 인류를 해방시키려 함이었습니다. 변화 산에서 하신 말씀에 주목하시기를 바랍니다.

· 함께 읽어요 : 마태복음 17장 6~7절
"[6] 제자들이 듣고 엎드려 심히 두려워하니 [7] 예수께서 나아와 그들에게 손을 대시며 이르시되 일어나라 두려워하지 말라 하시니."

2. 온 백성에게 미칠 위대한 소식이었습니다(마 2:10 중반절).

예수 그리스도의 초림 소식은 온 세상 인류에게 미칠 위대한 소식이었습니다. 본문 10절에서 "천사가 이르되 무서워하지 말라. 보라 내가 온 백성에게 미칠 큰 기쁨의 좋은 소식을 너희에게 전하노라"고 했습니다. 오늘날 세상에는 많은 통신망이 있어서 실시간 뉴스들을 들을 수 있습니다. 그러나 그중에 기쁨의 좋은 소식이란 찾아보기 힘듭니다.

그러나 그리스도가 탄생하신 사건만은 온 백성에게 전파해야 할 기쁜 소식이었습니다. 왜냐하면 그리스도는 인류의 소망! 희망이시기 때문입니다. 온 세상 만민의 구세주가 되시기 때문입니다. 그러기에 예수 그리스도께서는 승천하시기에 앞서 제자들을 불러 놓고 부탁하셨습니다.

마태복음 28장 19절에 "[19] 그러므로 너희는 가서 모든 민족을 제자로 삼아 아버지와 아들과 성령의 이름으로 세례를 베풀고, [20] 내가 너희에게 분부한 모든 것을 가르쳐 지키게 하라"고 하셨습니다. 그리스도께서 탄생하셨다는 천사의 소식은 '온 백성에게 미칠 소식'이었습니다. 이 말씀은 복음의 보편성과 필연성이 내포된 말씀입니다. 아 소식을 듣는 사람마다 축복을 받을 수 있는 것입니다. 이 소식은 누구나 들어야 할 소식인 것입니다. 예수 그리스도는 만백성의 구주가 되십니다. 인류의 소망이 되십니다. 예수 그리스도의 탄생하신 복된 소식은 만백성이 들어야 할 소식입니다. 때를 얻든지 못 얻든지 전파해야 할 소식인 것입니다.

· 함께 읽어요 : 마태복음 14장 14절

"이 천국 복음이 모든 민족에게 증언되기 위하여 온 세상에 전파되리니 그제야 끝이 오리라."

3. 큰 기쁨의 좋은 소식이었습니다(누가복음 2:10절 하반절).

본문 누가복음 2장 10절 하 반절에서 "온 백성에게 미칠 큰 기쁨의 좋은 소식을 너희에게 전하노라"라고 했습니다. '큰 기쁨의 좋은 소식'은 곧 11절의 말씀 한 바 "오늘 다윗의 동네에 너희를 위하여 구주가 나셨으니 곧 그리스도 주시니라"라고 했습니다. 첫 번째 성탄절 메시지의 중심내용은 "너희를 위하여 구주가 나셨다"는 것입니다. 예수 그리스도가 나심, 탄생하심은 인류 역사상 최대의 경사요, 기쁨의 소식입니다. 하나님이 육신을 입으시고, 죄 많은 땅에 오신 날이기에 기쁜 경사가 아닐 수 없습니다. 성경에는 예수님의 별명이 많습니다. 예수님을 '평강의 왕'이라고 했습니다. 평강의 왕이 탄생하셨다고 하는 소식을 듣자 겁을 먹은 헤롯은 많은 아이들을 죽이는 죄를 지었습니다. 큰 기쁨의 좋은 소식은 세상을 공의로 통치할 왕의 탄생 소식입니다.

· 함께 읽어요 : 이사야 32장 1절

"보라 장차 한 왕이 공의로 통치할 것이요 방백들이 정의로 다스릴 것이며."

정리하는 말

예수 그리스도가 탄생하신 첫 번째 성탄의 소식은 빅뉴스입니다. 천사가 전해준 소식의 중심은 예수가 탄생하셨다는 새 소식이었습니다. 예수가 세상 만민의 구주로 탄생하셨기 때문에 무서워 말라고 위로했습니다. 이 소식은 온 세상에 미칠 소식이니 전파하라고 했습니다. 또한 큰 기쁨의 좋은 소식이라고 말씀했습니다. 무엇보다도 목자들은 천사가 전해 준 말씀을 경청하고 굳게 믿었습니다. 빨리 가서 그리스도를 보았고, 듣고, 본, 그 모든 것을 인하여 하나님께 영광 돌리고 찬송하며 돌아갔습니다.

평가와 결심

1. 성탄절의 첫 번째 소식이 무엇이었습니까?
   (눅 2:1~10상 반절, 무서워말라는 소식이었음)
2. 성탄절의 두 번째 소식은 무엇이었습니까?
   (눅 2:10중 반절, 온 백성에게 미칠 소식이었음)
3. 성탄절의 세 번째 소식은 무엇이었습니까?
   (눅 2:10하 반절, 기쁨의 좋은 소식이었음)
4. 오늘 말씀을 듣고 각자의 결심을 이야기해보자.

주간 경건의 시간 <57> · 날마다 말씀과 함께

요일 / 내용	월(Mon)	화(Tue)	수(Wed)	목(Thu)	금(Fri)	토(Sat)
찬송	118 동	122 동	125 동	126 동	123 동	117 동
성경	눅 1:1-25	눅 1:26-38	눅 1:39-56	눅 1:57-80	눅 2:1-21	눅 2:22-52
적용	세례 요한 출생	예수 나심 예고	엘리사벳 방문	세례 요한 출생	첫 번째 성탄절	정결 예식 12세 예수님

* 세상은 가장 위대한 사람들에 의해 변화되고, 그들에 의해 죽고 멸망 당하기도 한다. <헨리 테일러 경, 1806~1886, 영국 시인, 극작가, 정치 사회학자>

13단원 교회 절기

제58과 성 탄 절 Ⅱ

이름이 '임마누엘'이라

찬송 / 121, 125, 122 / 통 121, 125, 122

성경 / **마태복음 1:17-25**

요절 / **마태복음 1:23절**

"보라 처녀가 잉태하여 아들을 낳을 것이요 그의 이름을 임마누엘이라 하리라."

목표 / 하나님(神)의 아들 임마누엘의 탄생을 축하하는 태도를 기른다.

시작하는 말

우리는 지금 12월 성탄절 절기 속에 살아가고 있습니다. 하나님의 아들의 탄생을 배척했던 첫 번째 성탄절 그 이상으로 오늘날 젊은이들의 뇌리나 가슴에 왜곡되게 알고 있습니다. 예수 그리스도의 탄생의 역사적 사실을 신화(神話)의 이야기처럼 가르침을 받아 믿고 있다는 것입니다. 참으로 허탈합니다. 예수탄생은 구약 이사야 선지자의 예언이 성취되었다는 사실을 애써 부인해 보려고 할 뿐 아니라, 사탄의 전략에 설복당하고 있다는 현실이 우리를 매우 슬프게 하고 있습니다. 그 근본적인 원인은 교회교육이 '말씀교육'보다는 문화공연 형태로 변질돼가고 있기 때문에, 본질적인 교육 실패의 결과라는 사실을 부인할 수 없을 것입니다.

오늘의 말씀

1. 성령으로 잉태되어 그리스도가 탄생된 것입니다(마 1:18~21).

오늘날 교회교육은 보이지 않는 영적교훈을 보이는 영상매체로, 문화로 대체하려는 데에 그 심각성이 있습니다. 요즘 교회문화가 세속문화에 지배당하고 있다는 사실조차 간과하고 있다는 것입니다. 세계의 교육시장에서 한국의 교육 콘텐츠들이 상품화되어 날개 돋치듯 인기몰이를 하고 있습니다. 교회교육의 희망은 이사야 선지자가 예언한 대로 메시야의 탄생은 '성령으로 말미암았다'는 사실을 제대로 가르치는 데 있습니다. 성경은 분명히 말씀합니다. "마리아가 요셉과 약혼하고 동거하기 전에 성령으로 잉태된 것이 나타났더니"라고 말입니다. 이것은 보이는 과학과 지식의 문제가 아니라 영적인 문제요, 믿음의 문제라는 것입니다.

· 함께 읽어요 : 마태복음 1장 18절

"예수 그리스도의 나심은 이러하니라. 그 모친 마리아가 요셉과 정혼하고 동거하기 전에 성령으로 잉태된 것이 나타났더니"

2. 예수 그리스도의 탄생은 예언이 성취된 것입니다(마 1:22~23).

임마누엘 그리스도의 탄생 예언은 B. C. 735년 아하스 통치 시에 위기에 처해있던 때에 임했습니다. 예수 그리스도의 탄생은 단순한 탄생계보가 아니라, 하나님의 예언 성취에 해당합니다. "여러분! 예수 그리스도의 동정녀 탄생이 가능하다고 생각하십니까?", "동정녀 즉 '처녀가 아기를 배어 아기를 탄생시켰다'는 사실은 기적입니다. 교회교육 지도교사는 교회교육에서 성경말씀 그대로 가르치고 믿도록 해야 할 책임이 있다"는 사실을 알아야 합니다. 마태복음의 기록자는 이 사실을 구약 이사야 선지자의 예언의 성취로 이루어졌다고 강조하고 있습니다.

참으로 이 예언의 성취는 놀라운 사실입니다. '성령으로 말미암아' 태어난 사람은 세상에 없습니다. 오직 예수님뿐이십니다. 우리는 성경의 이 증거를 받아들이든지 아니면 거부해야 합니다. 또한 이 사실은 예수가 임마누엘, 즉 "하나님이 우리와 함께 계시다"라는 사실은 사랑의 하나님께서 영원하며 완전한 사랑으로 우리를 돌보신다고 분명히 계시啓

示(열어 보여 줌)하고 있습니다. 임마누엘이신 메시야는 사람들을 '죄로부터 구원하신다'는 사실도 믿고 받아들여야 합니다(21절).

· 함께 읽어요 : 마태복음 1장 23절
"보라 처녀가 잉태하여 아들을 낳을 것이요 그의 이름은 임마누엘이라 하리라 하셨으니 이를 번역한 즉 하나님이 우리와 함께 계시다 함이라."

3. 그리스도의 탄생은 위대한 순종의 소산이었습니다(마 1:24~25).

말씀교육의 생활화란 말처럼 쉽지 않습니다. 그러나 성경의 위대한 인물들은 말씀에 위대한 순종을 솔선했던 것입니다. 말씀의 순종이 곧 그 시대의 역사를 바꾸어갔습니다. 그래서 기독교교육의 본질은 성경말씀 교육과 생활화에서 비롯된다는 사실을 깨달아야 할 것입니다. 요즘처럼 교육하기 힘들고 또한 편리해진 세상은 없었습니다. 손 안에 스마트폰만 열면 성경본문 말씀은 물론이요, 찬송가 악보까지 그리고 설교의 생생한 목소리까지 언제 어디서든지 들을 수 있을 뿐 아니라, 찬송가도 함께 부르면서 은혜 받을 수 있는 편리한 시대가 되었습니다. 목사님의 설교 현장을 그대로 녹화해서 여러 번 반복해서 설교도, 찬송도 듣고 은혜를 만끽할 수 있다는 것이 사실입니다. 이러한 4차원의 세계를 손 안에 항상 휴대하고 현장을 사진으로 갈무리하고 손 안에서 보고 들을 수 있다는 것이 큰 장점이 되었습니다. 그러나 한편 성령의 감화와 감동은 옛날만 못함을 실감합니다. 그래서 영적 충만함에 소홀할 수밖에 없습니다. 위대한 순종이 그리스도의 탄생을 이룬 것처럼 우리의 삶 속에서 믿음으로 순종하여 축복의 주인공이 되시기를 주님의 이름으로 축원합니다.

· 함께 읽어요 : 마태복음 1장 24절
"[24] 요셉이 잠에서 깨어 일어나 주의 사자의 분부대로 행하여 그의 아내를 데려왔으나 [25] 아들을 낳기까지 동침하지 아니하더니 낳으매 이름을 예수라 하니라."

정리하는 말

예수 그리스도의 탄생은 역사의 중심이 되었습니다. 기원전과 기원후를 구분하는 분기점이 되었습니다. 주님은 하나님의 예정과 섭리에 따라, 하나님의 뜻대로 이 땅에 탄생하셨습니다. 완전한 예언의 성취였습니다. 예수 그리스도가 역사의 현장에 태어나셔서 B.C.(before Christ ; 서력기원전)와 A.D.(Anno Domioni ; 주후 主後 ; 서력기원)의 기원이 만들어지게 된 것입니다. 이것 만으로도 우주만물을 통치하시는 하나님의 아들이심을 계시하고, 우리와 함께하시는 임마누엘이심을 확증하고 있습니다.

평가와 결심

1. 예수 그리스도의 탄생은 첫째 어떻게 이루어졌습니까?
   (마 1:18~21, 성령으로 잉태되어 태어나셨음)
2. 예수 그리스도의 탄생은 둘째 무엇의 성취였습니까?
   (마 1:22~23, B. C. 935년 이사야 선지자의 예언의 성취였음)
3. 예수 그리스도의 탄생은 셋째 무엇의 소산이었습니까?
   (마 1:24~25, 마리아와 요셉의 위대한 순종의 소산이었음)
4. 오늘 말씀을 듣고 각자의 결심을 이야기해보자.

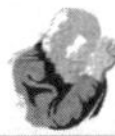

주간 경건의 시간 <58> · 날마다 말씀과 함께

요일 / 내용	월(Mon)	화(Tue)	수(Wed)	목(Thu)	금(Fri)	토(Sat)
찬송	119 동	116 동	121 동	132 / 38	212 / 347	211 / 346
성경	마 1:17	마 1:18-25	마 2:1-12	마 2:13-23	마 3:1-12	마 3:13-17
적용	그리스도 계보	그리스도의 탄생	동방 박사 내방	애굽으로 피난	세례 요한 천국 전파	세례 받으심

* 나의 의무를 다한 것에 대해 하나님께 감사드립니다. 하디, 입 맞춰 줘요.
<넬스 경, 1758-1805, 영국 제독, 나폴레옹군 격파>

제59과 임종 예배

성도의 귀중한 죽음

찬송 / 606, 607, 608 / 통 291, 292, 295

성경 / 시편 116:8-18

요절 / 시편 116:15

"그의 경건한 자들의 죽음은 여호와께서 귀중히 보시는 도다."

목표 / 슬퍼하고 애통하는 유족들에게 위로하는 태도를 가진다.

한 인간의 죽음이 가까우면 본인과 가족들은 마음을 준비하고, **임종예배**를 드려야 합니다. 임종예배를 드리고 나서 다시 살아나는 경우가 있더라도 운명하기 전에 임종예배를 드리는 것이 바람직합니다. 목회자가 없다하더라도 당황하지 말고 구역장은 구역원 ·속회원 등 성도들과 함께 임종예배를 드리는 것이 좋습니다. 임종예배에서는 죄의 고백과 예수 그리스도를 믿음으로 **용서받음**을 확신하게 해야 합니다. 이때에는 **부활신앙**과 **내세관**을 통하여 죽음을 긍정적으로 받아들이도록 도와주는 것이 중요합니다. 지금 여기 며칠 전까지 함께 이야기하며 웃고 음식을 나누던 가족 중 한 사람을 죽음 저편에 떠나보내면서 못내 아쉽기에 슬퍼하며 애통하는 유족들을 마주 대하고 있습니다. 말 한 마디 손놀림, 걸음걸이조차 거룩하고 경건하게 가짐이 필요하다. 슬픔이 치밀어 오름을 가슴 속에 꾹 눌러두고, 밖으로 표출되지 않도록 하며 너무 노쇠해서 가시는 어른의 호상好喪이라할지라도 큰 소리로 웃음을 터뜨리거나 문상問喪 온 분들을 불편하게 해서는 안 됩니다. 호흡이 멈추면 일단 친족이나 동네 이장이나 의사의 사망 진단서를 발급 받아서 동사무소에 가서 '매장 허가서'를 받아야 합니다. 주례는 장례 일정을 의논해야 합니다.

시작하는 말

성도聖徒란 기독교 신자의 존칭입니다. 성경은 극단적인 곤경 중에서도 신앙을 고백하고 배교하지 않는 담대한 믿음을 보여준 사람들의 예가 많습니다. 시인은 "주께서 내 영혼을 사망에서, 내 눈을 눈물에서, 내

발을 넘어짐에서 건지셨나이다"(8절)라는 고백이 임종을 맞으시는 분의 고백이길 바랍니다. 시인은 음부의 문 앞까지 이끌려갔다가 극적으로 얻은 생생한 체험을 통하여 하나님과 동행하는 삶의 중요성과 기쁨을 새삼 깨닫게 된 것입니다. 성도는 크게 고통당하면서 믿음을 지켰을 것입니다(시 116:10). 하나님께서 경건한 자들의 죽음을 귀중히 여겼습니다.

오늘의 말씀

1. 주신 은혜를 무엇으로 보답할까(시 116:11~13).

시인은 큰 곤란을 당하였을 때 하나님께서 주신 은혜를 그 무엇으로 보답할 것인가를 의문의 형식을 빌어서 강조하고 있습니다.

죽음은 생명의 완전한 멸절은 아니고, 조각가가 진흙으로 만든 모형을 부수는 것과 같은 것입니다. 형태는 파괴 되었지만 예술가가 새로운 어떤 창조를 할 재료로 환원하는 것입니다.

하나님의 창조 엿새 동안의 결론은 '좋았더라'라고 했습니다. 그 중에 바로 오늘 임종을 맞은 분도 하나님의 창조의 아름다운 한 생명이십니다. 이제 하나님의 창조의 나라로 되돌아가시는 것입니다. 믿음으로 사는 자는 하늘 위로를 받습니다. 여기 믿음으로 살다가 주신 은혜를 따라 기쁨으로 죽음을 그리고 긍정적으로 받아들이고 요단강을 건너 영원한 가나안 복지에 들어가는 것입니다. 기독교인들은 세상에 사는 동안 여호와 하나님을 사랑하고 믿으며, 그 외아들 예수 그리스도를 믿습니다. 그의 동정녀 탄생, 십자가 죽으심, 부활, 승천, 재림을 믿습니다.

· 함께 읽어요 : 시편 116편 13절; 로마서 10장 10절
"13 내가 구원의 잔을 들고 여호와의 이름을 부르며", "10 사람이 마음으로 믿어 의에 이르고 입으로 시인하여 구원에 이르느니라."

2. 모든 백성은 서원을 갚으리이다(시 116:14, 창 35:1~9).

야곱의 일생을 보면 처음 77년간은 부모의 슬하에서 산 생애이니 부엘세바에서 거주하였고(창 25:27), 다음 20년간은 하란에서 사정을 이루고 거부가 된 생애였고(창 28:-31:), 그 다음 고향으로 돌아와 가나안에서 33년의 생애를 보냈고, 마지막 17년은 애굽에서 가장 평화로운 생애를 보냈습니다. 그때 하나님께서는 벧엘로 올라가 서원을 갚으리라는 명령을 받고 실천 실행합니다.

첫째로, 현재의 잘못된 생활에서 일어나야겠습니다. ① 이방 신상을 버리고 ② 자신을 정결케 하고 ③ 의복을 바꿔야 합니다.

둘째로, 거기 거하여 – 은혜에 머물러야 합니다.

셋째로, 하나님께 단을 쌓는 생활 곧 루스 벧엘의 하나님 아버지께 서원을 갚아야 하는 것입니다.

· 함께 읽어요 : 시편 116편 14절
"여호와의 모든 백성 앞에서 나는 나의 서원을 여호와께 갚으리이다."

3. 성도의 죽음을 귀중히 보시는 하나님이십니다(시 116:15~18).

본문의 백미인 말씀은 성도의 죽음을 귀중히 보십니다. 성도는 예수 그리스도를 하나님의 희생의 어린양으로 믿습니다. 예수 그리스도는 하나님과의 평화 그리고 이웃과의 사랑의 가교임을 믿습니다. 성도는 예수 그리스도를 믿었고, 마음과 삶을 다하여서 주님을 따랐다는 것을 의미합니다. 그러므로 그가 죽게 될 때에, 그는 주 안에 있는 것입니다.

· 함께 읽어요 : 시편 116편 15절
"그의 경건한 자들의 죽음은 여호와께서 보시기에 귀중한 것이로다."

정리하는 말

사랑하는 성도 여러분! 히브리서 기자는 "한번 죽는 것은 사람에게 정해진 것이요~"(히 9:27절)라고 했습니다. 누구나 세상에 왔다가 가지만 세상 사람들의 죽음과 예수 믿고 죽은 성도의 죽음은 다른 것입니다. 하나님께서는 순교를 마다하지 아니한 경건한 성도의 죽음은 여호와께서 보시기에 귀중한 것입니다.

가난하거나 부하거나 지식인이나 무학無學이라 할지라도 힘들지만 예수 믿으면서 살다가 주 안에서 죽으십시오. 그러면 인생의 종말이 다가올 때 세상 수고를 그치고, 쉬다가 영원히 주님 품안에서 살 것입니다.

평가와 결심

1. 시인은 첫째 세상에서 살 동안 어떻게 살았습니까?
   (시 116:11~13, 믿음으로 주신 은혜 감사하며 죽음을 긍정적으로)
2. 시인은 둘째로 어떻게 살았습니까?
   (시 116:14, 백성 앞에서 서원을 갚으면서 살았음)
3. 경건한 자들의 죽음을 여호와께서 어떻게 보십니까?
   (시 116:15~18, 여호와께서 보시기에 귀중히 여기심)
4. 오늘 말씀을 듣고 각자의 결심을 이야기해보자.

주간 경건의 시간 <59> · 날마다 말씀과 함께

요일 / 내용	월(Mon)	화(Tue)	수(Wed)	목(Thu)	금(Fri)	토(Sat)
찬송	423 / 213	31 / 46	417 / 476	293 / 414	411 / 473	407 / 465
성경	시 112 :	시 113 :	시 114 :	시 115 :	시 116 :	시 117 :
적용	은혜를 베풀며	주의 이름 찬양하라	야곱의 하나님	주를 송축할지라!	경건한 자들 죽음	우리에게 향하신

* 용기의 태반은 이미 전에 일을 해낸 용기이다.

< 랄프 왈도 에머슨, 1803~1882, 미국 시인, 수필가 >

제60과 입관 예배

믿음은 영원한 생명이라

찬송 / 491, 483, 480 / 통 543, 532, 293

성경 / 요한복음 6:53-71

요절 / 요한복음 6:54절

"내 살을 먹고 내 피를 마시는 자는 영생을 가졌고, 또 나 보내신 이를 믿는 자는 영생을 얻었고, 심판에 이르지 아니하나니 사망에서 생명으로 옮겼느니라."

목표 / 부활의 때에 다시 일어날 것을 믿는 부활신앙을 기른다.

옛날부터의 관습은 시신을 입관시킬 때까지의 절차를 염, 습, 전, 반함, 졸습, 소렴, 대렴 등이라 하여 그 과정이 복잡하고 까다로웠다. 그러나 간소하고 정중한 예식을 위해 장의사나 전문가의 도움을 받는 것도 좋다. 그 순서와 요령은 다음과 같다. ① 인도자의 지시에 따라 시신의 좌우에 두세 사람이 나누어 앉는다. ② 시신을 덮었던 홑이불을 벗기고 붕대나 백지 등을 제거한다. 버선을 벗기고 허리띠를 끌러낸다. ③ 죽은 이가 남자면 남자 상주가 여자면 여자 상주가 앞가리개(곤포)로 가리며 하의를 벗기고, ④ 상의를 벗긴다. ⑤ 알코올이나 향수를 깨끗한 수건에 적셔서 몸을 닦아낸 후, 다시 마른 수건으로 훔친다. ⑥ 빗으로 머리를 빗기고 긴 손톱은 자른다. 머리카락과 손톱은 주머니에 넣거나 종이에 싸서 쟁반에 담아 두었다가 입관할 때 관 속에 함께 넣는다. ⑦ 다음은 수의를 입힌다. ⑧ 이상의 일들을 마치면 홑이불로 시신의 머리부터 수족에 이르기까지 전신을 덮는다.

시작하는 말

한 인간이 세상에 태어나 가족과 살다가 이제 그 영혼이 떠나고 시신으로 가족들의 얼굴을 더 이상 보지 못하고 임종된 시신은 장례 절차에

맡겨집니다. 참으로 엄숙한 순간을 마주하고 있는 것입니다. '입관예배'는 영혼을 담고 있던 육신을 정중하게 모시고 하는 예배입니다. 사자死者의 영혼은 천사들에 받들려 영원한 나라에 들어갑니다. 한편으로 숨이 끊어진 순간부터 시신은 체온이 떨어지고, 살갗은 굳어지기 시작합니다. 이제 입관의 절차를 밟고 영혼의 소천과 영생을 기리는 것이 중요합니다.

1. 영생을 얻고자 최선을 다해야 합니다(요 6:51~53).

유한한 인간은 하나님의 아들 예수 그리스도를 믿고 연합하여 영원한 생명으로 연결되는 것입니다. 인간은 시조 아담이 신의 명령을 거역하고 이탈함으로 에덴동산에서 쫓겨났습니다. 아담의 원죄로 생명을 잃어버렸던 것입니다. 이제 예수와 연합함으로 예수 그리스도의 생명이 우리에게 충만케 되어 하나님과 교통하게 됩니다. 믿음 없이 영생을 구하는 사람은 물결이 바람에 불려 요동함 같이 소망이 없습니다. 옛날 바리새인은 율법을 행하므로 영생을 얻고자 애썼지만 허사였습니다. 이제는 율법시대가 아닌 은혜의 시대로서 주 예수를 믿어야만 영생을 얻게 될 것입니다. 요한복음 6장 47절 이하에는 "진실로 진실로 너희에게 이르노니 믿는 자는 영생을 가졌나니, 내가 곧 생명의 떡이니라"라고 했습니다. 우리의 믿음으로 영생을 얻고자 최선을 다하시기 바랍니다.

· 함께 읽어요 : 요한복음 6장 47~48절
"[47] 진실로 진실로 너희에게 이르노니 영생을 가졌나니 [48] 내가 곧 생명의 떡이니라."

2. 항상 희생과 역경을 각오한 믿음이어야 합니다(요 6:54~55).

예수를 믿고 교회에 나오면 안심되고 마음이 평안합니다. 사랑도 있고 공정도 있고 기쁨도 있고 때로는 슬플 때도 있습니다. 기독교는 평안과 위로를 주는 종교이지만 호시탐탐 기회를 노리며 공격해 오는 사탄 마귀를 경계해야 합니다. 이들의 공격에 항상 전투적인 태세를 갖추고 싸워 이겨내야 합니다. 한 생명이 태어나 눈을 감기까지 역경과 고난은 있기 마련입니다. 때문에 영적으로 깨어 그리스도의 전투 명령을 순종해야 합니다. "내가 진실로 진실로 너희에게 이르노니 내 말을 듣고 또 나 보내신 이를 믿는 자는 영생을 얻었고" 그렇습니다. 영생 곧 영원한 생명은 '거듭날 때'重生 얻습니다. 그리고 이 생명은 부활 때에 완성될 것입니다. 이를 위해 희생과 역경을 각오하는 믿음을 소유하시기 바랍니다.

· 함께 읽어요 : 요한복음 6장 53절
"예수께서 이르시되 내가 진실로 진실로 너희에게 이르노니 인자의 살을 먹지 아니하고 인자의 피를 마시지 아니하면 너희 속에 생명이 없느니라."

3. 영생을 얻는 자의 할 일은 믿는 것입니다(요 6:56~71).

위에서 읽은 말씀의 뜻은(요 6:56~71)? 예수님의 살을 먹고 그 분의 피를 마시는 자는 예수님 안에 거하고 예수님도 그들 안에 거하시게 해야 합니다. 우리 마음에 예수님의 십자가 사랑이 거해야 주님께서도 우리 안에 거하십니다. "예수께서 대답하여 이르시되 하나님께서 보내신 이를 믿는 것이 하나님의 일이니라. ~"(요 6:29)라고 하셨습니다. 생명의 떡이신 예수께 나오면 주리지 아니합니다. 예수님을 믿는 자는 목마르지 아니합니다. 사망에서 생명으로 옮겨졌습니다. 이제 육은 무익합니다. 영생을 얻는 자의 할 일은 믿는 것이니 이 사명을 잘 감당하시기 바랍니다.

· 함께 읽어요 : 요한복음 6장 63절
"살리는 것은 영이니 육은 무익하니라. 내가 너희에게 이른 말은 영이요 생명이니라."

정리하는 말

성도 여러분! 지금 고인故人은 막 죽음의 요단강을 건너 우리가 한 번도 경험해 보지 못한 영원한 세계에 발을 디디고 있을 것입니다. 이 자리 입관예배를 드리고 있는 분들은 참 복된 분들입니다. 천국 문에 들어가고 있는 한 분을 모시고 예배하고 있기 때문입니다. 오늘 여러분들에게도 복된 생명과 영광의 날이 올 줄 믿고, 감사하며 살아가시기를 축원합니다.

평가와 결심

1. 지금 입관예배 참석한 우리는 무엇을 얻고자 해야 합니까?
   (요 6:53~54, 영생을 얻고자 해야 함)
2. '영생'을 얻고자 하는 믿음은 어떠해야 합니까?
   (요 6:54~55, 희생과 역경을 각오한 믿음이어야 함)
3. '영생'을 얻는 자의 할 일이 무엇입니까?
   (요 6:56~71, ① 예수 십자가 사랑과 ② 예수 안에 거해야 됨)
4. 오늘 말씀을 듣고 각자의 결심을 이야기해보자.

주간 경건의 시간 <60> · 날마다 말씀과 함께

요일 / 내용	월(Mon)	화(Tue)	수(Wed)	목(Thu)	금(Fri)	토(Sat)
찬송	36 동	182 / 169	435 / 492	165 / 155	430 / 456	161 / 159
성경	요 2:	요 3:	요 4:	요 5:	요 6:1-36	요 6:37-71
적용	하나님 나라	영생을 얻게 하심	영과 진리 예배	생명의 부활로	두려워하지 말라	다시 살리리니

* 하나님을 아는 자는 그를 예배한다. 참된 예배는 수면이 몸을 거뜬하게 하듯이 영혼을 상쾌하게 한다. < 미상 >

제61과 장례(발인) 예배

복된 죽음에 참례하라

찬송 / 450, 606, 607, 610 / 통 376, 291, 292, 289

성경 / **요한계시록 14:1-13**

요절 / **요한계시록 14:13 상반절**

"또 내가 들으니 하늘에서 음성이 나서 이르되 기록하라 지금 이후로 주 안에서 죽는 자들은 복이 있도다."

목표 / 장례예배는 참여하는 것만으로도 복된 것임을 깨닫고 참례 한다.

· 장례 치름을 '치장'이라 일컫습니다. 치장은 3일 만에 행함이 보통입니다. 만약 상주가 먼 곳에 있어 미처 사흘 안에 돌아오지 못하는 가족을 위해서는 4일장 또는 5일장으로 해도 좋습니다. 장례방법은 토장, 수장, 화장 등이 있고, 토장은 예로부터 시행해 오고 있는 방법으로 지장(地葬)이라고도 합니다. 토장의 방법은 보통 다음 순서로 진행 합니다.

① **장지**(葬地: 선산이나 공원묘지)는 집안에 노인이 계시면 미리 준비해야 차질이 없습니다.

② 상을 당하면 호주나 동거 가족 또는 동거인이 서둘러 사망신고와 매장신고를 해야 합니다.

③ **사망신고**는 주민등록지의 주민 센터나 시, 군, 구청 등 본적지의 공무원을 찾아가면 안내해 줍니다. 구비서류는 사망 진단서 2부(본적지 아닌 곳이면 3부), 의사의 진단서나, 시체 검안서(사고로 사망인 경우) 등을 첨부해야 합니다. ④ **매장(화장) 신고**는 주소지, 사망지, 매장지, 납골당 소재지의 관할 읍, 면, 동장에게 신고할 때 요사이는 인터넷에서 다운받아 서류를 작성해 구비서류(사망진단서 또는 시체 검안서, 사설묘지의 경우는 묘지사용 승낙서, 성인 경우 주민등록증 휴대)를 첨부 주민 센터에 신고 후 신고 증을 교부받습니다.

· 영결식 진행순서는 ①개식사 ②찬송 ③기도 ④성경봉독 ⑤설교 ⑥기도 ⑦고인 약력보고 ⑧조사나 조가 ⑨분향 또는 헌화 ⑩광고 ⑪찬송 ⑫축도 순으로 진행합니다. 가능하면 장례식순을 만들어서 함께 식순을 보면서 예식을 진행하면 전도에도 도움이 됩니다.

여러분! 세상에 올 때에는 순서 있게 왔습니다. 그러나 세상을 떠날

때에는 올 때와는 달리 순서가 없습니다. 누가 먼저 갈는지 알 수가 없습니다. 또 인간적으로 볼 때에 성도의 죽음도 사랑하는 가족과 이별하는 것은 틀림없으니 슬퍼 보입니다. 성도의 죽음도 인간적인 눈으로 볼 때에는 무덤까지 가는 데에는 불신자의 죽음과 같으나 영혼이 죽음 정거장에 내릴 때에는 다릅니다. 영혼이 죽음 정거장에 내릴 때에는 함께 갈 사람이 절대로 없습니다. 언제나 혼자 가게 됩니다.

성도의 죽음도 불신자와 똑같은 것으로 보는지 모르지만 서로 다릅니다. 성도의 죽음은 불신자와 어떻게 다릅니까?

오늘의 말씀

1. 성도의 죽음은 무섭지 않습니다(계 14:1~5).

왜 무섭지 않습니까? 성도가 죽어 죽음정거장에 이르면 하나님께서 보내신 천군천사들이 마중을 나옵니다. 천군천사는 악마가 손을 대지 못하도록 호위하기에 무섭지 않습니다. 한 걸음 나아가 죽음정거장에 내리면 "천국 가는 시민증이 있느냐"고 묻습니다. 하늘나라 시민증을 보십시오. 성부 성자 성령의 이름으로 죄 사함의 세례를 받았습니다. 성도들은 교회가 일 년에 두 번씩 성례식을 거행하는데 참석하면서 천국 민으로서 자격을 새롭게 합니다. 죄 씻음을 받는 것은 예수님의 피로 씻음을 받고, 세례를 받는 것은 죄 씻음을 받았다는 증표가 되는 것입니다. 이처럼 세례는 귀한 것입니다. 그러므로 교회가 세례식을 위해 한 달 전에 광고하고 기도로 준비하는 것입니다. 성도는 천국 입성의 시민증이 있으니 겁나지 않습니다.

· 함께 읽어요 : 고린도후서 4장 10절

"우리가 항상 예수의 죽음을 몸에 짊어짐은 예수의 생명이 또한 우리 몸에 나타나게 하려 함이라."

2. 성도의 죽음은 슬프지 않습니다(계 14:6~12).

세상에 있을 때는 자기의 죄 때문에 울어도 보았습니다. 세상에 있을 때에는 아들딸이 말썽을 일으켜 안타까워 울어도 보았습니다. 세상에 있을 때에는 교회를 생각하면서 울어도 보았습니다. 민족을 생각해서 울어도 보았습니다. 나 때문에 울고, 남 때문에 울고, 운적이 많습니다. 그러나 천국에 입성하니 하나님께서 눈물을 닦아 주십니다. 위로해 주십니다. 이제 울 일이 끝났다고 하십니다. 괴로움과 죄만 있는 곳 세상을 떠나는 성도의 죽음은 슬프지 않습니다. 대망의 천국은 빛과 사랑이 언제나 넘칩니다.

· 함께 읽어요 : 요한계시록 21장 4절
"모든 눈물을 그 눈에서 닦아 주시니 다시는 사망이 없고 애통하는 것이나 곡하는 것이나 아픈 것이 다시 있지 아니하리니 처음 것들이 지나갔음 이러라."

3. 주 안에서 죽는 자는 큰 복입니다(계 14:13).

여러분! 주 안에서 죽는 자가 복 됩니다. 왜 입니까? 영생은 하나님의 생명이며, 때에 관계없고, 곧 전에 있고, 이제 있고, 미래 영원까지 있기 때문입니다. "보라 하나님의 장막이 사람들과 함께 있으매 하나님이 그들과 함께 계시리니"(3절)라고 했습니다. 사도 요한의 명쾌한 답은 '하나님은 사랑이시며 우리와 함께 있음이 영생이라'는 진리를 가르쳐줍니다. 베드로 사도는 변화산에서 '큰 위엄을 친히 본 자라'하며, 이미 영생하시는 하나님의 음성(이는 내 사랑하는 아들이요 내 기뻐하는 자라. 벧후 1:17절)을 들었습니다. 이제 주 안에서 죽는 자가 '다시 사망이 없는' 영원한 천국으로 출발하고 있습니다. 우린 이제 선배 한분을 천국으로 보내드리며 천국환송 행진곡을 부르고 있습니다. 믿는 자에게 복된 천국이 있습니다. 위로되시기 바랍니다.

· 함께 읽어요 : 요한계시록 21장 4절
"모든 눈물을 그 눈에서 닦아 주시니 다시는 사망이 없고 애통하는 것이나 곡하는 것이나 아픈 것이 다시 있지 아니하리니 처음 것들이 다 지나갔음 이러라."

정리하는 말

오늘 장례(발인)예배에 잘 오셨습니다. 죽음이란 세상과의 줄을 끊어 버리고, 천국 입성을 위해 보내드리는 환송의 순간인 것입니다. 예수 그리스도의 부활 사건이 있었기에 우리에게도 부활의 소망과 희망을 줍니다. 요한은 "하나님의 장막이 사람들과 함께 있으매 하나님이 그들과 함께 계시리니 그들은 하나님의 백성이 되고 하나님은 친히 그들과 함께 계셔서"(계 21:3절) 라고 했습니다. 영생하시는 하나님과 함께 여러분들 가정과 일터에 하나님의 '영생의 복'이 함께 하시기를 축복합니다.

평가와 결심

1. 성도의 죽음은 첫째로 어떻습니까?
   (계 14:1~5, 무섭지 않습니다)
2. 성도의 죽음은 둘째로 어떻습니까?
   (계 14:6~12, 슬프지 않습니다. 거룩한 성 새 예루살렘 성의 입성)
3. 주 안에서 죽는 자가 어떻다는 것입니까?
   (계 14:13, 복되다는 것입니다)
4. 오늘 말씀을 듣고 각자의 결심을 이야기해보자.

주간 경건의 시간 <61> · 날마다 말씀과 함께

요일 내용	월(Mon)	화(Tue)	수(Wed)	목(Thu)	금(Fri)	토(Sat)
찬송	91 동	151 / 138	177 / 164	143 / 141	219 / 279	295 / 417
성경	계 11 :	계 12 :	계 13 :	계 14 :	계 15 :	계 16 :
적용	작은 두루마리	어린 양의 피	성도들의 인내 믿음	주 안에서 죽는 자	모세 어린 양 노래	진노의 일곱 대접

* 모든 이별에는 죽음의 의미가 있다. <조지 엘리엇, 1819~1880, 영국 여류 작가>

14단원 가정 예식

제62과 안장(하관) 예배

요셉의 죽음과 유언

찬송 / 607, 438, 606 / 통 292, 495, 291

성경 / 창세기 50:15-26

요절 / 창세기 50:26절

"요셉이 백십 세에 죽으매 그들이 그의 몸에 향재료를 넣고 애굽에서 입관하였더라."

목표 / 입관 및 안장(하관)예배에 참여만 하는 것도 복된 일임을 깨닫는다.

집안에서나 장례예식장에서 영원한 이별의 예식인 영결식(장례식, 발인예배)은 병풍을 치고 앞에 영정상과 향안을 배설하여 빈소를 설치하고, 남자 상제는 고인 상부에 여자 상제는 하부에 서서 집례목사의 집전으로 행합니다.

운구란 고인의 시신을 장지나 화장 장소까지 옮기는 것을 말합니다. 운구의 방법은 대개 장의사가 있어 영구차를 이용합니다. 영결예배가 끝나면 찬양대를 선두로 명정, 영정, 집례, 영구, 상제, 친척, 일반 조객의 순서로 찬양대의 찬송에 맞추어 제창하면서 서서히 따릅니다. 영구차에는 영정, 하관 제구들을 싣고 상제, 친척들을 태우고, 조객 차는 호상이 일반 조객에게 승차를 권면하여 함께 탑승하여 영결 장소나 장지로 떠납니다.

시작하는 말

죽음은 우리 각자가 직면할 수밖에 없는 보편적인 진리입니다. 이것은 누구나 피할 수 없는 사건입니다. 그러나 중요한 것은 죽음 자체가 아니라 어떻게 죽음을 대하는가 하는 것입니다. 죽음 이후 영원한 고통에 처하는가? 아니면 영원한 생명을 얻는가하는 문제인 것입니다. 여러분은 오늘 세상을 떠난다면 어떠한 장래가 준비되었습니까?

오늘의 말씀

1. 요셉은 인격적인 사람이었습니다(창 50:15~21).

요셉은 하나님께 신실하였고, 축복된 삶을 살았습니다. 하나님께 대한 신실함이 바로 끝까지 하나님을 따르며 풍성한 열매를 맺는 삶을 사는 길입니다. 그의 인격적인 면을 살펴보겠습니다.

첫째로 신실한 삶(22절)이었습니다. 그는 일백 십 세까지 살았습니다. 요셉의 생의 후반기에 관해서는 성경에 별다른 언급이 없습니다. 하나님께서는 두 가지 목적을 위해 요셉을 세우셨다는 것에 대해 말해 줍니다. ① 7년간 기근으로 인한 전 세계적인 경제적 파탄과 굶주림으로부터 세상을 구하기 위해서입니다. ② 이스라엘 민족으로 하여금 주변국들(가나안 족속들)과의 통혼이나 세속적인 영향력에 물들지 않고 그들의 경건 성을 지키도록 하기 위해, 이스라엘을 애굽으로 데려가기 위한 목적(창 37:1~50;26)이었습니다.

· 함께 읽어요 : 창세기 50장 21절

"당신들은 두려워하지 마소서 내가 당신들과 당신들의 자녀를 기르리이다 하고 그들을 간곡한 말로 위로하였더라."

2. 요셉은 형제들에게 유언을 남겼습니다(창 50:22~24).

요셉은 죽을 때까지 하나님의 위대한 약속을 굳게 잡았습니다. 그는 생애의 마지막 순간에 임박하여 자신이 평생 동안 의지 해 온 하나님에 대해 증거 했습니다. 그리고 앞으로 인도하실 하나님의 섭리에 대한 믿음을 증거 했습니다.

1) 이스라엘이 애굽에서 구원받을 것을 선포했습니다(24절).

2) 자신의 뼈를 약속의 땅으로 가지고 갈 것을 부탁했습니다(25절).

이는 요셉의 믿음대로 장차 이루어 질 것이 분명합니다.

· 함께 읽어요 : 창세기 50장 25절

"요셉이 또 이스라엘 자손에게 맹세시켜 이르기를 하나님이 반드시 당신들을 돌보시리니 당신들은 여기서 내 해골을 메고 올라가겠다고 하라 하였더라."

3. 요셉은 애굽에서 입관되었습니다(창 50:25~26).

앞에서 언급한 바와 같이 요셉은 110세에 죽었습니다. 그의 시신은 향재료로 처리되어 입관되었습니다. 그러나 그는 애굽의 인물을 안치하기 위한 피라미드나 구가의 묘지에 안장되지 아니했다는 사실에 주목하십시오. 그는 바로 왕 다음 가는 지도자였기 때문에 그러한 곳에 안장될 수도 있었을 것입니다. 그러나 요셉은 하나님의 약속을 받은 자로서 끝까지 믿음으로 행했습니다. 그의 전 생애를 통해 하나님을 크게 증거 하기를 원했습니다. 요셉의 몸은 매장되지 않고 약 400년 동안 여러 믿는 자들에 의해, 아마도 그의 후손들에 의해 보존되었을 것입니다. 그리고 하나님의 위대한 약속에 대한 그의 믿음에 대한 증거가 오늘날에도 여전히 기억되고 있다는 사실을 주목하시기 바랍니다.

사랑의 원자탄이라 불리는 손양원 목사는 "독신자인 김구 金九 선생의 장례식이 국민장으로 하게 된다는데, 사회식으로 한다니, 우상식은 오히려 김구 선생에게는 도리어 잘못이다." 김구 선생을 괴롭히는 일로 본다고 일갈했습니다. 그러나 주기철 목사의 장례식은 일제 삼엄한 치하에서 배급 쌀을 구할 수도 없는데, 도움의 손길과 사방에서 모여들고 불신자들까지 모여 성대한 장례식을 치렀다고 합니다. 장례식이 복음전파의 기회가 되었습니다. 이것은 하나님의 은혜라고 주기철 목사의 오정모 사모는 간증하고 있습니다.

· 함께 읽어요 : 창세기 50장 12~13절

"[12]야곱의 아들들이 아버지가 그들에게 명령한 대로 그를 위해 따라 행하여 [13]그를 가나안 땅으로 메어다가 마므레 앞 막벨라 굴에 장사하였으니 이는 아브라함이 헷족속 에브론에게 밭과 함께 사서 매장지를 삼은 곳이더라."

정리하는 말

본문은 기독교의 예전을 무시하고, 탈법과 탈 예전으로 혼란을 겪고 있는 현대인들에게 귀감이 되는 본문입니다. 장례에서의 피날레는 바로 안장(하관)예배입니다. 요셉처럼 형제들의 많은 실패와 허점에도 불구하고 사랑으로 용서하며, 위로했습니다. 우리는 이를 본 받아 고인(故人)의 뜻을 받들고, 그의 삶을 기리며, 고인의 실수와 허점도 흙속에 묻고 사랑하기를 간절히 축복하고 희망합니다.

평가와 결심

1. 요셉은 첫째로 어떤 사람이었습니까?
   (창 50:15~21, 성숙한 인격의 소유함)
2. 요셉은 둘째로 형제들에게 무엇을 했습니까?
   (창 50:22~24, 장차 출애굽 할 때 유골을 메어갈 것을 유언함)
3. 요셉은 셋째로 그의 장례가 어떠했습니까?
   (창 50:25~26, 몸에 향 재료를 넣고 애굽에서 입관, 가나안 갈 것을 유언함)
4. 오늘 말씀을 듣고 각자의 결심을 이야기해보자.

주간 경건의 시간 <62> · 날마다 말씀과 함께

요일 / 내용	월(Mon)	화(Tue)	수(Wed)	목(Thu)	금(Fri)	토(Sat)
찬송	70 / 79	73 동	92 / 97	397 / 454	170 / 16	610 / 289
성경	창 46:1-27	창 46:28-34	창 47 :	창 48 :	창 49 :	창 50 :
적용	이스라엘이 애굽으로 감	애굽 고센땅	바로를 축복함	손자들 축복	야곱의 유언	요셉 입관

* 영혼의 뿌린 씨는 어느 것도 멸망하지 않는다. < J. A. 시몬스 >

제63과 추모 예배 1

◐ 가·정·추·모·예·배 ◑

20 년 월 일 · 사회 : 장로(집사)
오전 · 오후 00 : 00 시 · 말씀 : 장로(집사)

◆ **추모(追慕)예배의 의의** ◆

추모(追慕)라는 용어가 바람직합니다. 추도(追悼)라는 용어는 죽은 이를 생각하며 슬퍼해 한다는 뜻입니다. 이 말 속에는 다분히 불신자적인 인상이 짙습니다. 추모(追慕)라는 용어의 뜻은 죽은 사람을 기억하고 그리워함입니다. 이렇게 보면 기독교에서 사용되어야 하는 바른 용어는 추모(追慕)가 되어야 할 것입니다.

(Prelude) ♬

1) 개 회 사 … ♪(　　)성도〈20 .　.　소천〉(　)주기 ········ 사 회 자
이 시간 … ♪(　　)성도〈20 .　.　소천〉(　)주기를 맞아
하나님께서 사랑하는 우리 가족! 추모예배를 드리겠습니다.

2) 묵상 기도 ············<사도신경 신앙고백>················· 다 같 이

3) 기　　원 ·· 인 도 자

오늘도 살아계셔서 영생을 주시고, 천지만물과 가족을 주신 하나님! 크신 사랑과 은혜를 감사드립니다. 오늘 가족이 한 자리에 모여 추모예배를 드릴 수 있게 하심을 감사드립니다. 이 시간 우리의 기도와 찬송과 예배를 받으시옵소서. 예수님 이름으로 기도드리옵나이다. 아멘

4) 찬　　송 ·····[559장(통305), 478장(통78장)]······· 다 같 이

5) 신앙 고백 ·· 다 같 이

6) 기　　도 ········<기도문을 읽으면서 기도>····················· 장로(집사)

하나님! 감사합니다. 아버지께서 사랑하시는 우리 가족들을 지금까지 지켜주시고, 은혜 베풀어 주시니 감사드립니다. 지나간 시간들을 되새겨 볼 때, 모든 것이 하나님의 은혜였습니다. 가족들 건강하게 하시고, 믿음을 지키게 하여 주시며, 오늘 이 시간 혈육들이 기쁨으로 만나 예배드리게 하심을 감사드립니다. 앞으로 여생을 주님 기쁘게 할 수 있게 하옵소서. 주님의 뜻을 헤아려 주님의 깊으신 뜻을 가정을 통해 이루게 하여 주옵소서. 아직도 우상을 섬기며 미신숭배에서 헤어 나오지 못하는 동족을 불쌍히 여겨 주시고, 불신의 눈을 떠서 예수님을 믿고 의지하며 살아갈 수 있게 하옵소서. 우리의 형제, 자매와 혈 · 육간 화목을 이루게 하시고, 이 세상 살 동안 앞서가신 부모 형제의 유훈을 따라 하나님 은혜와 사랑을 나누며, 살아갈 수 있게 하옵소서. 예수님의 이름으로 기도드리옵나이다. - 아멘 -

7) 성경 봉독 ··················(시 77:13~15)··················인 도 자

"[13]하나님이여 주의 도는 극히 거룩하시오니 하나님과 같이 위대하신 신이 누구오니이까 [14]주는 기이한 일을 행하신 하나님이시라 민족들 중에 주의 능력을 알리시고 [15]주의 팔로 주의 백성 곧 야곱과 요셉의 자손을 속량하셨나이다(셀라)."

8) 설 교 ········[고난의 밤에 부르는 감사 찬송]········설 교 자

9) 찬 송 ················· 383장(통찬 433장)·············다 같 이

10) 축복 기도 ···주 례 자

11) 광 고 ············<20 . . 성묘보고)············장로(권사)

<오늘의 말씀>

고난의 밤에 부르는 감사 찬송(시 77:1~15)

첫째, 고난의 심연에서 부르짖고 고민합니다(1-9절).

시인 아삽은 묵상이 아니라 음성으로 큰 소리로 ① 기도의 응답을 소망하고 있습니다(1절). ② 밤중에 기도를 쉬지 않았습니다(2절). ③ 심령이 극도로 상했습니다(3절). ④ 잠 못 이룰 만큼 괴로워합니다(4절). ⑤ 이전의 경험을 생각합니다(5-6절). ⑥ 응답받지 못해 시험 받았습니다(7-9절)

둘째, 이전의 하나님의 기사를 기억하며 용기를 얻었습니다(10-12절).

시인은 새로운 결단을 합니다. 본문 10-11절에 "[10]또 내가 말하기를 이는 나의 잘못이라 지존자의 해 [11]곧 여호와의 일들을 기억하며 주께서 옛적에 행하신 기이한 일을 기억하리이다"라고 했습니다. ① 고난 중에 믿음의 결단을 고백합니다(11절). ② 주의 일을 묵상합니다. 본문 12절입니다. "또 주의 모든 일을 작은 소리로 읊조리며 주의 행사를 낮은 소리로 되뇌이리이다"라고 노래합니다. 이전에 하나님의 기사를 기억하며 용기를 얻었습니다.

셋째, 역사를 주관하시는 하나님의 권능을 생각하며 감사합니다(13-15절).

본문 13절에 "하나님이여 주의 도는 극히 거룩하시오니 하나님과 같이 위대하신 신이 누구오니이까"라고 했습니다. 여러분! 우리가 의지하고 믿는 하나님은 어떤 분이십니까?
① 지존자이신 하나님이십니다. ② 이적으로 자신을 계시하신 하나님이십니다. 홍해를 가르시고 바다를 육지와 같이 걷게 하신 여호와 하나님이십니다. 대적들을 흩어버리신 하나님이십니다. ③ 이스라엘을 구속하신 하나님이십니다. 2천여 년 동안 디아스포라(흩어진 유대인) 되었던 이스라엘을 돌아오게 하시고 1948년 독립 국가를 이루게 하셨습니다. 시인은 이러한 권능의 하나님을 기억하면서 고난의 밤에 거룩한 음성으로 하나님을 찬양합니다. 하나님께서 사랑하시는 가족과 친족 여러분! 하나님의 크신 은혜를 감사하며, 여러분들이 언제 어디서나 서로 원망하지 말고, 항상 하나님께 감사하며 고난의 밤이라 할지라도 하나님의 권능을 생각하며 소망을 가지고 감사 찬송하시기를 축복합니다. 아멘!

제64과 중추절(추석) 추모 예배 2

주신 은총, 감사 찬송 하여라!

찬송 / 591, 587, 588, 589, 590, 591 / 통 310, 306, 307, 308, 309, 310
성경 / 시편 85:1-13
요절 / 시편 85:7
"여호와여 주의 인자하심을 우리에게 보이시며 주의 구원을 우리에게 주소서."
목표 / 민속절기인 중추절 성묘가정예배를 통해 감사하는 신앙태도를 기른다.

민속절기 중추절 감사예배

1. 개회사

추석을 맞아 온 가족이 한 자리에 모여 조상들의 유훈遺訓을 새기며, 풍성한 가을을 주신 하나님께 다 같이 묵상기도를 드림으로 중추절 감사예배를 드리겠습니다.

2. 찬송은 592, 593, 590, 591/ 통찬 311, 312, 309, 310장 중 익숙한 찬송을 부릅니다.

3. 성시 교독은 찬송가 뒤 교독문 105번, 106번 감사절(1)(2)에서 선택하여 함께 교독합니다.

4. 다 같이 기도합시다(가족 대표 한 분이 기도를 인도합니다).

천지를 만드시고, 사계절을 주셔서 봄에 뿌린 씨앗을 이 가을! 풍성한 열매를 거둘 수 있는 복을 주시니 감사합니다. 민속명절인 '추석'을 주셔서 온 가족이 한 자리에 모여 기쁨으로 감사예배를 드릴 수 있게 해 주시니 감사합니다. 하나님의 말씀대로 순종하며 살게 하시고, 불안과 염려가 엄습해 온다할지라도 늘 믿음의 용기로 승리하게 해 주시옵소서.

앞서가신 어르신들의 교훈과 신앙을 추억하며 성실하고, 믿음생활 잘하면서 어떠한 어려움을 만나든지 우리의 영혼 속에는 늘 맑은 샘물이 솟아나게 하옵소서. 우리 가족 한 사람 한 사람을 늘 주님께서 인도해 주셔서 영 · 육간에 건강하게 하시고, 어려운 이웃들을 돕고, 형제간에 우애하며, 웃어른들을 공경하면서 화목하고 행복한 가정을 이루게 하옵소서. 가시밭과 같은 세상을 헤쳐 나갈 때 지혜와 용기를 주시고, 실패의 순간에도 희망을 잃지 않게 하옵소서. 언제나 우리 가족들 인도해 주셨습니다. 감사하오며, 우리는 주님의 선한 일꾼임을 잊지 않게 하시고, 모든 사람들에게 유익한 사람이 되게 하옵소서. 한 해가 저물기 전에 믿음으로 더욱 성숙하게 하옵소서. 말씀으로 주님과 함께 예배중심의 신앙생활을 하게 하옵소서.

주님이 찾아 섬겼던 성전을 정성으로 봉사 하며, 주님을 뜨겁게 사랑하며 살아가게 하옵소서. 주시는 말씀을 듣사오니, 자녀들이 믿음도 사업도 풍성한 한 해가 되게 하여 주옵소서. 가족 한 사람 한 사람 지켜 주시되, 죄의 길로 빠질 때는 성령께서 바른 길로 인도해 주시옵소서. 감사와 영광과, 찬양을 주님께 기쁘게 드릴 수 있는 한 해가 되게 하여 주옵소서.

<예수님의 이름으로 기도드리옵나이다. 아멘.>

5. 성경은 다음 성경구절 중에 한 곳을 읽습니다.

• 시편 23편 · 시편 95편 · 시편 100편 · 창세기 26:12-22 · 레위기 23:15-25 · 신명기 4:25-29; 8:1-3 · 요한복음 7:37-44 · 고전 10:23-33 · 빌립보서 4:2-9 · 살전 3:9; 5:16-24

6. 성경 본문을 읽고 말씀을 강론합니다(성경본문만을 읽어도 좋아요).

7. 찬송은 가족들이 즐겨 부르는 찬송가를 찾아 함께 부릅니다.

8. 축복 기도나 ♬ 주기도문 송 ♬을 부르거나 주기도문을 함께 읽고서 예배를 마칩니다.

추석에는 가장이나 가족 중 한 사람이 예배를 인도하고, 예배가 끝난 후에는 사랑과 감사가 담긴 음식을 나누면서, 조상들의 교훈이나 추억담을 나누는 것이 좋습니다. 히브리 민족은 '오순절'이나 '장막절'을 지키면서 감사의 절기를 지켰습니다.

주신 은총, 감사 찬송 하여라!

(시편 85:1~13)

"[1] 여호와여 주께서 주의 땅에 은혜를 베푸사 야곱의 포로 된 자들이 돌아오게
하셨으며 [2] 주의 백성의 죄악을 사하시고 그들의 모든 죄를 덮으셨나이다(셀라).
[3] 주의 모든 분노를 거두시며 주의 진노를 돌이키셨나이다. [4] 우리 구원의 하나님
이여 우리를 돌이키시고 우리에게 향하신 주의 분노를 거두소서 [5] 주께서 우리
에게 영원히 노하시며 대대에 진노하시겠나이까 [6] 주께서 우리를 다시 살리사
주의 백성이 주를 기뻐하도록 하지 아니하시겠나이까 [7] 여호와여 주의 인자하심
을 우리에게 보이시며 주의 구원을 우리에게 주소서 [8] 내가 하나님 여호와께서
하실 말씀을 들으리니 무릇 그의 백성, 그의 성도들에게 화평을 말씀하실 것이
라 그들은 다시 어리석은 데로 돌아가지 말지로다. [9] 진실로 그의 구원이 그를 경
외하는 자에게 가까우니 영광이 우리 땅에 머무르리이다 [10] 인애와 진리가 같이
만나고 의와 화평이 서로 입 맞추었으며 [11] 진리는 땅에서 솟아나고 의는 하늘에
서 굽어보도다 [12] 여호와께서 좋은 것을 주시리니 우리 땅이 그 산물을 내리로다.
[13] 의가 주의 앞서 가며 주의 길을 닦으리로다."

이 시의 배경은 바벨론 포로에서 돌아온 후로 추정합니다. 하나님의 크신 은혜로 그들은 고국으로 돌아올 수 있었습니다. 사실 백성들이 포로로 잡혀가서 나라가 황폐해진 상황에서 그들을 다시 돌아오게 하신 것은 놀라운 사건이었습니다. 그래서 시인은 이 시를 나라를 회복시켜 주신 하나님의 선하심과 자비하심에 대한 감사로 시작하고 있습니다. 그러나 이러한 기쁨도 잠사, 돌아온 고국의 형편은 말로 표현하기 어려운 정도였습니다.

하나님의 큰 은총으로 그들은 포로된 데서 풀려나 자기 땅으로 돌아왔으나 이러한 회복이 계속 진전되지 못하고 멈추었습니다. 많은 사람들이 1~3절까지는 유배에서 돌아온 것을 가리키며 나머지 구절은 느헤미야와 말라기에 의해 언급된 고통의 경험이라고 봅니다(느 1:3). 학개 때에는 가뭄으로 땅이 황폐하게 되기도 했습니다(학 1:5~11). 그러한 배경이 13절에 땅에서 소출을 주실 것을 구하는 기도로 나타났는지도 모릅니다.

1. 과거에 베푸신 하나님의 은총을 기억합니다(시 85:1~3절).

시인은 현재의 고난 속에서 과거에 베푸신 하나님의 은총을 기억합니다.

(1) 나라의 구원을 기억합니다(1절).

먼저 나라의 구원을 기억합니다. 1절에 "여호와여 주께서 주의 땅에 은혜를 베푸사 야곱의 포로 된 자들이 돌아오게 하셨으며" 시인은 이스라엘 백성을 포로생활에서 돌아오게 하신 하나님의 구원을 기억하며 감사합니다.

그들은 하나님의 은혜로 포로 된 상태에서 해방되어 고향으로 돌아왔습니다. 이러한 구원은 순전히 하나님의 선하신 뜻과 그분의 은혜 때문이라고 시인은 말하고 있습니다. 하지만 그들 앞에는 황폐한 땅과 적대적인 이웃, 그리고 내부적으로 백성들의 불순종과 이기적 행동으로 초래된 고통스러운 문제들이 놓여있었습니다.

시인은 현재의 고난을 주님께 하소연하기 이전에 하나님께서 구원해 주신 은혜를 기억합니다.

(2) 주님의 용서를 기억합니다(2~3절).

시인은 백성을 회복시키신 하나님의 구원을 기억한 후 주님의 용서를 생각합니다. 하나님께서는 그분의 긍휼 가운데 그들을 용서하시고 진노를 멈추셨습니다. 이제 그들이 고향으로 돌아올 수 있었던 것은 주님이 그들을 용서해 주셨다는 강력한 증거이기도 합니다.

· 함께 읽어요 : 시편 84편 12절
"만군의 여호와여 주께 의지하는 자는 복이 있나이다."

2. 현재의 필요와 자비의 간구를 응답해 주시니 감사합니다(85:4~7절).

과거의 죄를 용서해 주시고 회복시켜 주신 하나님의 은혜를 기억한 시인은 현재 그들이 겪는 고난을 하나님께 고합니다. 따라서 그들이 겪고 있는 고난으로부터 구원해 주시도록, 즉 현재의 필요를 위한 자비를 간구하는 기도를 드리시기 바랍니다.

첫째로 '마음의 치유'입니다(4절).

먼저 마음의 치유가 필요했습니다. 4절에 "우리 구원의 하나님이여 우리를 돌이키시고 우리에게 향하신 주의 분노를 거두소서." 모든 시련이 죄로부터 오는 것은 아니지만 많은 경우 죄를 깨우치기 위해 고난이 옵니다. 그러나 죄로 인해 오는 시련의 경우에는 무엇보다 하나님께로 돌이키는 것이 필요합니다. 오직 하나님만이 우리로 돌이키게 하실 수 있으며, 이것은 우리가 주님을 영접할 때처럼 성령의 역사가 있어야 합니다.

둘째로 '다시 살려 주심'입니다(5~7절).

시인은 마음의 치유의 필요성과 함께 다시 살려주실 것을 간구했습니다. 시인은 환난이 자신들이 하나님께 지은 죄 때문에 온 것임을 깨닫고 그 분노를 거두어 주실 것과 그분의 백성을 다시 살려 달라고 호소하고 있습니다. 이러한 간구를 할 수 있는 근거는 이스라엘에 대해 자비를 베푸신 역사적 사실뿐만 아니라 하나님의 인자하신 계시된 인격 때문입니다(출 34:6, 7; 시 30:5).

· 함께 읽어요 : 시편 85편 7절
"여호와여 주의 인자하심을 우리에게 보이시며 주의 구원을 우리에게 보이소서."

3. 미래에 이루어질 회복을 확신하며 감사합니다(시 85:8~13절).

현재의 필요를 위한 자비를 간구한 시인은 이전에 구원하신 것처럼 회복케 하실 것을 확신하며 감사합니다.

(1) 하나님은 화평을 주실 것입니다(8절). 시인은 하나님께서 자기 백성에게 화평을 주실 것이라는 기대와 확신을 고백합니다. 시인은 회복을 위한 간구를 하나님께 드린 후 이제 주님께서 무슨 말씀을 하실지 겸손히 듣겠다고 합니다.

(2) 하나님은 구원으로 인한 영광을 받게 할 것입니다(9~13절). 시인은 구원으로 인한 백성들의 영광을 말씀합니다. 구원은 곧 백성들의 기쁨이요, 영광이 될 것입니다. 이 사실을 굳게 믿으시고 소망 가운데 살아가시기 바랍니다.

· 함께 읽어요 : 시편 85편 13절
"의가 주의 앞에 앞서 가며 주의 길을 닦으리로다."

정리하는 말

본문은 우주를 지으신 하나님께서 피조물들에게 복을 주시려고 문을 열어두신 축복의 말씀이기도 합니다. 여러분들의 가정마다 말씀을 보내사 고쳐주시는 성령의 놀라운 말씀을 늘 곁에 두고 삶의 지침으로 삼으시기 바랍니다. 성경 말씀을 손 안에 두고, 읽고, 묵상하고, 찬송하면서 일생을 멋지고 복되게 살아가시기를 주님의 이름으로 축복합니다.

평가와 결심

1. 시인은 무엇에 대해 기억하고 있습니까?
   (시 85:1~3, 과거에 베푸신 하나님의 은총을 기억함)
2. 시인은 현재 무엇에 대해 간구하고 있습니까?
   (시 85:4~7, 현재의 필요와 자비를 베풀어 주실 것을 간구함)
3. 시인은 미래에 무엇을 확신하고 있습니까?
   (시 85:5~13, 미래에 이루어질 회복을 확신함)
4. 오늘 말씀을 듣고 각자의 결심을 이야기해보자.

주간 경건의 시간 <64> · 날마다 말씀과 함께

요일 / 내용	월(Mon)	화(Tue)	수(Wed)	목(Thu)	금(Fri)	토(Sat)
찬송	65 / 19	66 / 20	218 / 369	268 / 202	298 / 35	501 / 255
성경	시 82 :	시 83 :	시 84 :	시 85 :	시 86 :	시 87 :
적용	하나님이여 일어나사	침묵하지 마소서	눈물 골짜기	인애와 진리	주의 도 가르치소서	시온을 세우리라

* 사랑이 없는 신앙은 한푼의 가치도 없다.

< 마르틴 루터, 1483~1546, 독일 종교 개혁자 >

여호와 라파, 평강이 임하는 구역

구역부흥은 교회부흥

제 1 학기 출석부

번호	성 명	1월					2월					3월					계	
		1	2	3	4	5	1	2	3	4	5	1	2	3	4	5		
1																		
2																		
3																		
4																		
5																		
6																		
7																		
8																		
9																		
10																		
11																		
12																		
13																		
14																		
15																		
16																		
17																		
18																		
19																		
20																		

* **출석표 표기법** • 출석 / • 네모칸 왼쪽 : 주간, 주일 출석 참여 회수
• 네모칸 오른쪽 : 새벽예배 출석 참여 회수 - 각 교회 지침대로 기록하세요.

M/E/M/O 구역부흥은 교회부흥 M/E/M/O

제 2 학기 출석부

번호	성 명	4월					5월					6월					계	
		1	2	3	4	5	1	2	3	4	5	1	2	3	4	5		
1																		
2																		
3																		
4																		
5																		
6																		
7																		
8																		
9																		
10																		
11																		
12																		
13																		
14																		
15																		
16																		
17																		
18																		
19																		
20																		

* **출석표 표기법** • 출석 / • 네모칸 왼쪽 : 주간, 주일 출석 참여 회수
• 네모칸 오른쪽 : 새벽예배 출석 참여 회수 - 각 교회 지침대로 기록하세요.

M/E/M/O 구역부흥은 교회부흥 M/E/M/O

제 3 학기 출석부

번호	성 명	7월					8월					9월					계	
		1	2	3	4	5	1	2	3	4	5	1	2	3	4	5		
1																		
2																		
3																		
4																		
5																		
6																		
7																		
8																		
9																		
10																		
11																		
12																		
13																		
14																		
15																		
16																		
17																		
18																		
19																		
20																		

* **출석표 표기법** • 출석 / • 네모칸 왼쪽 : 주간, 주일 출석 참여 회수
• 네모칸 오른쪽 : 새벽예배 출석 참여 회수 - 각 교회 지침대로 기록하세요.

M/E/M/O 구역부흥은 교회부흥 M/E/M/O

제 4 학기 출석부

번호	성 명	10월					11월					12월					계	
		1	2	3	4	5	1	2	3	4	5	1	2	3	4	5		
1																		
2																		
3																		
4																		
5																		
6																		
7																		
8																		
9																		
10																		
11																		
12																		
13																		
14																		
15																		
16																		
17																		
18																		
19																		
20																		

* **출석표 표기법** • 출석 / • 네모칸 왼쪽 : 주간, 주일 출석 참여 회수
• 네모칸 오른쪽 : 새벽예배 출석 참여 회수 - 각 교회 지침대로 기록하세요.

M/E/M/O 구역부흥은 교회부흥 M/E/M/O

창세기와 출애굽기

" 모든 성경은 하나님의 감동으로 된 것으로....."
(딤후 3 : 16)

Kim Jongsuk, 1978.
alt.. Shin Soseop, 2012

BIBLE CONTENTS: 13 10. 13 12. 8 13. 11 10
Shin Soseop, 1978

• 설문지 : 독자 앙케이트 •

구역공과를 다루고서

〈각 교회에서 설문지를 그대로 보내주셔도 좋겠고, 통계치만 보내셔도 됩니다 〉

1. 구역공과를 다루고 나서 어떤 방법이 가장 좋았는가?

( ) 1 기존의 방법대로 구역장이 혼자 가르치는 것이 좋겠다.
( ) 2 문답지를 나누어주고 미리 풀어 오도록 하여 토론하는 것이 좋겠다.
( ) 3 성경 문제지를 나누어주고 그날 함께 풀어 가는 방법이 좋겠다.
( ) 4 문답지를 나누어주고 구역장이 설명해 가는 방법이 좋겠다.

2. 성경 공부 문제지를 다루는데 그 정도가 어떠했는가?

( ) 1 문제가 어려워서 손대기가 어려웠다.
( ) 2 문제지는 그런대로 쉬웠으나 묵상과 적용이 잘 안되었다.
( ) 3 문제지도 어려웠고 묵상과 적용도 어려웠다.
( ) 4 문제지는 보통이고 묵상과 적용도 할만했다.

3. 성경 공부 문제의 양이 어떠했는가?

( ) 1 문제가 너무 많았다.
( ) 2 문제가 너무 적었다.
( ) 3 문제가 적당했다.

4. 성경공부 진행 및 내용의 배열은 어떻게 하는 것이 좋겠는가?

( ) 1 시작하는 말, 오늘의 말씀, 정리하는 말, 평가와 결심의 순서대로가 좋겠다.
( ) 2 오늘의 말씀, 정리하는 말, 평가와 결심으로 줄였으면 좋겠다.
( ) 3 성경본문을 읽고 각자가 느낀 점을 이야기하고 적용하는 방식이 좋겠다.
( ) 4 성경 본문만 읽고 중보(합심)기도를 길게 하는 것이 좋겠다.

5. 구역 모임시간에 대하여 어떻게 했으면 좋겠는가?

( ) 1 찬송을 많이 불렀으면 좋겠다.
( ) 2 성경 공부에 중점을 두었으면 좋겠다.
( ) 3 합심기도에 시간을 많이 할애했으면 좋겠다.
( ) 4 구역원들 간에 이야기하는 시간을 많이 두어야 좋겠다.

6. 성도의 교제 시간 운영 방안에 좋은 방법은 무엇인가?

( ) 1 민속놀이를 했으면 좋겠다(윷놀이 등).
( ) 2 음식 나누어 먹기가 좋겠다.
( ) 3 가정을 위해 특별기도를 해주는 것이 좋겠다.
( ) 4 성경 퀴즈를 했으면 좋겠다.

* 보기에 없으면 적 으시오( )

7. 구역공과교재나 교재출판위원회에 하고 싶은 이야기를 적으시오.

절 취 선

〈 보내주시는 교회 선물을 받으실 분 〉 (우편번호) 주소는 정확하게, 담임목회자 명	〈 보내 주실 곳〉 07004 서울 동작구 사당로 13길 15-1(사당동) 도서출판 아가페문화사 교재편찬위원회 앞

부흥하는 구역
생동하는 구역
그룹 및 셀 구역공과 편찬위원회
•
대표 신소섭 목사

세상을 변화시키는 52주 구역공과

여호와 라파, 평강이 임하는 구역

2020. 11. 05 초판 인쇄
2020. 11. 10 초판 펴냄

지은이 교재편찬위원회
발행인 김영무

발행처 도서출판 아가페문화사
07004 서울 동작구 사당로13길 15-1,(사당동)
전화 3472-7252, 7253 팩스 523-7254
등록 제3-133호(1987. 12. 11)

보급처 : 아가페문화사
07004 서울 동작구 사당로13길 15-1,(사당동)
전화 3472-7252, 7253 팩스 523-7254
우 체 국 011791-02-004204 (김영무)

값 8,000원

ISBN 978-89-8424-161-9 03230